8694

CATALOGUE

DES LIVRES RARES,

SINGULIERS ET TRÈS-BIEN CONDITIONNÉS,

DE FEU LE C. BONNIER,

Miniſtre Plénipotentiaire de la République
Françoiſe, au Congrès de Raſtadt,

*Dont la Vente ſe fera en la Salle du Citoyen
SYLVESTRE, rue des Bons-Enfans, N°. 12.
Elle ſera annoncée dans les Papiers publics & par
des Affiches.*

A PARIS;

Chez GUILLAUME DE BURE l'aîné, Libraire de la
Bibliothèque Nationale, rue Serpente, N°. 6.

AN VIII.

AVIS.

LE Citoyen DE BURE vient de mettre en vente un Ouvrage posthume de J. S. BAILLY, auteur de l'histoire de l'Astronomie, intitulé : *Essai sur les Fables & sur leur Histoire*, 2 vol. *in*-8°. brochés; prix, 5 fr. & 7 fr. franc de port par la poste.

On trouve chez le même les Ouvrages suivans, du même Auteur :

HISTOIRE de l'Astronomie ancienne, deuxième édition. *Paris*, 1781, *in*-4°. *rel.*   12 f.
— de l'Astronomie moderne, deuxième édition. *Paris*, 1785, 3 vol. *in*-4°. *rel.*   44 f.
On vend séparément le Tome III de cet Ouvrage, 10 f.
Traité de l'Astronomie Indienne & Orientale. *Paris*, 1787, *in*-4°.
   Les 5 vol. *in*-4°. *reliés*,   70 f.
Lettres sur l'origine des Sciences, & sur celles des peuples de l'Asie, adressées à Voltaire. *Paris*, 1777, *in*-8°. *relié.*   3 f. 50 c.
— sur l'Atlantide de Platon, & sur l'ancienne histoire de l'Asie. *Paris*, 1779, *in*-8°. *rel.*   4 f. 50 c.
Discours & Mémoires contenant les éloges de Charles V, Corneille, Molière, Leibnitz, le Capitaine Cook & autres, &c. *Paris*, 1790, 2 vol. *in*-8°. *rel.*   11 f.
On a tiré de ces deux derniers volumes des exemplaires sur papier vélin, *br.*   15 f.

AVERTISSEMENT.

La Bibliothèque du Citoyen Bonnier, dont je publie aujourd'hui le Catalogue, renferme beaucoup de Livres rares & finguliers, qui font en général très-bien conditionnés. Elle a été compofée dans les Ventes les plus célèbres ; & comme le Citoyen Bonnier étoit extrêmement difficile fur le choix des Exemplaires, il laiffoit rarement échapper ceux qui étoient d'une bëlle confervation. Chaque claffe renferme des Livres très-difficiles à trouver. La partie des Sciences & Arts contient beaucoup de petits Traités fur l'Hiftoire Naturelle, la Médecine, &c. L'on trouve dans la partie des Belles - Lettres , qui eft confidérable, une très-belle fuite de Poëtes latins modernes , dont plufieurs ne fe rencontrent que très-rarement; des anciens Myftères, & quelques Romans de Chevalerie. Dans la claffe de l'Hiftoire, beaucoup de Traités rares & finguliers fur les Antiquités & l'Hiftoire littéraire. Depuis long-temps il

n'y a point eu de Vente qui ait préfenté
une Collection auffi nombreufe de Livres
capables de fixer l'attention & la curiofité
des Amateurs ; & ce qui doit être à leurs
yeux d'un grand prix, c'eft le foin que
le Citoyen Bonnier mettoit à collationner
& examiner fes acquifitions à mefure qu'il
les faifoit.

La Vente fera annoncée par des Affiches,
& la Feuille des Vacations fe diftribuera
huit jours avant la Vente.

CATALOGUE

ORDRE DES VACATIONS

DE la *Vente des Livres de feu le Cit.* BONNIER, qui se fera rue des Bons-Enfans, N°. 12, maison du Citoyen SYLVESTRE, le 1er. Floréal an 8.

6894 1

Le Catalogue se vend chez G. DE BURE l'aîné, Libraire de la Bibliothèque nationale, rue Serpente, N°. 6.

	Le 1er. Floréal.	Les N^{os}.	Le 8 Floréal.	Les N^{os}.
189--18	Sciences & Arts. .	187 — 207.	Sciences & Arts. .	313 — 333. *697--1*
	Belles-Lettres . .	700 — 736.	Théologie.	48 — 54.
	Histoire.	1621 —1644.	Histoire.	1760 —1782.
	Théologie.	1 — 8.	Belles-Lettres . .	922 — 958.

Le 2. — **Le 9.**

91.. 12..	Sciences & Arts. .	208 — 228.	Sciences & Arts. .	355 — 375. *817...*
	Théologie.	9 — 16.	Théologie.	62 — 68.
	Belles-Lettres . .	737 — 773.	Belles-Lettres . .	996 —1032.
	Histoire.	1645 —1667.	Histoire.	1806 —1828.

Le 3. — **Le 11.**

66.--1..	Sciences & Arts. .	229 — 249.	Sciences & Arts. .	376 — 396. *494..1*
	Théologie.	17 — 24.	Théologie.	69 — 75.
	Histoire.	1668 —1690.	Histoire.	1829 —1851.
	Belles-Lettres . .	774 — 810.	Belles-Lettres . .	1033 —1069.

Le 4. — **Le 12.**

699--19..	Histoire.	1691 —1713.	Théologie.	76 — 82. *644--2*
	Théologie.	25 — 32.	Histoire.	1852 —1874.
	Sciences & Arts. .	250 — 270.	Sciences & Arts. .	397 — 417.
	Belles-Lettres. .	811 — 847.	Belles-Lettres . .	1070 —1106.

Le 5. — **Le 13.**

008.--18..	Théologie.	33 — 40.	Théologie.	83 — 89. *943--1*
	Sciences & Arts. .	271 — 291.	Sciences & Arts. .	418 — 438.
	Histoire.	1714 —1736.	Histoire.	1875 —1897.
	Belles-Lettres . .	848 — 884.	Belles-Lettres . .	1107 —1143.

Le 6. — **Le 15.**

38...6..	Sciences & Arts. .	292 — 312.	Histoire.	1898 —1920. *673--1*
	Théologie.	41 — 47.	Théologie.	90 — 96.
	Histoire.	1737 —1759.	Sciences & Arts. .	439 — 459.
	Belles-Lettres. .	885 — 921.	Belles-Lettres . .	1144 —1180.

894--14   *11166....1*

(2)

1166...1.⁵   **Le 16 Floréal.**   *Les Nᵒˢ.*   **Le 25 Floréal.**   *Les Nᵒˢ* *16330...*

686...16..
Théologie.	97 — 103.
Belles-Lettres. .	1181 —1217.
Sciences & Arts. .	460 — 480.
Histoire.	1921 —1943.

Le 25 Floréal		
Théologie.	146 — 153.
Sciences & Arts. .	601 — 620.
Belles-Lettres. . .	1440 —1476.
Histoire.	2082 —2104.

702...1

Le 17.

756..5..
Histoire.	1944 —1966.
Théologie. . . .	104 — 110.
Sciences & Arts. .	481 — 502.
Belles-Lettres. .	1218 —1252.

Le 26.
Théologie.	154 — 158.
Histoire.	2105 —2126.
Sciences & Arts. .	621 — 640.
Belles-Lettres. . .	1477 —1513.

604..

Le 18.

556..11..
Théologie.	111 — 117.
Histoire.	1967 —1989.
Sciences & Arts. .	503 — 520.
Belles-Lettres. .	1253 —1291.

Le 27.
Histoire.	2127 —2148.
Jurisprudence. . .	159 — 169.
Sciences & Arts. .	641 — 660.
Belles-Lettres. .	1514 —1550.

1053...1

Le 19.

756..15..
Histoire.	1990 —2012.
Théologie. . . .	118 — 124.
Sciences & Arts. .	521 — 540.
Belles-Lettres. .	1292 —1328.

Le 29.
Histoire.	2149 —2170.
Jurisprudence. . .	170 — 177.
Sciences & Arts. .	661 — 680.
Belles-Lettres. .	1551 —1588.

864...9

Le 22.

856..19..
Sciences & Arts. .	541 — 560.
Théologie.	125 — 131.
Histoire.	2013 —2035.
Belles-Lettres. .	1329 —1365.

Le 1ᵉʳ. Prairial.
Jurisprudence. . .	178 — 186.
Sciences & Arts. .	681 — 699.
Belles-Lettres. . .	1589 —1620.
Histoire.	2171 —2190.

719...9

Le 23.

628...0.
Théologie.	132 — 138.
Sciences & Arts. .	561 — 580.
Belles-Lettres. .	1366 —1402.
Histoire.	2036 —2058.

Le 2.
Sciences & Arts. .	334 — 354.
Théologie. . . .	55 — 61.
Belles-Lettres. .	959 — 995.
Histoire.	1783 —1805.

764...19

21039...

Le 24.

922....15.
Théologie. . . .	139 — 145.
Sciences & Arts. .	581 — 600.
Belles-Lettres. .	1403 —1439.
Histoire.	2059 —2081.

F I N.

a déduire pour
Coux imparfaits . . . . 81 . . .

5330...2.⁵

20958...0

De l'Imprimerie de S T O U P E. An 8.

La vente 20⁵. 20958ᵗ. 0.

No 7. Brianville . C. caillard

CATALOGUE
DES LIVRES
DE FEU LE C. BONNIER.

THÉOLOGIE.

Verſions de l'Écriture Sainte.

1. Biblia sacra vulgatæ editionis, dicta de Richelieu. *Pariſ. Seb. Martin,* 1656, *in-12, m. n.* . . . . . . 12 . . . .

2. Pſalterium Davidis. *Lugduni, apud Elzevirios,* 1653, *in-12, m. r. doub. de m. r. l. r.* . . . . 9 . . . . 4 .

3. La Sainte Bible, trad. par le Gros. *Cologne,* 1739, *in-12, m. r. l. r.* . . . . 6 . . . 19 . .

4. Les Cenſures des Théologiens de Paris, qui condamnent les Bibles imprimées par Robert Eſtienne, avec la réponſe d'icelui Rob. Eſtienne. *A l'Olivier de Robert Eſtienne,* 1552, *in-8°. m. v.* . . 9 . . . . 2 . .

Hiſtoires & Figures de la Bible, &c.

5. Biblia aurea cum ſuis hiſtoriis, nec non exemplis Veteris atque Novi Teſtamenti. *Imp. per Magiſtrum Jo. Gruninger,* 1466, *(circa* 1496*), in-4°. m. bl. goth.* - 5 . . . . 2 . .

6. Icones Veteris Teſtamenti. *Lugd.* 1547, *in-8°. dem. rel.* == Vita Jeſu Salvatoris, variis Iconibus ab Ad. Collart expreſſa. *In-18, m. verd.* . . . 4 . . . . 10 . .

7. Hiſtoire Sacrée en Tableaux, par Brianville. *Paris,* 1670, 1671, 1675, *3 vol. in-12, m. r.* Première Édition. . . . . 18 . . . 10 . . . .

A

2. Doubles . . . . 2 . . . .

160te

8. Difcours hiftoriques, critiques & moraux, fur le Vieux & le Nouveau Teftament, par Jacques Saurin, avec des figures par Hoet, Houbraken & Picart. *La Haye*, 1728, 6 *vol. in-fol. m. r. Papier Royal.*

6 - - - 1 ..

9. Hiftoria Chrifti perficè confcripta, a P. H. Xavier, latinè reddita a Lud. de Dieu. *Lugd. Bat.* 1639, *in-4°. vélin.*

8 - - - 4 ..

10. Contemplatio totius Vitæ & Paffionis Dom. noftri Jefu Chrift:. *Venetiis*, 1557, *in-8°. fig. m. r.* = Pénitence délinée de l'Évangélique David. *Anvers*, 1629, *in-8°. fig. v. f.*

2 - - 14 ..

11. Figures de la Vie & de la Paffion de notre Seigneur Jéfus-Chrift, gravées par H. Goltzius. *In-4°. v. f.*

16 - - - 10

12. Speculum Paffionis D. N. Jefu Chrifti, cum figuris Alberti Durer. *Nurembergæ*, 1507, *in-fol. m. puce.*

8 - - - 1 ..

13. Hiftoria Jofephi Fabri Lignarii, Liber Apocryphus, arabicè & lat. notis illuftratus a Georg. Wallin. *Lipfiæ*, 1722, *in-4°. parch.*

10 - - - 8 ..

14. Evangelium Infantiæ, vel Liber Apocryphus de Infantia Servatoris, arab. & lat. ftud. H. Sike. *Traj. ad. Rhen.* 1697, *in-8°. v. f.* = Gefta Salva-toris Jefu Chrifti fecundum Nicodemum. 1538, *in-24, m. r.*

8 - - - 1 ..

15. Hiftoria Jefchuæ Nazareni a Judæis blafpheme corrupta, &c. a Jo. Jac. Huldrico. *Lugd. Bat.* 1705, *in-8°. m. r.*

32 - - - - -

16. Hiftoire critique du Vieux & du Nouveau Teftament, par Richard Simon. *Rotterdam*, 1685, 6 vol. *in-4°. m. r. l. r.*

5 - - - 1 ..

17. Traité de la fituation du Paradis terreftre, par Huet. *Amft. in-8°. v. f.* = La Morale de l'Évangile, trad. de Lucas. *Amft.* 1686, *in-12, m. r.*

2 - - - 5 ..

18. Conjectures fur les Mémoires originaux, dont

No 12. Speculum. C. Caillard

No 13. Leptasia josephi. C. Jac. — 53.

No

20. Delphi. c. Marr. h#

il paroît que Moïfe s'eft fervi pour compofer la Genèfe, par Aftruc. *Brux.* 1753, *in-12, v. éc.*

19. Antiquités Judaïques & République des Hébreux, par Bafnage. *Amft.* 1713, 5 *vol. in-8°. fig. v. brun.* — — — — — — — — — —   *17.͡ — 19.ͦ*

20. Delphi Phœnicizantes, five Tractatus in quo oftenditur Græcos quidquid apud Delphos celebre erat, a Jofue Hiftoria Scriptifque Sacris effinxiffe, cum diatriba de Noe in Italiam adventu, nec non de origine Druidum. *Oxonii,* 1655, *in-8°. maroquin rouge.* — — — — — — — .   *6. — 8..*

21. Lud. Montaltii Tractatus Reprobationis Sententiæ Pilati. *Parif. Mich. Le Noir,* 1496, *in-4°. m. bl. goth.* Édition originale d'un Traité Rare & fingulier. — — — — — — — — — .   *13 ···· 5..*

22. Thréfor admirable de la Sentence prononcée par Ponce Pilate, contre notre Sauveur Jéfus-Chrift. *Lyon,* 1581, *in-8°. v. f.* — — — — —   *10 ····*

23. Dictionnaire Hiftorique, Critique & Chronologique de la Bible, par Dom Aug. Calmet. *Paris,* 1730, 4 *vol. in-fol. v. br. fig.* — — — —   *36 ····*

Liturgies, Conciles & Saints - Pères.

24. Liturgiæ, five Miffæ SS. Patrum, auct. F. Claudio de Sainctes. *Antverpiæ,* 1560, *in-8°. m. bl.* Rarus.   *9 ···· 12..*

25. Miffa Apoftolica, five Liturgia S. Apoftoli Petri, gr. & lat. *Antverpiæ,* 1589, *in-8°. m. r. dent.* Divina Liturgia S. Marci, gr. & lat. *Parifiis,* 1583, *in-8°. v. f.* — — — — — — —   *13 ····*

26. La Meffe des anciens Chrétiens, dits de S. Thomas, repurgée des erreurs du Neftorianifme, par J. Bapt. de Glen. *Anvers,* 1609, *in-8°. m. bl.* Rare. — — — — — — — — —   *13 ···· 2..*

27. Le Tableau de la Croix, repréfenté dans les   *4 ···· 16..*

N° 20. Double . in 8° ᴍ.ᴿ. — — — — —   *6 — 8*

25. Double — . . . . . — — — — — —   *2 — 16.*

Cérémonies de la sainte Meſſe. *Paris*, 1651, *in-8°. fig. m. bl.*

8 ..... 16 .. 28. Præces piæ, cum fig. depiſtis. *In-8°. rel. en ſoie.*

9 29. Faſciculus Rerum expetendarum & fugien-
darum, in quo continentur : Concilium Baſi-
lienſe, &c. operâ Ed. Brown. *Londini*, 1690,
2 *vol. in-fol. v. br.*

9 ... 4 .. 30. Tatiani Oratio ad Græcos, Hermiæ Irriſio
Gentilium Philoſophorum, &c. gr. & lat. *Oxonii*,
e Th. Sheld. 1700, *in-8°. v. m.*

21 ..... 31. S. Athenagoræ Legatio pro Chriſtianis, gr.
& lat. curâ Ed. Dechair. *Oxoniæ, e Th. Sheld.*
1706, *in-8°. v. br. Charta Magna.*

15 .... 8 32. M. Minucii Felicis Octavius, cum notis varior.
Lugd. Bat. 1672, *in-8°. m. r.*

10 ... 19 .. 33. L. C. Lactantius de Mortibus Perſecutorum,
cum notis varior. *Traj. ad Rhen.* 1692, *in-8°. vél.*

6 .... 1 .. 34. D. Aur. Auguſtini libri XIII Confeſſionum. *Lugduni, Dan. Elzevirius*, 1675, *in-12, m. r. l. r.*

8 ..... 35. Petri Abælardi & Heloiſæ conjugis ejus Opera,
ſtud. And. Quercetani. *Pariſiis*, 1616, *in-4°. v. f.*

Théologie Scholaſtique & Morale.

4 ..... 36. Varii Tractatus ac Diſputationes de variâ Scho-
laſticæ Theologiæ correctione, auct. R. P. C.
de Capite Fontium. *Pariſiis*, 1586, *in-8°. m. r.*
Exemplar integrum libri Rari.

7 .... 10 37. Sam. Schroeeri Diſſertatio de Sanctificatione
Seminis Mariæ Virginis in actu Conceptionis
Chriſti, &c. *Lipſiæ*, 1709, *in-4°. v. f.*

7 ..... 38. Trois Livres de l'Humanité de Jéſus-Chriſt,
trad. de P. Arétin. 1539, *in-8°. v. m.* == De
ſingulari Chriſti Jeſu D. N. Salvatoris Pulchritudine Aſſertio, auct. P. Piiartio. *Pariſiis*, 1651,
in-12, parch.

4 .... 6 .. 32. Double . v . b.

12 ..... *34. Double . l . r . ee . vi_e.*

1 .... 10. 34. Tti ſle .

No 30. Tatianus. C. Deter. e^th

31. athenagoras. C. Deter. x^†

32. Minucius felix. M. Caill.

- 33. Lactantius. C. Deter. n^†✶

37 schroeerus c. suc.

34. Double. M. caill

39. Monarchia del noſtro Signor Jeſu Chriſto, di Meſſer Gioav. Antonio Panthera. *In Vinegia*, 1545, *in-8°. m. bl.* - - - - - - - - -   3 .... 19ᶜ

40. La Paſſione di Gieſu, con due Canzoni, una alla Vergine, e l'altra al Chriſtianiſſimo, compoſte per Pietro Aretino. *In Vinegia*, 1535, *in-4°. v. f.* - - - - - - - - - -   6 .... 1.

41. Cardinalis Xiſti Tractatus de ſanguine Chriſti. (*Norembergæ*), *Fridericus Creuzner, circa* 1474, *in-fol. v. f. goth.* - - - - - - -   6 .... 6 ....

42. De Sanguine Chriſti Libri quinque, aut. Fr. Collio. *Mediolani*, 1617, *in-4°. v. f.* - - -   6 19

43. La Vita di Maria Vergine, di Meſſer Pietro Aretino. *In-8°. m. r.* - - - - - - - -   5 8

44. Onus Ecclefiæ. *Coloniæ*, 1531, *in-fol. m. bl.*   8 ....

45. Apologie du Banquet fanctifié de la veille des Rois, par N. Barthélemy. *Paris*, 1664, *in-12, parch.* = Diſcours contre le Paganiſme des Rois de la Féve & du Roi-boit, par J. Deſlyons. *Paris*, 1664, *in-12, v. f.* = Traités contre le Paganiſme du Roi-boit, par le même. *Paris*, 1670, *in-12, v. br.* - - - - - -   7 .... 1.

46. Liber quatuor noviſſimorum, de Morte, de Pœnis Inferni, &c. *in-4°. v. éc. goth.*

47. Traité de l'état des Morts & des Réſuſcitans, par Th. Burnet, trad. par J. Bion. *Rotterdam*, 1731, *in-12, m. r.* }   5 .... 8 ....

48. De Purgatorio Igne adverſus Barlaam, auct. Pet. Arkudio, gr. & lat. *Romæ*, 1637, *in-4°. v. f.*   6 ...

49. Exactiſſima Infantium in Limbo clauforum Querela, adverſus Divinum Judicium, auct. Ant. Cornelio. *Lutetiæ*, 1531, *in-4°. m. r.* Rariſſimus. *l'iqué* 11 ....

50. Franc. Collii de Animabus Paganorum libri V. *Mediolani*, 1622 & 1633, 2 *tomes rel. en 1 vol. in-4°. m. viol.* Rarus. - - - - - - - 13

48. Double . . . . 3 ... 6

51. De Inferno & ſtatu Dæmonum ante mundi exitium, auct. Ant. Ruſca. *Mediolani*, 1621, *in-4°. m. r.* Rarus.

2 .... 9ſ. 52. Recherches ſur la nature du feu de l'Enfer & du lieu où il eſt ſitué, par Swinden. *Amſterdam*, 1728, *in-8°. v. f.*

3 . .--- 53. Conſolatio Theologiæ, compilata a Joan. de Tambaco. *Editio vetus abſque ullâ loci atque anni & impreſſoris nomine circa annum* 1475 *impreſſa, in-4°. v. f. goth.*

6 .--- 54. Diſputationes de S. Matrimonii ſacramento, auct. Sanchez. *Antverpiæ*, 1607, 3 *tom. rel. en* 2 *vol. in-fol. v. f.* Editio optima.

5 ---- 1.. 55. Concluſiones de diverſis Materiis Moralibus, per Joannem Gerſon. = Tractatus de remediis contra Puſillanimitatem, contra Deceptiones inimici, &c. per eumdem J. Gerſon. = Ejuſdem ſermo de conceptione glorioſiſſimæ Dei genitricis Virginis Mariæ, ſine peccato, &c. *In-4°. goth. v. f.*

Editio vetus abſque ullâ loci atque anni indicatione, & impreſſoris nomine, ſed circa annum 1470 excuſa per Ulricum Zel de Hanau.

4 .... 19 .. 56. Traité de l'état honnête des Chrétiens en leur accoutrement. *Genève*, 1580, *in-8°. v. f.*

5 ---- 19.. 57. De Luxu & Abuſu Veſtimentorum noſtri temporis, per Jo. Frid. Mateneſium. *Coloniæ*, 1612, *in-12, m. r.*

9 . - - - 58. Diſcours particulier contre les Femmes deſbraillées de ce temps, par P. Juverney. *Paris*, 1637, *in-8°. m. r. dent.*

5 ----.19. 59. De l'abus des Nudités de Gorge. *Paris*, 1677, *in-12, m. verd.*

4 .... 13.. 60. Queſtion d'importance : ſi les Danſes ſont défendues aux Chrétiens. *Mons*, *in-8°. v. m.*

5 .... 19. 61. Traité des Danſes, auquel eſt reſolue la queſtion;

1 .... 10 .... 52. Double. v: 6.

Nᵒ 57 de Luxu vestiment. B.

Nᵒ 58. Discours particulier. B.

68. Les provinciales. M. caill.

No 71. Canisii cathechismus. ✗✗.
No 72. Marotte. M. caillard
No 73. Disc. de Guill. le Blanc. Bo

67. Double. M. caill.

à favoir s'il est permis aux Chrétiens de Danfer. 1579, *in-8°, m. r.*

62. L'Origine des Mafques, Mommerie, Bernez & revenez es jours gras de Carefme prenant, menez fur l'ânes à rebours, & Charivari, par Cl. Noirot. *Langres*, 1609, *in-8°. v. m.* Rare. — — 16 ... 2.

63. Traité contre les Mafques, par J. Savaron. *Paris*, 1611, *in-8°. v. f.* — — 3 ...

64. Le Fouet des Paillards, par le curé du Mefnil Jourdain. *Rouen*, 1623, *in-12, m. r.* — 6 ... 19

65. Le Fouet des Jureurs & Blafphémateurs du nom de Dieu. *Troyes*, 1614, *in-12, v f.* — 4 ...

66. Lettres fur les Spectacles, par Defprez de Boiffy. *Paris*, 1774, 2 *vol. in-12, v. f.* — 1 ... 1.

67. Les Provinciales, par Pafcal. *Cologne, de la Vallée, (Elzev.)* 1657, *in-12, v. éc.* Bonne édition — 6 ...

68. Les Provinciales en quatre Langues, par Pafcal. *Cologne*, 1684, *in-8°. m. r.* — 10 ...

69. Jo. de Gerfonno Tractatus de Pollutione nocturnâ. *Editio vetus, abfque ullâ loci atque anni indicat. fed circa an.* 1480 ed. *In-4°. v. f. goth.* — 4 ... 19.

70. Queftion moral, fi el Chocolate quebranta el ayuno Ecclefiaftico, &c. por Ant. de Leon Pinello. *En Madrid*, 1636, *in-4°. v. f.* — 4 ... 2.

71. Petri Canifii Cathechifmus, græcè. *Auguftæ*, 1613, *in-12, fig. m. r.* — 10 ...

72. Sermones quadragesimales Fr. Mich. Menoti, Parifiis declamati. *Parif.* 1526, *in-8°. goth. m. r.* — 5 ... 19.

73. Difcours de Guillaume le Blanc, Evêque de Graffe, à fes Diocefains, touchant l'affliction qu'ils endurent des loups en leurs perfonnes, & des vermiffeaux en leurs figuiers. *Paris*, 1599, *in-12, m. r.* — 6 ... 13

74. Sermons de Maffillon, petit Carême. *Paris*, 1757, *in-12, m. r.* — 5 ... 19.

A 4

67 Double. m. R. l. r. — 8 ... 19

67. Triple. 2e edit. m. r. — 3 ... 16.

75. Les Allumettes du feu Divin, pour faire ardre les cœurs humains en l'amour de Dieu, par P. Dorée. *Paris*, 1540, *in*-8°. *v. f.*

76. Le Baſton de la foi Chrétienne, propre pour rembarrer les ennemis de l'Evangile. *Lyon*, 1562, *in*-18, *Parch.*

77. Le Parterre Divin des fleurettes d'Oraiſon, trad. de J. M. de Staffani, par L. Gacon. *Lyon*, 1619, *in*-12, *m. cit.*

78. L'Arſenac de l'Ame, d'où elle tire trois ſortes d'Armes pour triompher de ſes ennemis, par le Curé du Meſnil Jourdain. *Rouen*, 1626, *in*-12, *v. f.*

79. Le Pélerinage de Colombelle & de Volontairette, avec les fig. de Bolſwert. *Brux.* 1684, *in*-12, *v. f.*

80. Matt. Boſſi vera & ſalutaria animi Gaudia. *Florentiæ*, *Fr. Bonnacurſius*, 1491, *in*-4.° *m. r.*

Théologie Polémique.

81. Lucidaire, auquel le Diſciple demande choſes obſcures & merveilleuſes touchant les faits de Dieu, & lui en donne bonne reponſe. *Lyon*, 1552, *in*-8°. *v. éc.*

82. Ph. a Limborch de veritate Religionis Chriſtianæ amica collatio cum erudito Judæo. *Goudæ*, 1687, *in*-4°. *m. cit.*

83. Penſées de Paſcal ſur la Religion. *Amſterdam*, 1699, *in*-12, *m. viol. doub. de m. r. dent. l. r.* Les vrais motifs de la converſion de l'Abbé de la Trappe, par de la Roque. *Colog.* 1685, *in*-12, *v. f.*

84. Dionyſius Carthuſianus contra Alchoranum & Sectam Machometicam. *Colon.* 1533, *in*-8°. *v. f.*

Théologie Hétérodoxe.

85. Jo. Huſſ Opuſcula. 2 *vol. in*-4°. *v. éc.*

86. Omnes Libelli Matth. Flaccii Illyrici, haĉtenus

79. Double en allemand

82. Double vel.

No 75. les allumettes. B. M. caill.

No 76. le baptan. B.

No 77. le Bastern divin. B.

No 78. l'arfenac de l'ain. B.

N.º 90. Roma pagani/anp. R.

in facramentaria Controverfia editi. 1557, *in-8°*. *maroquin verd*,

87. De Amplitudine mifericordiæ Dei Oratio, a Marf. Andreafio, in lat. converfa a Lælio Horatio Curione. *Bafileæ*, *in-8°. m. r.* - — ⁓ ⌣ . . . · 　2....

88. Déclaration pour maintenir la vraie foi que tiennent tous Chrétiens de la Trinité, par J. Calvin. *Genève*, 1554, *in-8°. m. cit.* ⚌ Traité des Reliques, par le même. *Genève*, 1601, *in-8°. m. r.* 　3....2.

89. De Staurolatria Romana libri duo, ftud. M. Conradi Deckheri. *Hanoviæ*, 1614, *in-12*, *m. r.* 　2....

90. Roma Paganizans, feu idololatriæ Pontificiæ Examen, auct. J. Valckenier. *Franeq.*1656, *in-4°. m. r.* - 　7....1.

91. Ordo eligendi Pontificis, & Ratio, auct. Pet. Paulo Vergerio. *Tubingæ*, 1656, *in-4°. v. m.* 　4.—12..

92. Sentence décretale & condamnatoire au fait de la paillarde Papauté, &c. 1551, *in-8°. m. r.* Rare. ⁓ ⌣ ⁓ ⁓ ⌣ ⁓ ⌣ 　15....1.

93. Sac et pièces pour le Pape de Rome, fes Cardinaux, Evêques, &c. contre Jefus-Chrift, fils de Dieu éternel. 1561, *in-8°. m. r.* Rare. ⌣ ⁓ 　15....

94. Le Rafoir des rafés, recueil auquel eft traité amplement de la tonfure et rafure du Pape & de fes Papelards. 1562, *in-8°. m. r.* très Rare. ⁓ ⌣ 　15....

95. La Sentence & condamnation du procès du Pape de Rome, fes Cardinaux, Evêques, &c. 1563, *in-8°. m. cit.* Rare. *railé* ⌣ ⁓ 　9....1.

96. Antithefis Chrifti & Antichrifti, videlicet Papæ. 1578, *in-8°. fig. m. r.* 　8....16..

97. Le Magnificat du Pape & de S. Mère Eglise Romaine. *Montelimar*, 1586, *in-8°. v. f.* ⚌ Des différens & troubles advenus entre les hommes par la diverfité des opinions en la religion, par Loys le Roy. *Paris*, 1563, *in-8°. m. r. dent.* 　5....

98. La Mappe Romaine, contenant cinq traités, 　13....1.

favoir : la Fournaife, l'Edom romain, l'Oifeleur
romain, &c. *Genève*, 1623, *in*-8°. *parch.* Rare.

99. Speculum Concubinariorum Sacerdotum, auct.
H. Cuyckio. *Coloniæ*, 1605, *in*-8°. *m. cit.*

100. Le Paffe-partout de l'Eglife Romaine, ou hiftoire des tromperies des Prêtres & des Moines,
par Ant. Gavin. *Londres*, 1726, 3 *vol. in*-12, *m. r.*

101. Hypobolimæa Divæ Mariæ Deiparæ Camera,
feu Idolum Lauretanum, auct. M. Berneggero.
Argentorati, 1619, *in*-4°. *m. r.*

102. De Miraculis quæ Pythagoræ, Apollonio
Thyanenfi, Francifco Affifio, Dominico, &c.
tribuuntur Libellus, auct. Phileleuthero Helvetio.
Edimburgi, 1755, *in*-8°. *v. f.*

103. Traité fur les Miracles, par J. Serces. *Amsterdam*, 1729, *in*-12, *m. r.*

104. De gli Autori e Compofitori dell'errore della
Meffa. 1551, *in*-8°. *m. verd.* Rarus.

105. De Origine novi Dei Miffatici, quondam in
Anglia mortui, nunc denuò ab inferis excitati,
dialogi feptem, Simone Alexio auct. 1558,
in-8°. *m. r.* Rariffimus.

106. Anatomie de la Meffe, par P. Dumoulin.
Sedan, 1636, *in*-8°. *v. f.*

107. Le Tombeau de la Meffe, par D. Derodon.
Amfterdam, 1682, *in*-12, *v. f.*

108. Brevis & nervofa de indifferentifmo Religio-
num Commentatio, auct. Gott. Wernfdorfio.
Vittembergæ, 1716, *in*-8°. *vél. dent.*

109. Le Ciel ouvert à tous les Hommes, par P.
Cuppé. *in*-4°. *m. r.* Manufcrit fur papier.

110. La Religion d'un Honnête Homme qui n'est
pas Théologien. *Amfterdam*, 1699, *in*-12, *v. f.*

111. Effai fur la liberté de produire fes fentimens.
1749, *in*-12, *m. verd.*

No 107. de Mirabeau fils. B.

No 108. Brouiy et nerveufe. B.

No 111 effai fur la liberté. B.

110 112. Erupta exercitationes. B.

No 114. perfeci libelli. B.

121. Protoevangelion. M. frisch

112. L. Frid. Ernesti Exercitationes de Religione Prudentum. 1701, *in-4°. rel. en cart.*   *1 .... D*

113. Le Christianisme Raisonnable, par Locke. *Amsterd.* 1731, *2 vol. in-8°. v. b.*   *1 .... 1*

114. Pensées libres sur la Religion, l'Eglise, & le Bonheur de la nation. *La Haye,* 1722, *in-12, m. rouge.*   *4 .... 5*

115. Ébauches de la Religion naturelle, par Wollaston. *La Haye,* 1726, *in-4°. v. m.*   *1 ....*

116. Dissertation sur l'union de la Religion, de la Morale et de la Politique, trad. de Warburton. *Londres,* 1742, *2 vol. in-12, v. f.*   *3 .... 19*

117. Bern. Ochini de Purgatorio Dialogus. *Tiguri, in-8°. m. viol.*   *15 .... 1*

118. Il Catechismo di M. Bernardino Ochino da Siena. *In Basilea,* 1561, *in-8°. m. r.*   *6 .... 12*

119. Prediche di Bernardino Ochino. *4 vol. in-8°. parch.*   *3 .... 2*

120. Praeadamitae, sive Exercitatio quâ inducitur primi homines ante Adamum conditi, Aut. Is. La Peyrere. 1655, *in-12, vél.*   *1 ....*

121. (G. Postelli) Protevangelion, sive de Natalibus Jesu-Christi, et ipsius Matris Virginis Mariae, Sermo Historicus divi Jacobi minoris, consobrini & fratris Domini Jesu, &c. Evangelica Historia, quam scripsit B. Marcus. Vita Joannis Evangelista per Th. Bibliandrum. *Basilea, J... Oporinis,* 1552, *in-8°. m. r.*   *15 .... 10 D*

    L'Auteur de la Bibliographie instru... au numéro 808 du volume de Théologie, que ... ouvrage, qui est un des plus Rares de Postel, en e... un des plus impies.

122. De Nativitate Mediatoris ultimâ, auct. Guill. Postello. *In-4°. m. r.*   *5 ....*

123. De Rationibus Spiritus Sancti, libri II, Guill.   *5 ....*

Postello auctore. *Parisiis*, 1543.==Sacrorum Apo-
dixeon, seu Euclidis christiani libri II, auctore
eodem. *Parisiis*, 1543, *in-8°. v. éc.*

124. Absconditorum a constitutione mundi Clavis,
auct. Postello. *Amstelodami, Janssonius*, 1646,
in-12, m. r.

125. Les très-merveilleuses Victoires des Femmes
du Nouveau Monde, & comment elles doivent
à tout le monde commander, par Guill. Postel.
Paris, J. Ruelle, 1553.== La Doctrine du Siècle
doré, par le même.== Des Merveilles du Monde,
& principalement des admirables choses des Indes
& du Nouveau Monde, par le même. 1553. ==
Description & Charte de la Terre-Sainte, par le
même. *in-18, m. verd.*

Édition originale, Très-Rare. Exemplaire du comte
d'Hoym.

126. Alcorani, seu Legis Mahometi et Evangelis-
tarum Concordiæ Liber, &c. auct. Postello.
Parisiis, 1543, *in-8°. v. f.*

127. La Béatitude des Chrétiens, ou le Fléo de la
Foi, par Geoffroy Vallée. *In-8°. v. f.* Manuscrit
sur papier, et la réimpression de cet ouvrage.

128. Amphitheatrum Æternæ Providentiæ, auct.
Jul. Cæsare Vanino. *Lugd.* 1615, *in-8°. v. f.*

129. Jul. Cæsaris Vanini Dialogorum Libri IV. *Lutetiæ*, 1616, *in-8°. v. f.*

130. Apologia pro Julio Cæsare Vanino. *Cosmopoli*,
1712, *in-8°. m. cit.*

131. Du Rappel des Juifs, par If. La Peyreyre.
1643, *in-8°. m. r.*

132. B. D. Spinozæ Tractatus Theologico-politi-
cus & Opera posthuma. *Hamburgi*, 1670, 2 *vol.*
in-4°. v. b.

133. Réflexions curieuses d'un Esprit désintéressé,

Nᵒ 141. Evangelicum. B. c Barr. ao ͭͭ

fur les matières les plus importantes au falut, par
Spinoza. *Cologne*, 1678, *in*-12, *v. b.* = Réfutation des Erreurs de Spinoza, par M. de Fenélon, &c. *Bruxelles*, 1731, *in*-12, *v. m.*

134. Réfutation des Erreurs de Benoît Spinoza,
par Fenélon. *Bruxelles*, 1731, *in*-12, *v. m.* – **3 .... 3**

135. Arcana Atheifmi revelata & refutata examine
tractatûs Theologico-politici, per Fr. Cuperum.
Roterodami, 1676, *in*-4°. *m. r.* – – – **4 ....**

136. Had. Beverlandi de Peccato Originali Differtatio. 1679. = Leon. Ryffenii Deteftatio Libelli
H. Relandi de Peccato Originali. *Gorinchemi*,
1680, *in*-8°. *dem. rel.* = Ejufd. de ftolatæ Virginitatis jure Lucubratio. *Lugd. Bat.* 1680, *in*-8°.
m. r. = Ejusd. de Fornicatione cavendâ admonitio. 1698, *in*-8°. *v. m.* – – – – **16 ... 19**

137. Had. Beverlandi Peccatum Originale. *Eleutheropoli*, 1678. = Ejufd. de ftolatæ Virginitatis
jure Lucubratio acad. *Lugd. Bat.* 1680. = Ejusd.
de Fornicatione cavendâ Admonitio. 1698, 3
vol. in-8°. *v. m.* – – – – **9 ....**

138. La Foi dévoilée par la Raifon, par Parifot.
Paris, 1681, *in*-8°. *m. verd. dent.* – – **4 .... 19**
Exemplaire du comte d'Hoym.

139. Polygamia Triumphatrix, id eft Difcurfus
politicus de Polygamiâ, auctore Theop. Aletheo.
Londini Scanorum, 1682, *in*-4°. *m. r.* – **2 .... 10**

140. Religio Medici, auct. Th. Brown. = La Religion du Médecin, trad. de Brown. 1668, *in*-12,
vélin. – – – – **1 ... 11**

141. Evangelium Medici, feu Medicina Myftica;
de fufpenfis Naturæ Legibus, fivè de Miraculis,
a Bern. Connor. *Londini*, 1697, *in*-8°. *m. r.* – **6 ....**

142. Le Platonifme dévoilé, par Souverain. *Cologne*,
1700, *in*-8°. *v. m.* – – – **2 ... 19**

139 Double . v. b. – – – **1 ... 8**

141. Double . v. m. – – – **3 ...**

D 16ᵗ····19ᶜ 143. Adeïsidæmon, sivè Titus-Livius a superstitione vindicatus, auct. Jo. Tolando. *Hagæ Comit.* 1709, *in-8°. m. r. Ch. Mag.*

D 9····1. 144. Idem Adeïsidæmon. *Hag. Com.* 1709, *in-8°. v.f.*

D 3 — — 145. Pantheisticon, sivè Formula celebrandæ Sodalitatis socraticæ, auct. Joan. Tolando. *Cosmopoli,* 1720, *in-8°. v. b.*

4····19 146. Mélanges de Remarques sur Toland, par Elie Benoist. *Delf,* 1712, *in-8°. v. b.*

147. Discours sur la liberté de penser, par Collins, avec la lettre d'un médecin arabe. *Londres,* 1714, *in-8°. v. f.*

2···· 148. État de l'Homme dans le péché originel. 1714, *in-8°. m. r.*

149. Les Princesses Malabares, ou le Célibat philosophique. *Andrinople,* 1734, *in-12, v. f.*

D 3····10 150. Recueil de Pièces curieuses, par Alb. Radicati, Comte de Passeran. *Rotterdam,* 1736, *in-8°. m. v.*

1····10·· 151. Dictionnaire philosophique portatif. *Berlin,* 1765, 2 tom. rel. en 1 vol. *in-12, m. r.*

3····1··· 152. Le Bon sens, ou Idées naturelles opposées aux Idées surnaturelles. *Lond.* 1772, *in-12, m. r.*

6····19· 153. L'Arrétin. *Rome,* 1772, *in-8°. m. r.*

Théologie des Juifs & des Mahométans.

1···· 154. L'Esprit du Judaïsme, ou Examen raisonné de la Loy de Moyse, &c. *Londres,* 1770, *in-12, v. m.*

14···· 155. Tela ignæa Satanæ, hoc est: Arcani & horribiles Judæorum adversus Christum Deum & Christianam Religionem Libri anecdoti: Aut. Wagenseilio. *Altdorfi Noricorum,* 1681, 2 vol. *in-4°. v. br.*

3···12 156. La Religion des Mahométans, trad. de Reland. *La Haye,* 1721, *in-12, fig. v. m.*

D 2····10·· 150 Double

144. adeisidaemon, c. Barr. n^{tt}

N° 150. Recueil de pieces. B.

157. Le coran. c. Barr. n^{tt}

N° 158. Alcoran. C. Sat. bon marché

157. Le Coran, trad. de l'arabe, par Savary. *Paris*, 1783, 2 *vol. in*-8°. *v. j.* _ _ _ _ _ _ _ _ _ _ _ 7 .... 19.°

158. L'Alcorano di Macometto, trad. in italiano. 1547, *in*-4°. *v. br.* _ _ _ _ _ _ _ _ _ 9 ....

JURISPRUDENCE.

Droit Canonique.

159. Laur. Banck de Tyrannide Papæ, in Reges & Principes Chriſtianos, diaſcepſis. *Franequeræ*, 1649, *in*-12, *vélin.* _ _ _ _ _ _ _ _ _ 1 .... _

160. Taxe des parties caſuelles de la Boutique du Pape. *Lyon*, 1564, *in*-8°. *m. r.* _ _ _ _ _ _ 2 .... 7.

161. Clericus deperrucatus, ſive in fictitiis Clericorum Comis moderni ſeculi extenſa & exploſa Vanitas, auct. An. Rhiſénio Vecchio. *Amſtelod.* *in*-8°. *fig. m. r.* _ _ _ _ _ _ _ _ _ 3 ...

162. Hiſtoire des Perruques, par Thiers. *Paris*, 1690, *in*-12, *v. br.* _ _ _ _ _ _ _ _ 1 .... 10..

163. Jul. Pelei Quæſtio ſingularis de Solutione Matrimonii ob defectum teſtium non apparentium. *Pariſiis*, 1602, *in*-8°. *parch.* _ _ _ _ _ 1 .... 1.

164. Traité de la diſſolution du Mariage pour cauſe d'impuiſſance, par Bouhier. *Luxembourg*, 1735, *in*-8°. *v. br.* = Principes ſur la nullité du Mariage, pour cauſe d'impuiſſance. *Londres*, 1756, *in*-8°. *v. f.* _ _ _ _ _ _ _ _ _ 4 12

165. Diſcours ſur le Divorce qui ſe fait par l'adultère. *Paris*, 1586. = Traité de la diſſolution du Mariage, par l'impuiſſance ou froideur de l'homme ou de la femme. *Paris*, 1595. = Capitulaire auquel eſt traité qu'un homme né ſans teſticules apparens, &c. eſt capable des œuvres de mariage, par Rouillard. *Paris*, 1600, *in*-8°. *v. f.* _ 6 .... 10..

159. Double _ _ _ _ _ _ _ _ 1 ....

160. Double . en. cit _ _ _ 2 ...

166. Antiquæ Conftitutiones regni Angliæ, circa jurifdiftionem & poteftatem ecclefiafticam, per Gul. Prynne. *Londini, 1672, 2 vol. in-fol. v. b. Charta Magna.*

167. Statuta ordinis Carthufienfis, cum Repertorio & Privilegiis a Guigone Priore Cartufiæ edita. *Bafileæ, 1510, in-fol. goth. m. r.* Rarus.

DROIT CIVIL.

Droit de la Nature & des Gens, &c.

168. Traité philofophique des Loix naturelles, traduit de Cumberland, par Barbeyrac. *Amfterdam, 1744, in-4°. m. r. Grand Papier.*

169. Le Droit de la Nature & des Gens, trad. de Pufendorff, par Barbeyrac. *Amfterdam, 1712, 2 vol. in-4°. v. f. Grand Papier.*

170. Le Droit de la Guerre & de la Paix, traduit de Grotius, par Barbeyrac. *Amfterdam, 1724, 2 vol. in-4°. v. f.*

171. Abregé de l'Hiftoire des traités de Paix entre les puiffances de l'Europe depuis la Paix de Wetfphalie, par Koch. *Bafle, 1796, 4 vol. in-8°. br. en c.*

172. Recueil des Principaux traités de paix conclus par les puiffances de l'Europe, depuis 1761 — 1791, par de Martens. *Gottingue, 1791, 5 vol. in-8°. br. en cart.*

173. Conftitutions des principaux États de l'Europe & des États-Unis de l'Amérique, par la Croix. *Paris, 1791, 3 vol. in-8°. br.*

DROIT ROMAIN,

François & Étranger.

174. De Origine et Progreffu Juris Civilis Romani, auft. S. Leevio. *Lugd. Bat. 1672, in 8°. peau de truie.*

175.

168. traité lec. Dupr.

169. le Droit lec. Dupr.

170 le droit de la guerre lec. Dupr.

N° 171. abrégé des traités. B. lec. Dupr.
172. recueil. lec. Dupr.

No 175. corpas. M. caillard
No 176. nov jamis sylva. B.

No 179. scripta et judicia. B.

175. Corpus Juris Civilis. *Amstel. apud Elzevirios*, 1664, 2 *vol. in-8°. m. r. doub. de m. r. l. r.* — —   43 .... D

176. Jo. de Nevisanis Silva nuptialis. *Lugduni*, 1524, *in-4°. v. b. goth.* — — — — — —   7 .... 1.

177. Judicia, seu Legum Censuræ de variis Incontinentiæ speciebus, per Rob. Sharrock. *Oxoniæ*, 1662, *in-8°. m. r.* — — — — — — — —   4 .... 19.

178. Al. Arn. Pagenstecheri de Jure Ventris Liber, cui accesserunt de cornibus & cornutis Dissertationes duæ. *Bremæ*, 1714, *in-12. v. f.* — — —   5 .... 12..

179. Scripta & Judicia varia de Conjugio inter Eunuchum & Virginem Juvenculam, ab H. Delphino. *Jenæ*, 1730, *in-4°. vel.* — — — · ·   3 .... 19..

180. Arrest mémorable du Parlement de Toulouse, contenant une Histoire prodigieuse d'un supposé Mari, par J. de Coras. *Paris*, 1572, *in-8°. v. f.* —   1 ....

181. Praxis criminis persequendi, elegantibus aliquot figuris illustrata, Jo. Millæo authore. *Parisiis*, 1541, *in-fol. v. b.* — — — — — —   1 .... 1.

182. Des procès fait au Cadaver, aux Cendres, à la Mémoire, aux Bêtes brutes, choses inanimées, &c. par P. Ayrault. *Angers*, 1591, *in-4°. v. f.*   10 .... 19.

183. Si la Torture est un moyen sûr à vérifier les crimes secrets, par Aug. Nicolas. *Amsterdam*, 1682, *in-12, v. éc.* — — — — — —   2 ...

184. Recueil des Loix, Instructions, Tables, &c. relatifs aux nouveaux Poids & Mesures. *Paris*, 2 *vol. in-8°. br.* ⹀ Le *nouveau Barême, en livres, sols, francs, decimes, &c. par Blavier. Paris*, 1798, *in-12, broché.* — — — —   4 ....

185. Recueil des Mémoires du Cardinal de Rohan, & autres dans l'affaire du Collier, avec les Portraits. *In-4°. v. m.* — — — — — —   3 .... 17..

186. Code Fréderic, ou Corps de Droit pour les États du Roi de Prusse. 1751, 3 *vol. in-8°. v. m.*   2 ....

B

176. Double. in 8e. — — — — · ·   2 11

179. Double cartonné. — — — — ·   3 .... 19..

SCIENCES ET ARTS.

PHILOSOPHIE.

Philosophes Anciens & Modernes.

187. Historia Philosophiæ, auct. Th. Stanleio. *Venetiis*, 1731, 3 *vol. in-*4°. *v. m.*

188. Jac. Bruckeri Historia critica Philosophiæ. *Lipsiæ*, 1743, 5 *vol. in-*4°. *v. f.*

189. Bibliothèque des anciens Philosophes, par Dacier. *Paris*, 1771, 9 *vol. in-*12. *v. m.*

190. Hieroclis in aurea Carmina Commentarius, gr. & lat. *Lond.* 1742, *in-*8°. *br. en cart.*

191. Jamblichus de Vitâ Pythagoricâ liber, gr. & lat. cum not. Ludolphi Kusteri. *Amstel.* 1707, *in-*4°. *vélin.*

192. Ocellus Lucanus, en grec & en franç. avec des dissertations, par le Marquis d'Argens. *Berlin*, 1762, *in-*12, *m. r. dent.*

193. Timée de Locres, en grec & en franç. par le Marquis d'Argens. *Berlin*, 1763, *in-*12. *v. m.*

194. Porphyrius Philosophe Pythagoricien, de l'Abstinence Pythagorique, traduit du grec, par de Maussac. *Paris*, 1622, *in-*8°. *v. f.*

195. Platonis Dialogi V, gr. & lat. ex recensione & cum notis Nath. Forster. *Oxonii*, 1752, *in-*8°. *m. r. peau du ouin* *Ch. Mag.*

196. Dialogues de Platon, trad. par Grou. *Amst.* 1770, 2 *vol. in-*8°. *v. m. Grand Papier.*

197. Les Œuvres de Platon, traduites par Dacier. *Paris*, 1701, 2 *vol. in-*12, *v. m.*

198. La République de Platon, traduite par de la Pillonniere. *Londres*, 1726, *in-*4°. *v. m.*

No 195. Platonis Dialogi. B.

199. Le Phedon de Platon traitant de l'immortalité de l'âme; la République du même; le Timée, &c. traduit par Loys le Roy. *Paris*, 1553, *in-4°. v. b.* - - 2 ...

200. Alcinoi Philof. Platon. de doctrinâ Platonis liber. Speufippi Liber de Platonis definitionibus. Xenocratis lib. de Morte. *Baf.* 1532, *in-12, v. m.*

201. Maximi Tyrii Differtationes, gr. & lat. ftud. J. Davifii. *Cantabrigiæ*, 1703, *in-8°. v. f.* } 7 ... 9°.

202. Æfchinis Socratici Dialogi tres, gr. & lat. cum notis Jo. Clerici. *Amftel.* 1711, *in-8°. v. br.* - - - - 4 ...

203. Les Éthiques d'Ariftote, trad. par Nic. Orefme. *Paris, Verard, in-fol. v. m. goth.* - - - 3 ...

204. Les Politiques d'Ariftote, trad. par Loys le Roy. *Paris, Vafcofan,* 1568, *in-4°. v. b. l. r.* - - 3 ...

205. La Politique d'Ariftote, trad. par le C. Champagne. *Paris,* 1797, 2 *vol. in-8°. br.* - - - - 5 ... 1 ..

206. Andronici Rhodii Ethicorum Nichomacheorum Paraphrafis, gr. & lat. edente Dan. Heinfio. *Cantabrigiæ*, 1679, *in-8°. v. b.* - - - - 5 ... 5 ..

207. Les Hipotypofes, ou Inftitutions Pyrroniennes de Sextus Empyricus, traduites du grec. 1725, *in-12, m. r.* - - - 6 - 3 ...

208. L. Annæi Senecæ phil. & M. A. Senecæ rhetoris Opera omnia, cum notis L. F. Gronovii. *Amftel. Elzevirii,* 1659, 4 *vol. in-12, v. éc.* - - - 4 ... 13

209. Les Œuvres de Seneque le philofophe, trad. par La Grange, avec la Vie de Seneque, par Diderot. *Paris,* 1778, 7 *vol. in-12, v. m.* - - 12 - 16

210. Analyfe de la Philofophie du Chancelier Bacon, & fa Vie. *Paris,* 1755, 3 *vol. in-12, m. r.* - 8 ... 10 ..

211. Recueil de quelques Pièces curieufes concernant la Philofophie de Defcartes. *Amfterdam,* 1684, *in-12, m. r.*

212. Œuvres Philofophiques de la Mettrie. *Amft.* 1753, 2 *vol. in-12, v. m.* } 3 ... 12

207. Double, v. b. - - - - - 3 ...

213. Pensées Philosophiques, par Diderot. *La Haye,* 1746, *in-12, m. r.*

ÉTHIQUE OU MORALE.

214. Collection des Moralistes anciens. *Paris, Didot l'aîné,* 1782, 12 *vol. in-18, v. éc. Pap. Fin.*

215. La Morale de Confucius, philosophe de la Chine. *Paris,* 1783, *in-8°. m. verd, dent. doub. de tab. Gr. Pap.*

216. Les Morales d'Epictète, de Socrate, de Plutarque & de Seneque. *Au Château de Richelieu,* 1653, *in-8 . m. r.*

217. Theophrasti Characteres, gr. & lat. ex recens. Petri Needham. *Cantabrigiæ, Typ. Acad.* 1712, *in-8°. v. b.*

218. Theophrasti Characteres, gr. & lat. *Glasguæ Foulis,* 1743, *in-12, v. m.* ═ Apophtegmata græca Regum, Ducum, Philosophorum, &c. *Excud. H. Stephanus,* 1568, *in-12, v. f.*

219. Theophrasti Characteres, gr. & lat. *Parmæ, typ. Bodonianis,* 1794, *in-4°. br. Gr. Pap. Vél.*

220. Les Caractères de Théophraste & de La Bruyère, avec les notes de Coste. *Amsterdam,* 1759, 2 *vol. in-12, m. r. dent.*

221. Les Caractères de Théophraste & de La Bruyère, avec des notes par Coste. *Paris;* 1765, *in-4°. v. j.*

222. Les Caractères de Théophraste & de La Bruyère, avec les notes de Coste. *Paris,* 1765, *in-4°. m. cit. Pap. d'Holl.*

223. Epicteti Enchiridion & Cebetis Tabula, gr. & lat. 1670, *in-24, v. b. l. r.*

224. Epicteti Enchiridium unâ cum Cebetis Thebani Tabulâ, gr. & lat. stud. Ab. Berkelii. *Lugd. Bat.* 1670, *in-8°. v. b.*

No 228. Epictete. ell. aud.

No 229. epicteti enchiridion. ell. aud.

No 231. Plutarchi liber. B.

234. reflexions. c. Barr. x#

237. Boetius. c. Barr. p# 10

225. Epicteti Manuale & Cebetis Tabula , gr. & lat. curâ Had. Relandi. *Traj. Bat.* 1711 , *in*-4°. *v.f.* - 5 .... 1.

226. Epicteti quæ superfunt Differtationes ab Arriano collectæ , gr. & lat. cum notis Jo. Uptoni. *Londini* , 1741 , 2 *vol. in*-4°. *v. éc.* - - - - 18 .... 5.

227. Epicteti Manuale & Cebetis Tabula , græcè , recenfuit Joannes Schweighæufer. *Lipfiæ* , 1798 , *in*-18 , *br.* - - - - - 1 .... 17.

228. Manuel d'Epictète, en grec & en françois, par Lefebvre de Villebrune. *Paris*, 1783, *in*-18, *m. r.* 3 9

229. Epicteti Enchiridion , gr. & italicè. *Parmæ* , *Bodoni* , 1793 , *in*-18 , *br. en cart.* - - - 6 .... 19 9

230. Cinq Opufcules de Plutarque, trad. par Maître Eft. Pafquier. *Paris* , 1579, *in*-18 , *m. r.* - - 2 6

231. Plutarchi Liber de ferâ numinis Vindictâ , gr. & latinè , edente Dan. Wyttenbach. *Lugd. Bat.* 1772 , *in*-8°. *m. r.* - - - - 9 11

232. Traité de Plutarque , fur la manière de difcerner un flatteur d'avec un ami , en grec , traduit par la Porte du Theil. *Paris* , *Imp. Roy.* 1772 , *in*-8°. *m. r. doub. de tab.* - - - 8 9

233. Marci Antonini Impp. eorum quæ ad feipfum Libri XII, gr. & lat. *Glafguæ, Foulis*, 1744, *in*-8°. *veau fauve.* - - - 5 .... 2.

234. Réflexions Morales de Marc Antonin , trad. par Dacier. *Paris*, 1691 , 2 *vol. in*-12 , *v.f.* - - 2 .... 1.

235. Penfées de l'Empereur Antonin, trad. du grec par de Joly. *Paris*, 1773 , *in*-8°. *v. m.* - - 2 .... 2.

236. An. M. Sev. Boetii Confolationis Philofophiæ Libri V , cum not. variorum. *Lugd. Bat.* 1671 , *in*-8°. *vél.* - - - 9 .... 10.

237. Anicii Manlii Sev. Boetii Confolationis Philofophiæ Libri quinque. *Glafguæ* , 1751, *in*-8°. *baf.* 3 ....

238. La Confolation Philofophique de Boëce, trad. en François. *Berlin* , 1744 , 2 *vol. in*-12 , *v. f.* - 5 .... 2.

239. Dialogus Creaturarum optime moralifatus, jocundis Fabulis plenus, &c. *Goudæ, per Gerardum Leeu,* 1480, *in-fol. fig. m. r. goth.*

On trouve la Defcription de cette Rare Édition, dans le volume de la Jurifprudence & des Sciences & Arts de la Bibliographie inftructive, page xxvj — xxviij, des Additions qui font à la tête du volume.

240. Maximes & Réflexions Morales du Duc de la Rochefoucauld. *Paris, de l'Imprimerie Royale,* 1778, *in-8°. m. r.*

241. Maximes du Duc de la Rochefoucauld. *Paris, Didot l'aîné,* 1796, *in-12, Pap. Vél. br.*

242. La Morale Univerfelle, ou les Devoirs de l'Homme fondés fur fa nature. *Amfterd.* 1776, 3 *vol. in-8°. m. cit.*

243. Recueil Philofophique, ou Mélange de Pièces fur la Religion & la Morale. *Londres,* 1770, 2 *vol. in-12, m. cit.*

244. De la Philofophie de la Nature, ou Traité de Morale pour l'Efpèce Humaine, par Delille de Salles. *Londres,* 1777, 6 *vol. in-8°. fig. v. éc.*

245. Effais de Philofophie & de Morale, par Caftilhon. *Bouillon,* 1770, *in-8°. v. m.*

246. Propugnaculum Caftitatis ac Pudicitiæ, operâ Nic. Hoenigeri. *Bafileæ,* 1554, *in-12, v. éc.*

247. Recherches fur les Idées que nous avons de la Beauté & de la Vertu. *Amfterdam,* 1749, 2 *tom. rel. en 1 vol. in-4°. v. f. Gr. Pap.*

248. De la Sageffe, par P. Charron. *Amfterdam, Elzeviers,* 1662, *in-12, v. j.*

249. De la Sageffe, par Charron. *Amfterdam,* 1782, 2 *tom. en 1 vol. in-8°. v. f.*

250. De la Sageffe, par Pierre Charron. *Paris, Baftien,* 1783, *in-8°. m. viol. doub. de tab. Grand Papier.*

No 246. Dropognamilim. B.

No 252. Guarnier Sophista . B.

253 . Petrarcha . M. caill .

No 256. le guidonet gouvernement . B.

251. De la Sageſſe , par P. Charron , *Paris , Barrois l'aîné ,* 1789 , 2 *vol. in-*12 , *m. r. Pap. Vél.* - - ~ ~ ~   13·ᵗᵉ ···

252. Grunnius Sophiſta , ſive Pelagus Humanæ Miſeriæ. *Argentinæ ,* 1522 , *in-*8°. *v. f.* = Le Occurrenze humane, per Nic. Liburno compoſte. *Venetiis , Aldus ,* 1546 , *in-*8°. *v. b.* - - - - ·   4 ··· 19ˢ·

253. (Franc. Petrarchæ) de Remediis utriuſque fortunæ, Libri duo. *In-fol. m. r.* ~ ~ · · · · ~·   14 ··· 12.

Édition originale , Très-Rare & inconnue à preſque tous les Bibliographes ; elle eſt ſans date, ſans nom de lieu ni d'imprimeur, ſans chiffres ni ſignatures. On peut préſumer, par les caractères, qu'elle eſt ſortie des preſſes de Conrad Finer, imprimeur à Eſlingen , ou d'Henry Eggeſtein , imprimeur de Strasbourg. Voyez le Catalogue du Cardinal de Loménie de Brienne, tom. 1, pag. 166, N°. 156.

254. Le Spectateur ou le Socrate moderne, trad. de l'anglois d'Addiſſon. *Paris ,* 1755 , 3 *vol. in-*4°. *v. m.* - - - - - - -   9 ··· 19··

É C O N O M I E , &c.

De l'Inſtitution de l'Homme & de la Femme , & de l'Éducation des Enfans , &c.

255. Roderici Zamorenſis Speculum Vitæ humanæ. *Impreſſ. ab Helna Helnæ , alias de Louffen , in Pago Ergowiæ, anno* 1472 , *in-fol. m. r.* - ~ -   19 ··· 8·

256. Le Guidon & gouvernement des Gens mariés, par Raoul de Montfiguet. *Paris , Ph. le Noir , in-*4°. *m. bl. goth.* ~ ~ ~ ` ~ ~ ~ · ·   13 ··· 12.

257. De l'Heur & Malheur du Mariage, enſemble les Loix connubiales de Plutarque, trad. par de Marconville. *Paris ,* 1571. = De la Bonté & Mauvaiſtié des Femmes , par le même. 1571. = Excellent Opuſcule de Plutarque , de la   11 ····

tardive Vengeance de Dieu, trad. par le même.
Paris, 1563, in-8°. v. m.

10 .... 12 258. Adèle & Théodore, ou Lettres sur l'Éducation,
par Mᵈᵉ. de Genlis. Paris, 1782, 3 vol. in-8°. v. éc.

5 .... 19 259. Annales de la Vertu ou cours d'Histoire à l'u-
sage des jeunes personnes, par Mᵈᵉ de Genlis.
Paris, 1781, 2 vol. in-8°. v. m.

3 .... 1 260. de l'Éducation. Bouillon, 1791, in-8°. br. =
De l'Éducation par Knox. Paris, 1791, in-8°.
br. = De l'Établissement des connoissances humaines & de l'instruction publique, par Lacre-
telle. Paris, 1791, in-8°. br.

1 .... 10 261. Les Plans & Statuts des différens établissemens
ordonnés par Catherine II, pour l'éducation de la
jeunesse, & l'utilité générale de son Empire.
Amst. 1775, 2. vol. in-4°. fig. en feuilles.

3 .... 19 262. Considérations sur quelques parties du Mé-
chanisme des sociétés, par de Caseaux. Londres,
1785, 4 vol. in-8°. br.

7 .... 18 263. Essai sur la nécessité & sur les moyens de Plai-
re, par de Moncrif. Paris, 1738, in-8°. v. f.

2 .... 1 264. Recueil de divers écrits sur l'Amour & l'Amitié,
la Politesse, &c. Paris, 1736, in-12. v. f.

3 .... 10 265. Les Mœurs, par Toussaint. 1748, in-8°. v. éc.

6 .... 3 266. Considérations sur les Mœurs de ce siècle, par
Duclos. Paris, 1751, in-12, v. f. Pap. d'Hol.

POLITIQUE.

2 .... 267. Discours Politiques & Militaires De la Noue.
La Rochelle, 1590, 2 vol. in-18, v. f.

12 .. 16 268. Testament Politique du Cardinal de Richelieu.
Paris, 1764, 2 vol. in-8°. m. r.

7 ... 19 269. Le Corps politique, trad. de Hobbes. Leide,
Jean Elzevier, 1653, in-12, m. r.

7 .... 2 .... 258. Double

1 .... 16 ... 267. Double in 8°. v. b.

260. education. auclassen. p#

110269. le corp. de caill.

No 271. Discours politiques. B.

No 274. emsei… d'Isocrates. B.
275. Bodin. c. marr. ett

279. Mariana. ch. caill.

No 280. Ludus ... sapicatum. B

270. Élemens Philosophiques du bon Citoyen, trad. de Hobbes, par Sorbierre. *Paris*, 1651, *in-8°. m. r.* — — — — — — — — — — — — 7...⁴

271. Discours Politiques de Hume, trad. par le Blanc. *Dresde*, 1755, *2 vol. in-8°. v. f.* — — — 4....14𝒟

272. Du Contrat Socical, par J. J. Rousseau. *Amsterdam*, 1762, *in-8°. v. f.* *petit°*

273. Du Contrat Social, par J. J. Rousseau. *Paris*, *Didot l'aîné*, 1796, *in-8°. br. Pap. Vél.* — — 3....2.

274. Enseignemens d'Isocrates & de Xenophon, pour bien regner en Paix & en Guerre, trad. par Louis le Roy. *Paris*, 1578, *in-8°. m. r. dent.* 6...

275. Les six Livres de la République de J. Bodin. *Paris*, 1578, *in-fol. v. f.* — — — — — — 2....

276. Idée d'une République heureuse ou l'Utopie de Thomas Morus, trad. en fr. par Gueudeville. *Amst.* 1730, *in-12, fig. v. m.* — — — — 3 — — 1....

277. L'Alambic des Loix, ou Observations sur l'Homme & sur les Loix. 1773, *in-8°. v. f.* = L'Alambic Moral, ou Analyse raisonnée de tout ce qui a rapport à l'Homme. 1773, *in-8°.* *maroquin rouge.* — — — — — — — — 5....

278. Egidius Romanus de Regimine Principum. *Venetiis, Bevilaqua*, 1498, *in-fol. m. bl.* — — 6...

279. Jo. Marianæ de Rege & Regis Institutione Libri III. *Toleti*, 1599, *in-4°. m. r. l. r. Chartâ Fortiori. Rarus.* — — — — — — — 21...10𝒟

280. Ludus septem Sapientum, de Astrei Regii adolescentis Educatione, Periculis, Liberatione, &c. *Francofurti ad Mænum, in-12, fig. m. cit.* 6 — —

281. Recueil de Maximes véritables & importantes pour l'Institution du Roi, contre la pernicieuse politique de Mazarin. *Par.* 1667, *in-12, m. r. dent.* 1....2.

282. De l'Institution d'un Prince, par Duguet. *Londres*, 1739, *in-4°. v. f.* — — — — — 2....

271. *Double* — — — — — — — — — — 3....15.

2 --- 16 ... 283. Science des Princes, ou Confidérations politiques fur les Coups d'État, par G. Naudé, avec
les reflexions de L. Dumay. 1673, in-8°. v. f.

3 --- 19 . 284. Difcours fur le Gouvernement, par Alger-
non Sidney, trad. par P. A. Samfon. *Lahaye,*
1702, 3 vol. in-12, v. b.

D 9 --- 2. 285. La Science de la Légiflation, trad. de l'Italien
de Filangieri. *Paris*, 1786, 7 vol. in-8°. br.

2 --- ... 286. Du Pouvoir Exécutif dans les grands États,
par Necker. 1792, 2 vol. in-8°. br.

2 --- 10. 287. Le Pornographe, ou idées fur un projet de
reglement pour les Proftituées. *Londres*, 1770,
in-8°. v. m. === Théorie du Luxe. 1771, *in-8°.*
veau écaille.

5 --- 1 - 288. Du Droit des Magiftrats fur leurs fujets, pour
advertir de leur devoir, tant les Magiftrats que
les fujets. 1578, *in-8°. m. v.*

5 --- 1 - 289. De la Puiffance légitime du Prince fur le peuple & du peuple fur le Prince, trad. d'Eftienne
Jun. Brutus, (Hubert Languet.) 1581, *in-8°. v. f.*

D 6 --- 12 290. Le Politique du temps, traitant de la Puiffance, Autorité & du Devoir des Princes, des
divers Gouvernemens, jufqu'où l'on doit fup-
porter la Tyrannie, &c. *Jouxte la copie imp. à Paris,*
1650, *in-12, m. r.*

D 16 --- 19 291. Traité compofé par W. Allen, où il eft
prouvé que tuer un Tyran n'eft pas un meurtre, &c. *Lugduni*, 1658, *in-12, m. r. dent.*
Édition originale, Rare.

2 --- 19 292. M. Schoockii de Seditionibus libri tres. *Gro-*
ningæ, 1664, *in-8°. v. f.*

3 --- --- 293. Effai Politique fur les Révolutions inévitables
des fociétés civiles, trad. d'Antoine de Giuliani.
Paris, 1791, *in-12, m. r. Gr. Pap. Vélin.*

D 4 --- 10.. 294. Æneæ Sylvii Epiftola de miferiâ Curialium.

5 --- 3.. 284. Double .. v. f.

2 --- 10. 289 Double ... v. b.

No 285. Sciences de la législat. B.

288. Du Droit. c. Mauv. L.tt
289. De la puissance. c. Mauv. L.tt
290. la politique ~~et Mauv.~~ L.tt M. Caill.

291 atten. & Mauv. x.tt M. Caill.

No 296. Traités sur le commerce . B.

No 301. de veritate . M. aud.

No 302. de la verité. M. aud. —— B. C. Barr. x

In-4°. *m. v.* Editio vetus circa 1471 per Ulricum Zell de Hanau impreſſa.

295. L'Ambaſſadeur & ſes Fonctions, par de Wicquefort. *Amſt.* 1730, 2 *vol. in*-4°. *v. f.* - - - 3 . . . . .

Commerce & Monnoies.

296. Traités ſur le Commerce, trad. de Th. Culpeper. *Paris*, 1754, *in*-12, *m. cit.* - - - - - 2 . . . .

297. Traité des Monnoies, par Boizard. *Paris*, 1692, *in*-12, *fig. v. f. Gr. Pap.*

298. Traité des Monnoies, par Boizard. *Paris*, 1711, 2 *vol. in*-12, *fig. v. f.* } 3 - - - 17

299. Traité des Monnoies, par Poullain. *Paris*, 1709, *in*-12, *m. r. dent.* - - - - - 2 - - 6 - -

300. Eſſai ſur les Monnoies, par Dupré de Saint-Maur. *Paris*, 1746, *in*-4°. *m. r.* - - - - 5 - - 16 - -

MÉTAPHYSIQUE.

301. De Veritate, prout diſtinguitur a Revelatione, a veriſimili, a poſſibili & a falſo, auct. Edoardo Herbert de Cherbury. *Londini*, 1645. ⹀ De Cauſis Errorum, auct. eodem. *Londini*, 1645, *in*-4°. *v. f.* - - - - - 14 - - - 10 2

302. De la Vérité autant qu'elle eſt diſtincte de la Révélation, du vraiſemblable, du poſſible & du faux, par Edouard Herbert de Cherbury. 1639, *in*-4°. *v. f.* - - - - - 9 - - - 10 2

303. Entretiens ſur la Métaphyſique & ſur la Religion, par Malebranche. *Rotterdam*, 1688, 2 *vol. in*-12, *m. r. l. r.* - - - - - 5 - - - -

304. De la Recherche de la Vérité, par Malebranche. *Amſterdam*, 1688, 2 *vol. in*-12, *m. r.* - - 5 - - 17 - -

305. De la Recherche de la Vérité, par Malebranche. *Paris*, 1712, *in*-4°. *v. b.* - - - - - 4 - - 10 - -

7 ----

306. Des vraies & des fausses Idées , par M. Arnauld , & autres Ouvrages qui y ont rapport. *Cologne*, 1683 , 10 *vol. in*-12 , *m. r.*

2 ---- 5"

307. Christophori Sandii Tractatus de Origine Animæ. *Cosmopoli* , 1671 , *in*-8°. *v. f.*

308. P. Pomponatii Tractatus de Immortalitate Animæ. 1534 , *in*-12 , *m. r.*

5 -- 12 ..

309. Psychopannychie ; Traité par lequel est prouvé que les Ames veillent & vivent après qu'elles sont sorties des Corps , par J. Calvin. 1558 , *in*-12 , *m. bl.*

D 3 ---- 19

310. Tractatus curiosus de statu , loco , & vitâ Animarum postquam discesserunt à Corporibus , &c. ex recens. Joachimi Hildebrandi. *Francofurti* , 1691 , *in*-8°. *v. f.*

2 --- 1 ..

311. Histoire Naturelle de l'Ame , par Charp. *La Haye* , 1745 , *in*-12 , *m. bl.*

D 2 - 14 ..

312. De la Nature Humaine , ou Exposition des facultés de l'Ame , par Th. Hobbes. *Londres* , 1772 , *in*-8°. *v. rac.*

3 ....

313. De Origine Mali , auct. Gullielmo King. *Londini* , 1702 , *in*-8°. *vél. dent.*

12 ---- 19.

314. Histoire des Progrès de l'Esprit Humain dans les Sciences & dans les Arts qui en dépendent , par Saverien. *Paris* , 1778 , 4 *vol. in*-8°. *v. m.*

6 ---- 1 ..

315. Sim. Portii de Mente Humanâ Disputatio. *Florentiæ* , *Torrentinus* , 1551 , *in*-4°. *m. r.*

6 ... 4 ..

316. Essai Philosophique sur l'Entendement Humain de Locke , trad. de l'angl. par Coste. *Amst.* 1755 , *in*-4°. *v. m.*

3 ---- 1.

317. De l'Esprit, par Helvétius. *Par.* 1758, *in*-4°. *v. éc.*

2 --- 10 ..

318. Essai sur l'Origine des Connaissances Humaines , par Condillac. *Amst.* 1746 , 2 *tom. rel. en* 1 *vol. in*-12 , *v. f.*

2 ---- 1. 318. Double . 2 vol.

No 309. Plydepannychic. B.

No 310. Tractatus metaphys. ⊠ C. fusch

No 312. de la nature humaine. B. —— C. fusch.

318. connoissances.

No 320 · Recherches philos. B.

322 · foiblesse de l'Esprit · en · caill ·

No 326 · veterum sophorum · B.

No 328 · Lettres de M. audré · B.

319. Traité hiftorique & critique de l'Opinion,
par le Gendre. *Paris*, 1758, 9 *vol. in-12, baf.* - - 6. ...

320. Recherches Philofophiques fur la néceffité de
s'affurer par foi-même de la Vérité; fur la certi-
tude de nos connaiffances, &c. *Londres*, 1743,
in-8°. v. m. - - - - - - - - - - - - 3 ... 9°.

321. H. Corn. Agrippa de Incertitudine & Vani-
tate Scientiarum. *Antverpiæ*, 1531, *in-8°. v. éc.* - 2 ....

322. Traité Philofophique de la foibleffe de l'Efprit Humain, par Huet. *Amfterdam*, 1723,
in-12, v. f. - - - - - - - - - - 2 .... 16 ₰

323. La Philofophie du Bon Sens, ou Réflexions fur
l'Incertitude des Connaiffances humaines, par
d'Argens. *La Haye*, 1740, 2 *vol. in-12, v.b.* - - 2 ... 19.

*Traités des Efprits, de leurs Opérations; de la Cabale,
de la Magie, des Démons, Sorciers, &c.*

324. Joannis Rhuclin de Arte Cabalifticâ Libri tres.
Tubingæ, 1514, *in-fol. baf.* - - - - - 2 ...

325. Amphitheatrum Sapientiæ æternæ folius ve-
ræ Chriftiano-Kabalifticum, auct. Hen. Khun-
rath. *Hanoviæ*, 1609, *in-fol. fig. m. r.* - - - 10 ... 19 ₰

326. Veterum Sophorum Sigilla & Imagines Ma-
gicæ, ftud. Frid. Scholtzii. *Herrenftadii*, 1732,
in-12, baf. - - - - - - - - - - 2 ... 19.

327. Difquifitionum Magicarum Libri fex, auct.
Mart. Delrio. *Moguntiæ*, 1624, *in-4°. v. m.* - - 1 ... 19..

328. Lettres de M. de Saint-André, au fujet de la
Magie, des Malefices & des Sorciers. *Paris*, 1725,
in-12, v. f. - - - - - - - - - - 1 ... 12 ₰

329. La Philofophie Occulte d'Agrippa, trad. en
franç. *La Haye*, 1727, 2 *vol. in-8°. v. m. Gr. Pap.* 33 ... 19 ₰

330. Michaelis Pfelli Dialogus de Operatione Dæmonum, e græco tranflatus a P. Morello. *Parifiis*,
1577, *in-8°. v. f.* - - - - - - - - - 1 ..

321. Double - M. R. mouillé ... 2 ... 19..

325. Double - - - - - - - 15

328 Double - - - - - 1 ... 10

331. Tableau de l'inconftance des Mauvais Anges & Démons, où il eft traité des Sorciers & de la Sorcellerie, par P. de Lancre. *Par.* 1613 *in*-4°. *v. m.*

332. Des Satyres, Brutes, Monftres & Démons, de leur nature & adoration, par F. Hedelin. *Paris*, 1627, *in*-8°. *v. f.*

333. Conft. Fr. de Cauz, de Cultibus Magicis Libri duo. *Vindobonæ*, 1771, *in*-4°. *br.*

334. Magica de Spectris & Apparitionibus Spirituum, &c. *Lugd. Bat.* 1656, *in*-12, *vél.*

335. De Spectris, Lemuribus & Magnis Liber, auct. Lud. Lavatero. *Lugd. Bat.* 1687, *in*-12, *fig. v. b.*

336. Difputatio de Lamiis feu Strigibus, auct. Th. Erafto. *Bafileæ*, *in*-8°. *m. r.*

337. Difcours & Hiftoires des Spectres, Vifions & Apparitions des Efprits, &c. par P. le Loyer. *Paris*, 1605, *in*-4°. *v. f.*

338. Dialogue de la Lycantropie, ou transformation d'hommes en loups-garous, par Cl. Prieur. *Louvain*, 1596, *in*-8°. *v. m.*

339. De la Lycantropie, transformation & extafe des Sorciers, par Nynauld. *Paris*, 1615, *in*-8°. *v. f.*

340. Les Sorciers, par L. Daneau. 1574, *in*-8°. *dem. rel.* = Le Livre du Duel & Combat fingulier, par André Alciat. *Paris*, 1550, *in*-8°. *dem. rel.*

341. De Incantationibus feu Enfalmis, auct. Emanuele de Valle de Moura. *Eboræ*, 1620, *in-fol. v. f.*

342. G. Ab. Mercklini Tractatus Phyfico-medicus de incantamentis. *Norimbergæ*, 1715, *in*-4°. *v. b.*

343. De l'Impofture & Tromperie des Diables, Devins, Sorciers, &c. par Maffé. *Paris*, 1579, *in*-8°. *m. r.*

344. Pneumalogie, ou Difcours des Efprits, des Sorciers, &c. par le P. F. Seb. Michaelis. *Paris*, 1587, *in*-8°. *v. m.*

1 ---- 4 .. 334. Double

No 333. C. do Cant z de cultisuf. B.

No 336. Disputatio de Lausiif. B.

No 344. Pneumologia. B.

l° 346. Dijony v vitale. B.

l° 348. le flan. B.

345. Cinq Hiſtoires admirables , eſquelles eſt montré comme miraculeuſement par la vertu et puiſ-
ſance du Saint-Sacrement , a été chaſſé Beelzebud
prince des Diables, par D. Ch. Blendec. *Paris*,
1582, *in-8°. m. cit.* — — — — — — — 3 .... 9 ..

346. Diſcours véritable ſur le Fait de Marthe Broſ-
fier , prétendue démoniaque. *Paris* , 1599. ==
Hiſtoire admirable advenue en la ville de Tou-
louſe d'un Gentilhomme qui s'eſt apparu pluſieurs
fois à ſa femme , deux ans après ſa mort. *Paris*,
1623. == Deſcription d'un Monſtre né à Sarra-
goce. *Paris* , 1588. == Nouvelles admirables d'un
Enfant - monſtre , né en Afrique. *Paris*, 1587,
in-8°. v. f. — — — — — — — 4 ....

347. Hiſtoire admirable de la poſſeſſion & converſion d'une Pénitente ſéduite par un Magicien,
par Michaelis. *Paris*, 1613 , *in-8°. v. f. l. r.* — — 4 .... 6 ..

348. Le Fleau des Démons & Sorciers , par J. B.
Angevin. *Nyort* , 1616 , *in 8°. v. f.* — — — — 2 .... D

349. Le Monde Enchanté , par Balt. Bekker. *Amſt.*
1694 , 4 *vol. in-12 , baſ.* — — — — — 1 .... 19 ..

350. L'Hiſtoire des Imaginations extravagantes de
Mr. Oufle , par Bordelon. *Paris* , 1710 , 2 *vol.*
in-12 , v. éc. fig. — — — — — — 3 .... 6 ..

351. La Phyſique occulte ou Traité de la Baguette
divinatoire , par de Vallemont. *Paris*, 1696,
2 *vol. in-12 , fig. v. f.* — — — — — 3 .... 19 ..

PHYSIQUE.

352. Inſtitutions de Phyſique , par Mme du Chaſtelet.
Paris , 1740 , *in-8°. m. r.* — — — — — — 5 ....

353. H. Cardani de Subtilitate libri XXI. *Norim-*
bergæ , 1550, *in-fol. m. r.* — — — — — 3 ....

354. H. Cardani Medici, de Subtilitate libri XXI.
Baſilea, 1554, *in-fol. m. r.* — — — — — 3 .... 11.

355. Les Livres de H. Cardanus, de la Subtilité & subtiles inventions, ensemble les causes occultes & raisons d'icelles, trad. par R. le Blanc. *Paris*, 1556, *in-4°. v. b.*

356. De Duplici terrâ Differtatio Jof. Ant. Gonçalez de Salas. *Lugd. Bat. apud Elzevirios*, 1650, *in-4°. vél. dent.*

357. Entretiens fur la pluralité des mondes, par Fontenelle. *Dijon, Cauffe, l'an 2, in-12, m. verd, dent. doub. de tab. Pap. Vélin.*

358. Telluris Theoria facra orbis noftri Originem & Mutationes generales complectens, auct. Burnetio. *Londini*, 1681, *in-4°. v. b.*

359. Le Monde, fon Origine & fon Antiquité. *Londres*, 1751, *in-8°. v. f.*

360. Géographie Phyfique, ou effai fur l'Hiftoire Naturelle de la Terre, trad. de Wodward. *Paris*, 1735, *in-4°., v. m.*

361. Lettres Phyfiques & Morales fur l'Hiftoire de la Terre & de l'Homme, par J. A. de Luc. *Paris*, 1779, 6 *vol. in-8. v. éc.*

362. Recherches Phyfiques fur le Feu, par Marat. *Paris*, 1780, *in-8°. fig. m. r. Gr. Pap.*

363. Fr. Baconi de Verulamio Hiftoria Naturalis & Experimentalis de Ventis. *Amftel. ex offic. Elzeviriana*, 1662, *in-12, v. m.*

364. Athanafii Kircheri Mundus fubterraneus. *Amftel.* 1678, 2 *vol. in-fol. fig. v. f.*

365. G. Agricola de Ortu & Caufis Subterraneorum. *Bafileæ*, 1558, *in-fol. parch.*

366. Hiftoire & Phenomènes du Vefuve, trad. de J. M. Della Torre, par Peton. *Paris*, 1760, *in-12, fig. v. f.*

367. J. Conradi Amman Surdus loquens, five Differt. de Loquelâ. *Lugd. Bat.* 1740, *in-8°. v. f.*

368.

2 — 1 — 357. Double. Lr.

358. Munetius. c. Marr. x#

361. Delac. c. Marr. px#

366. della torre. c. Marr. m# 10 v.

No 367. /sudup coquus. B.

368. robeck. c. Marr. h.t

370. essais er discours, 2 vol. c. Marr. x.t

371. effets. M. Caill.
372. Bordantes. M. caill.
n.o 374. Electricitas. B.
n.o 373. statique. M. caill.

n.o 377 experiences sur la vipere. M. Ram. h.t

368. Joan. Robeck Exercitatio Philofophica de Morte voluntariâ Philofophorum, &c. *Rintelii*, 1736, *in*-4°. *dem. rel.* — 4 — 14

369. H. Rorarii quod animalia bruta ratione utantur meliùs homine, Libri duo. *Parifiis*, 1648, *in*-8°. *m. r.* — 2 — 13

370. Effais Philofophiques fur les Mœurs de divers Animaux étrangers. *Paris*, 1783, *in*-8°. *v. f.* = Difcours de l'amitié & de la haîne entre les Animaux, par de la Chambre. *Paris*, 1667, *in*-8°. *v. b.* — 6 — 6

371. Effets de la force de la contiguité des Corps, par le P. Cherubin. *Paris*, 1679, *in*-12, *fig. m- r.* — 2 — 19

372. Traité des Baromètres, Thermomètres, &c. par Dalancé. *Amft.* 1688, *in*-12, *fig. v. f.* — 4 — 5

373. La Statique des Végétaux, trad. de Hales, par de Buffon. *Paris*, 1735, *in*-4°. *fig. m. viol.* — 8 — 19

374. Electricitas. *Norimbergæ*, 1758. = De Sceptris veterum Differtatio. *Volfenbutellæ.* = Cur Virgilius moriens Æneida comburi juffit. *Coburgi*, 1774, *in*-4°. *rel. en cart.* — 6 — 1

375. Recherches Phyfiques fur l'Électricité, par Marat. *Paris*, 1782, *in*-8°. *fig. v. éc.* — 4

376. Defcription de la Machine Aeroftatique de MM. de Montgolfier, par Faujas de Saint-Fond. *Paris*, 1784, 2 *vol. in*-8°. *fig. br.* } 2 — 2

377. Nouvelles Expériences fur la Vipère, par Charras. *Paris*, 1669, *in*-8°. *fig. m. r.*

HISTOIRE NATURELLE.

378. Spectacle de la Nature & Hiftoire du Ciel, par Pluche. *Paris*, 1764, 11 *vol. in*-12, *fig. v. m.* — 21 — 19

379. De la Nature, par Robinet. *Amft.* 1761, 3 *vol. in*-8°. *v. m.* — 6 — 10

C

368. Double. velin bl. Dut. — 8 — 19

369. Double. 8° — 2 — 1

370. Double. in 8°. v. f. — 3 — 19

373. Double. v. m. — 3 — 12

Hiſtoire Naturelle des Métaux, Mineraux, Pierres, & Pierreries.

380. Hiſtoire Naturelle de l'Or & de l'Argent, trad. de Pline, par D. Durand. *Londres*, 1729, *in-fol. v. b.*

381. G. Agricolæ de Re Metallicâ libri XII. *Baſileæ*, 1556, *in-fol. fig. baſ.*

382. Georg. Agricolæ de Re Metallicâ libri XII. *Baſileæ*, 1561, *in-fol. fig. v. b.*

383. De Metallicis libri tres, And. Cæſalpino auct. *Romæ*, 1596, *in-4°. v. b.*

384. De antiquis Auri, Argenti, Stanni, Æris, Ferri, Plumbique Fodinis, Bl. Caryophili Opuſculum. *Viennæ*, 1757, *in-4°. m. cit.*

385. Mich. Mercati Metallotheca Vaticana, cum appendice, ſtud. Jo. Mariæ Lanciſii. *Romæ*, 1719, *in-fol. fig. v. m.*

386. And. Caſſii de Auro, de admirabili ejus naturâ, &c. cogitata. *Hamburgi*, 1685. = M. Liſter de Fontibus medicatis Angliæ. *Francofurti*, 1684. = Eh. Hagendornii Tractatus phyſ. med. de Catechu, ſive Terra Japonica. *Jenæ*, 1679, *in-12, vél.*

387. De Ferro ejusque præparatione Diſſertatio, a Jo. H. Zanichelli. *Venetiis*, 1719, *in-4°. br. en carton.*

388. Traité de l'Aimant, par Dalencé. *Amſterdam*, 1687, *in-12, fig. v. f.*

389. Deſcription de l'Aimant qui s'eſt formé à la pointe du Clocher neuf de Notre-Dame de Chartres, par de Vallemont. *Paris*, 1692, *in-12, v. b.*

390. Paradoxe que les Métaux ont vie, par G. Granger. *Paris*, 1640, *in-8°. v. m.*

391. Lithographiæ Wirceburgenſis Specimen, auct.

384. M. Caill.

Nº 386. Cassouy de auro. M. aud.

Nᵒ 393 . Brückmanni Specimen . B.

Nᵒ 398. Schutteri Nyctographia. B.

Nᵒ 401. Succini Prussici brb . M. and.

G. Lud. Heceber. *Wirceburgi*, 1726, *in-fol. fig.*
br. en carton.

392. Alb. Ritter Lucubratiuncula de Alabaftris
Hohnfteinenfibus, nonnullifque aliis ejufdem loci
rebus naturalibus, exarata. 1731, *in-4°. fig. dem. rel.* - - 3 . . . .

393. Fr. Ern. Bruckmanni Specimen phyficum fif-
tens hiftoriam naturalem Lapidis nummalis Tran-
fylvaniæ. *Volfenbutellæ*, 1727, *in-4°. rel. en cart.* 1 - - - 19 2

394. De omni rerum Foffilium genere, Gemmis,
Lapidibus, &c. Opera Conr. Gefneri. *Tiguri*,
1565, *in-8°. fig. vél.* 2 . . . .

395. Enumerationis Foffilium quæ in omnibus Galliæ
provinciis reperiuntur Tentamina, auct. d'Argenville. *Parifiis*, 1751, *in-8°. v. m.* = Hiftoire
naturelle du Cacao & du Sucre. *Paris*, 1719,
in-12, v. b. 1 . . . .

396. Oryctographia Hildesheimenfis, five admi-
randorum Foffilium quæ tractu Hildesheimenfi
reperiuntur, a Frid. Lachmund. 1669, *in-4°.*
fig. dem. rel. 1 . . . .

397. Trattato del Legno foffile minerale nuova-
mente fcoperto, di Fr. Stelluti. *In Roma*, 1637,
in-fol. fig. m. r. 20 . . . 1 . .

398. Jo. Henr. Schuttei Oryctographia Jenenfis.
Lipfiæ, 1720, *in-8°. fig. v. f.* 1 . . . 2

399. Jo. Dan. Majoris Differtatio de Cancris &
Serpentibus petrefactis. *Jenæ*, 1664, *in-8°. parch.* 1 . . . .

400. Hiftoria Succinorum corpora aliena invol-
ventium, a Nat. Sendelio. *Lipfiæ*, 1742, *in-fol.*
fig. en feuilles. 5 . . .

401. Succini Pruffici Phyfica & civilis Hiftoria,
auct. Ph. J. Hartmann. *Francof.* 1677, *in-12, vél.* 2 . . . 2

402. Lettres Philofophiques fur la formation des
Sels & des Criftaux, par Bourguet. *Amfterdam*,
1729, *in-12, fig. v. f.* 2 . . . 16 . .

403. Diafcepfeon de Sale libri IV, a Bern. Gomefio Miede. *Urfellis*, 1605, *in-8°. m. cit.*

404. G. Chrift. Schelhameri de Nitro cum veterum, tum noftro Commentatio. *Amftelodami*, 1609, *in-8°. vél.*

405. Marbodæi Galli de Gemmarum Lapidumque prætioforum formis, naturâ & viribus. *Coloniæ*, 1539, *in-8°. v. f.*

406. Gemmarum & Lapidum Hiftoria, auct. de Boot. *Lugd. Bat.* 1636, *in-8°. fig. vél.*

407. Le parfait Jouaillier ou hiftoire des Pierreries, par Boece de Boot. *Lyon*, 1644, *in-8°. fig. v. m.*

408. Des Pierres précieufes & des Pierres fines, avec le moyen de les connoître & de les évaluer, par Dutens. *Paris*, 1776, *in-18*, *v. éc.*

Hiftoire Naturelle des Eaux, Fleuves, Fontaines, &c.

409. Differtationes de admirandis Mundi Cataractis fupra & fubterraneis, &c. auct. M. Jo. Herbinio. *Amftel.* 1678, *in-4°. fig. m. r. dent.*

410. De l'Origine des Fontaines. *Paris*, 1678, *in-12 v. f.*

411. De Balneis omnia quæ extant apud Græcos, Latinos & Arabas, &c. *Venetiis, apud Juntas*, 1553, *in-fol. v. f.*

412. Chrift. Wilduogelii Libellus de Balneis & Balneatoribus. *Francofurti*, 1754, *in-4°. br. en cart.*

413. De Thermis Andreæ Baccii medici, Libri feptem. *Venetiis, Valgrifius*, 1571, *in-fol. v. m.*

414. Thermæ Aquifgranenfes & Porcetanæ, earum Salubres ufus, operâ Franc. Blondel. *Aquifgrani*, 1688, *in-4°. fig. vél. dent.*

415. Hiftoire Naturelle de la Fontaine qui brûle, près de Grenoble, par Jean Tardin. *Tournon*, 1618, *in-12*, *v. éc.*

No 412. C. Wildvogelüng de Balney. B.

No 416. Tentamen physico &c. B.

418. Geoponica. C. Deter. aum^{tt}

No 428. Pontedera. le 2e traité B.

416. Tentamen Physico - chymico - medicum in Origine Thermarum Badensium , germanicè , auct. G. M. Bellon. 1766 , *in-12* , *fig. m. r.* - - - 2 - 19

417. M. Lister de Thermis & Fontibus medicatis Angliæ. *Lugd. Bat.* 1686 , *in-12* , *v. f.* - - - - - 1 - 10

Agriculture & Botanique.

418. Geoponicorum de Re Rusticâ libri XX , gr. & lat. ex recens. Pet. Needham. *Cantabrigiæ* , 1704 , *in-8°. v. m.* - - - - - 14 - 1

419. Scriptores Rei Rusticæ veteres Latini , cur. Jo. M. Gesnero. *Lipsiæ* , 1735 , 2 *vol. in-4°. v. m.* - 22 - 10

420. Rei Agrariæ Auctores Legesque variæ , curâ Will. Goesii. *Amstelredami* , 1674 , *in-4°. fig. v. f.* Ch. Mag. - - - - - - - - - - 21 - 19 2

421. La Nouvelle Maison Rustique , ou Economie générale de tous les biens de campagne , par Liger. *Paris* , 1775 , 2 *vol. in-4°. fig. v. m.* - - - 11 - 1

422. Discours Economique , montrant comme de 500 liv. une fois employées , l'on peut retirer par an 4500 liv. de profit honnête , par Prudent le Choyselat. *Rouen* , 1612 , *in-12* , *v. éc.* - - - - 2

423. Pet. Laurembergii Apparatus Plantarius. *Francofurti* , 1632 , *in-4°. fig. vél. dent.* - - - - - 4 - 9

424. P. And. Matthioli Commentarii in libros Dioscoridis de Materiâ Medicâ. *Venetiis* , *ex offic. Valgrisianâ* , 1565 , *in-fol. fig. v. f. l. r.* - - - - 34 - 10

425. Mich. Bern. Valentini Historia Simplicium reformata. *Francofurti* , 1716 , 2 *vol. in-fol. fig. br.* - 3 -

426. Observationes Botanicæ , auct. Pet. Gloxin. *Argentorati* , 1785 , *in-4°. fig. dem. rel.* - - - 2 -

427. Anatomie des Plantes , trad. de Grew. *Paris* , 1675 , *in-12* , *fig. v. b.* - - - - - 1 - 12

428. Julii Pontederæ de Floris Naturâ libri tres. - - 4 -

C 3

428. Double - - - - - - - 1 - 12

= Ejufd. Compendium Tabularum Botanicarum. *Patavii*, 1720, *in-4°. fig. dem. rel.*

429. J. B. Ferrarii de Florum Culturâ Libri IV. *Romæ*, 1633, *in-4°. fig. v. m.*

430. Flora overo Cultura di Fiori del P. Giov. Batt. Ferrari. *In Roma*, 1638, *in-4°. fig. m. cit.*

431. Ab. Muntingii Phytographia curiofa. *Amftel.* 1711, *in-fol. fig. br. en cart.*

432. Bellonii de Arboribus Coniferis, Refiniferis, &c. Tractatus. *Parifiis*, 1553, *in-4°. fig. v. f.*

433. Tractatus de Arboribus Coniferis & Pice conficiendâ, a Jo. Conr. Axtio. *Jenæ*, 1679, *in-12*, *fig. v. b.*

434. Hefperides, five de Malorum Aureorum Culturâ & Ufu libri IV, auct. Jo. Bapt. Ferrario. *Romæ*, 1646, *in-fol. fig. v. b.*

435. De variâ Quercûs Hiftoriâ; acceffit Pilati Montis Defcriptio, auct. Jo. du Choul. *Lugduni*, 1555, *in-8°. fig. v. éc.*

436. Conr. Gefneri de raris & admirandis Herbis, quæ five quod noctu luceant, five alias ob caufas, Lunariæ nominantur, Commentariolus, &c. *Tiguri*, (1555), *in-4°. fig. v. éc.*

437. Traité de l'Adianton ou Cheveu de Vénus, par Pierre Formi. *Montpellier*, 1644, *in-8°. v. éc.*

438. Hiftoria Abfinthi umbelliferi Nicolai Clavenæ Bellunenfis. *Cenetæ*, 1609. = Antabfinthium Clavenæ &c. auct. Pomp. Sprecchis. *Venetiis*, 1611, *in-4°. v. m.*

439. Hiera Piɡra, vel de Abfinthio Analecta, a Jo. Mich. Fehr. *Lipfiæ*, 1668, *in-8°. fig. vél. dent.*

440. Spicilegium obfervationum de Aconito, auct. Jo. Lud. Chrift. Koelle. *Erlangæ*, 1788. = Ant. Storck Libellus quo demonftratur Herbulam veteribus dictam Flammulam Jovis poffe tutò &

432. Bellonius. M. Va.
' no 433. De arboribus coniferis. ✗ —— M. Va.

435. Quercus hist. M. Va.

no 434. hist. absinthii. B. —— M. Va.

no 439. Hierae Piera. M. aud.
no 440. spicilegium de aconito. M. aud. —— ✗

No 441. Docteur de ananas. M. Aud. — M. Va.

No 442. anchois faux - M. Aud.

No 446. memoire présenté. M. Ram.

451. Vaillant. Va.

magnâ cum utilitate exhiberi ægrotantibus. *Vien-*
næ, 1769, *in-8°. fig. vél. dent.*

441. Mich. Frid. Lochneri Commentatio de Ana-
nafâ five nuce Pinea Indica. *In-4°. fig. vél.* _ _ _   7 _ _ 19 *D*

442. Anchora facra, vel Scorzonera, ad normam
Acad. Nat. curiof. elaborata a Joan. Mich. Fehr.
Jenæ, 1666, *in-8°. fig. v.f.* _ _ _ _ _   6 _ _ _ 12 _

443. Anchora Salutis facra, feu de Laudano, Opia-
to, &c. liber fingularis, auct. Tillingio. *Fran-*
cofurti, 1671, *in-8°. vél.* _ _ _ _ _   2 _ _ _ 10 _

444. Hiftoire Naturelle du Cacao & du Sucre.
Amfterdam, 1720, *in-12*, *fig. baf.* _ _ _   1 _ _ 1 _

445. Crocologia, feu curiofa Croci regis Vege-
tabilium Enucleatio, auct. Ferd. Hertodt. *Jenæ*,
1671, *in-12*, *v. b.* _ _ _ _   _ _ 1 _ _ 1

446. Mémoire préfenté à M. le Duc d'Orléans,
concernant la précieufe Plante du Ginfeng de
Tartarie, découverte en Canada, par le P. La-
fitau. *Paris*, 1718, *in-12*, *fig. v. éc.* _ _ _   2 _ _ 1 _

447. Ab. Munting Differtatio Hift. Medica, de verâ
Herbâ Britannicâ. *Amftel.* 1698, *in-4°. fig. vél.* _ _   2 _ _ _ *D*

448. De Mannâ liber, auct. Jo. Chryfoft. Mag-
neno. *Hag. Comit.* 1658, *in-12*, *m. r.* _ _   I

449. Tabacologia, hoc eft, Tabaci feu Nicotianæ
Defcriptio, per Jo. Neandrum. *Lugd. Bat.* 1622,
in-4°. fig. m. r. _ _ _ _ _ _   4 _ _ _ 18 _

450. Plantæ per Galliam, Hifpaniam & Italiam
obfervatæ, auct. Barelliero. *Parifiis*, 1714,
in-fol. fig. br. _ _ _ _   12 _ _ _

451. Seb. Vaillant Botanicon Parifienfe. *Parifiis*,
1743, *in-12*, *m. viol. doub. de tab.* _ _ _   10 _ _ _ 10
Cet Exemplaire eft enrichi de beaucoup d'augmen-
tations manufcrites.

452. Hiftoire des Plantes des environs de Paris,
par Pitton Tournefort. *Paris*, 1698, *in-12*, *v. m.* _ _   2 _ _ _ 6 _

C 4

445. Double _ _ _ _ _ _   1 _ _
449. Double _ _ _ _ _ _   1 _ _ 1 _
449. triple _ _ _ _ _   1 _ _ 2 _

453. Botanicum Monfpelienfe, auct. Pet. Magnol. *Lugduni*, 1676, *in-8°. fig. v. f.*

454. Ant. Gouan Flora Monfpeliaca. *Lugduni*, 1765, *in-8°. vél. dent.*

455. Flora Noribergenfis, feu Catalogus Plantarum in agro Noribergenfi fponte nafcentium, operâ Joan. G. Volckameri. *Norimbergæ*, 1700, *in-4°. fig. vél.*

456. Hortorum Viridariorumque elegantiores & multiplices Formæ ad vivum delineatæ. 1655 *in-fol. obl. fig. dem. rel.*

457. Exactiffima Defcriptio rariorum quarumdam Plantarum, quæ continentur Romæ in horto Farnefiano, Tob. Aldino Cefen. auct. *Romæ*, 1625, *in-fol. fig. vél.*

458. Catalogus Plantarum horti Pifani, auct. M. Aug. Tilli. *Florentiæ*, 1723, *in-fol. fig. dem. rel.*

459. Ant. Gouan Hortus regius Monfpelienfis. *Lugduni*, 1762, *in-8°. vel. dent.*

460. Horti medici Amftelodamenfis rariorum Plantarum Defcriptio & Icones, auct. Jo. Commelino. *Amftel.* 1697, *2 vol. in-fol. fig. br. en cart.*

461. Catalogus Plantarum horti academici & agri Gottingenfis, confcript. a Gottf. Zinn. *Gottingæ*, 1757, *in-8°. fig. v. porph.*

462. Catalogus Plantarum quæ in Infulâ Jamaica fponte proveniunt, auct. H. Sloane. *Londini*, 1696, *in-8°. m. r.*

463. Thefaurus Zeylanicus exhibens Plantas in Infulâ Zeylanica nafcentes, curâ Joan. Burmanni. *Amftel.* 1737, *in-4°. fig. v. m.*

Hiftoire Naturelle des Animaux, Quadrupèdes, Oifeaux, Poiffons, &c.

464. Hiftoire des animaux d'Ariftote, en grec & en

No 457. Exact. Dfürjikö. B.

. 464. wiſſote . c. Barr. mo

468. Hist. des Eléphans. M. Ram.

470. du Hyena, M. Ram.

473. Hist. des Oyseaux. M. Cai Cl.

• 474. Cygni anatome, B.

• 475 Origine des Moutons. M. Ram. —— B.

477. Traité du Caston. M. Ram.

470. M. Ram.

fr. de la trad. de Camus. *Par.* 1783, 2 *vol. in*-4°. *v. éc.*

465. Onomasticon Zoicon, plerorumque Animalium differentias & nomina pluribus linguis exponens, auct. G. Charleton. *Lond.* 1668, *in*-4°. *fig. dem. rel.* . . . 1te . . . D

466. Icones Animalium quæ in Historia Animalium Conradi Gesneri describuntur. *Tiguri,* 1553, *in-fol. v. f. fig. coloriées.* . . . 3 . . .

467. Jo. Conr. Peyeri Merycologia, sive de Ruminantibus & Ruminatione Commentarius. *Basileæ,* 1685, *in*-4°. *vél.* . . . 3 . . . 3 . .

468. L'Histoire des Élephans, par Sal. de Priezac. *Paris,* 1650, *in*-12, *v. m.* . . . 4 . . .

469. Joan. Caii de Canibus Britannicis liber, de rariorum Animalium & stirpium Historia, &c. ex recens. G. Jebb. *Londini,* 1729, *in*-8°. *v. b.* . . 2 . . .

470. De Hyæna odoriferâ exetasis Pet. Castelli. *Francofurti,* 1668, *in*-12, *fig. m. r.* . . . 3 . . . 1.

471. Historia Moschi a Luca Schrockio. *August. Vindelic.* 1682. = Ambræ Historia, auct. Just. Fid. Klobio. *Wittebergæ,* 1676, *in*-4°. *fig. v. f.* . . 2 . . . D

472. Th. Bartholini de Unicornu Observationes novæ. *Amstelodami,* 1678, *in*-12, *fig. vél.* . . . 2 . . .

473. L'Histoire de la nature des Oiseaux, par P. Belon. *Paris,* 1555, *in-fol. v. f. fig. color. l. r.* . . 32 . . . D

474. Cygni Anatome, ejusque Cantus, auct. Bewerlino. *Hafniæ,* 1650, *in*-4°. *fig. v. f.* . . . 5 . . .

475. Traité de l'origine des Macreuses, par Graindorge. *Caen,* 1680, *in*-8°. *m. r.* . . . 6 . . 1.

476. Castorologia, explicans Castoris animalis naturam & usum medico-chim. auct. Jo. Mario, & aucta a J. Franco. *August. Vindelic.* 1685, *in*-8°. *fig. vél.*

477. Traité du Castor, trad. de J. Marius, par Eidous. *Paris,* 1746, *in*-12, *fig. bas.* } 4 . . . 19.

478. Oligeri Jacobæi de Ranis Observationes. *Parisiis,* 1682, *in*-8°. *fig. v. f.* . . . 4 . . .

470. Double. *v.* 6. . . . 2 . . . D

471. Double. *v.* 6. . . . 1 — 12.

475. Double. . . . 4 . . . 19.

465. Double. *in fol.* . . . 2 . . .

479. Fabii Columnæ Opufculum de Purpurâ. *Ki-liæ*, 1675, *in-*4°. *fig. m. bl.*

480. Recherches intéreffantes fur l'origine, la formation, &c. des Vers à tuyau. *Amfl.* 1733, *in-*12, *fig. v. br.*

481. God. Sellii Hiftoria Naturalis Teredinis feu Xylophagi Marini tubulo conchoidis. *Traj. ad Rhen.* 1733, *in-*4°. *fig. v. f.*

482. M. Aurel. Severini de Viperæ naturâ, veneno, medicinâ, experimenta nova. *Patavii*, 1651, *in-*4°. *fig. baf.*

483. Baldi Angeli abbatii de admirabili Viperæ naturâ & facultatibus libri. *Hag. Com.* 1660, *in-*12, *fig. vélin.*

484. Fr. Redi Opufcula de generatione Infecto-rum, &c. *Amflæl.* 1686, 2 *vol. in-*12, *fig. v. f.*

485. Senguerdii Tractatus de Tarentulâ. *Lugduni*, 1668, *in-*18, *vél.* ⸗ Bellini Exercitatio Anatomica de ftructurâ & ufu Renum. *Amftel.* 1665, *in-*18, *v. f.*

486. La Cueillette de la Soie, pour la nourriture des vers qui la font, par Olivier de Serres. *Paris*, 1599, *in-*8°. *v. br.*

Mélanges d'Hiftoire Naturelle, &c.

487. Recherches & Obfervations naturelles de Boccone, *Amfl.* 1674, *in-*12, *fig. v. f.*

488. M. Ant. Cappellerii Pilati Montis Hiftoria. *Bafileæ*, 1767, *in-*4°. *fig. vél. dent.*

489. Itinera per Helvetiæ Alpinas regiones, a Jo. Jac. Scheuchzero. *Lugd. Batav.* 1723, 2 *vol. in-*4°. *fig. v. m. Ch. Mag.*

490. Mémoire fur la manière de raffembler, de préparer, &c. les diverfes curiofités d'Hiftoire naturelle. *Lyon*, 1758, *in-*8°. *fig. v. m.*

485. Sanguerdius. M. Rau.

488 Pilati mont. hist. M. Rau.

2° 495. cat. Marietta. C. Cam—tit. ꝶ. &ᵗʰ

496. cat. de Heyman. C. at ges. i.ᵗʰ

491. Rariora Musei Besleriani, a Jo. H. Lochnero. 1716, *in fol. fig. dem. rel.* - - - - - - - - - -   3 .... D

492. Museum Richterianum, continens Fossilia, Animalia, Vegetabilia, &c. illustrata commentariis D. Jo. Ern. Hebenstreitii. *Lipsiæ*, 1743, *in-fol. fig. m. verd, dent.* - - - - - - -   24 ....

493. Museum Tessinianum. *Holmiæ*, 1753, *in-fol. fig. v. m.* - - - - - - - - -   2 ---19.

494. Catalogue raisonné des Marbres, Jaspes, Agathes, &c. de Mme. la Duchesse de Mazarin, & autres. *Paris*, 1781, *in-8°. Avec les prix.* - -   6 --- 19 ..

495. Catalogue raisonné des objets de Curiosité du cabinet de feu M. Mariette. *Paris*, 1775, *in-8°. fig. v. f. Pap. d'Holl. Avec les prix.* - - -   11 ---19 D

496. Catalogue des Dessins de Neyman, par Fr. Basan. *Paris*, 1776, *in-8°. fig. v. f. Avec les prix.* - .   4 .... 16 ..

Histoire des Monstres, Prodiges, &c.

497. De Monstrorum naturâ, causis & differentiis libri duo, auctore Fort. Liceto. *Patavii*, 1634, *in-4°. fig. vél.* - - - - - - -   3 ....

498. Fortunius Licetus de Monstris. *Amstelodami*, 1665, *in-4°. fig. vél. dent.* - - - - -   6 .--1..

499. De Gigantibus eorumque Reliquiis, auct. Jo. Cassanione. *Basileæ*, 1580, *in-8°. v. m.* - - -   4 .... 10 ..

500. Gigantologie, Histoire de la grandeur des Géants. *Paris*, 1618. = Gigantomachie, pour répondre à la Gigantostologie. 1613, *in-8°. v. m.*   14 --- 19 ..

501. Gigantologie, Histoire de la grandeur des Géants. *Paris*, 1618, *in-8°.* = Instruction à la France sur la vérité de l'Histoire des frères de la Roze-Croix, par G. Naudé. *Paris*, 1623, *in-8°. v. f.*   4 --- 1..

502. Antigigantologie, ou Contre-discours de la grandeur des Géants, par Nic. Habicot. *Paris*, 1618, *in-8°. parch.* - - - - -   3 .... 19 ..

503. Casp. Bauhini de Hermaphroditorum Monstrosorumque partuum naturâ libri duo. *Oppenheimii*, 1614. = Guill. Fab. Hildani Observationum Chirurgicarum Centuriæ. *Oppenhemii*, 1614, *in-8°. fig. vél.*

504. Discours sur les Hermaphrodits, où il est démontré qu'il n'y a pas de vrais Hermaphrodits, par Riolan. *Paris*, 1614, *in-8°. m. r.*

505. Phlegontis Tralliani quæ extant, de Rebus Mirabilibus, &c. gr. & lat. stud. Jo. Meursii. *Lugd. Bat. Is. Elzevirius*, 1620, *in-4°. v. f.*

506. Julii Obsequentis quæ supersunt ex libro de Prodigiis, cum notis variorum, curante Fr. Oudendorpio. *Lugd. Bat.* 1720, *in-8°. m. cit.*

507. Jules Obsequent, des Prodiges; plus trois livres de Polydore Vergile sur la même matière, trad. par G. de la Bouthière. *Lyon*, 1555, *in-8°. fig. v. f.*

508. Prodigiorum ac ostentorum Chronicon, auct. C. Lycosthene. *Basileæ*, 1557, *in-fol. fig. v. f.*

MÉDECINE.

Medecins anciens & modernes.

509. Hippocratis Opera omnia, gr. & lat. stud. Jo. Antonidæ Vander-Linden. *Lugd. Bat.* 1665, 2 *vol. in-8°. peau de truie.*

510. Hippocratis Aphorismi, gr. & lat. ex recens. An. Car. Lorry. *Parisiis*, 1784, *in-18*, *m. r.*

511. Les Œuvres d'Hippocrate, trad. par Dacier. *Paris*, 1697, 2 *vol. in-12*, *v. f.*

512. Aur. Cornelii Celsi de Medicinâ libri octo, cum notis varior. *Roterodami*, 1750, *in-8°. v. m.*

513. A. Corn. Celsi de Re Medicâ libri octo, ex

No 504. Disc. far Cp Hermaphrodity. ell. And.

509. Hippocrates. & Idd. pa^tt

511. hippocrate. c. Barr. x^tt
No 512. Cel/uf. B. . c. Detur. 12^t
No 513. Dan. B.

No 514 Rhodius de aëre. M. aud.

No 518. Sanctorius. B.

No 519. Trilleri clinotechnia. M. aud. ——— ✗

No 521. vue philosophique. B. c. van. h^{tt}

522. tractatus. D. h^{tt} 10ʃ

recenf. J. Valart. *Parifiis*, 1772, *in-*12, *v.f.*
Papier-Fin.

514. Jo. Rhodii de Aciâ Differtatio ad Corn. Celfi
mentem qua fimul univerfa Fibulæ Ratio expli-
catur a Th. Bartholino. *Hafniæ*, 1672, *in-*4°. *v.f.* 3 ---- D

515. Profp. Alpini de Medicinâ Ægyptiorum libri
IV, & Jac. Bontius de Medicinâ Indorum. *Parif.*
1645, *in-*4°. *v.f.* 4 ---- 1.

516. Jac. Bontii de Medicinâ Indorum libri IV.
Lugd. Bat. 1642, *in-*12, *v.f.*

517. Prologue & Chapitre fingulier de très-excel-
lent Docteur en Médecine & Chirurgie, Maître
Guidon de Cauliac. *Lyon, Dolet*, 1542. = Le
Livre des Préfaiges d'Hippocrate, trad. par P.
Verney. *Lyon, Dolet*, 1542, *in-*8°. *v.f.* 5

518. Sanctorii Sanctorii de Staticâ Medicinâ fectio-
nes feptem, cum comment. Mart. Lifter. *Lugd.*
Bat. 1703, *in-*12, *v.f.* = Ventriculi Quærelæ
& Opprobria, auct. B. Swalve, Medico. *Amftel.*
1664, *in-*12, *v.f.* 1 ----

519. Dan. Wilh. Trilleri Clinotechnia Medica antiquaria, five de diverfis Ægrotorum Lectis fecundum ipfa varia Morborum genera, &c. *Franco-*
furti, 1774, *in-*4°. *br. en cart.* 2 ---- D

Traités de Phyfiologie, ou des différens tempéramens,
facultés, &c. du Corps humain.

520. Hiftoire de l'Animal, ou la Connoiffance du
Corps animé par la méchanique & par la chimie,
par Dan. Duncan. *Paris*, 1687, *in-*8°. *v. b.* 1 ----

521. Vue Philofophique de la gradation naturelle
des formes de l'Être, par J. B. Robinet. *Amfterd.*
1768, *in-*8°. *fig. v. m.* 3 ---- 1.

522. Tractatus Phyfiologicus de Pulchritudine,
auct. Ernefto Vænio. *Brux.* 1662, *in-*8°. *fig. vél.* 4 ---- 12.

523. Jo. Valentini Merbitzii de Varietate Faciei humanæ Difcurfus Phyficus. *Drefdæ*, 1676, *in-4°.* *fig. v. éc.*

524. Jo. Nic. Pechlini de Habitu & Colore Æthiopum. *Kilonii*, 1677, *in-12*, *m. r.*

525. Homines fub aquis viventes, auct. Sal. Sprangero. *Lipfiæ*, 1692, *in-12*, *v. b.*

526. Aditus novus ad occultas Sympathiæ & Antipathiæ caufas inveniendas, a Sylv. Rattray. *Tubingæ*, 1660, *in-12*, *v. f.*

527. Sev. Pinæus de Virginitatis notis, Graviditate & Partu. *Lugd. Bat.* 1650, *in-12*, *fig. m. bl.*

528. De Virginitate, Virginum ftatu & jure Tractatus novus & jucundus, per Henr. Kornmannum. *Hagæ Comit.* 1654, *in-12*, *v. f.*

529. Parthenologia Hiftorico-medica, hoc eft Virginitatis Confideratio, a M. Schurigio. *Drefdæ*, 1729. ═ Ejufdem Gynæcologia, hoc eft congreffus Muliebris Confideratio. *Drefdæ*, 1730, *in-4°.* *dem. rel.*

530. Livre de la Génération de l'Homme, par Jacq. Sylvius. *Paris*, 1559. ═ De la nature & utilité des Mois des Femmes, par le même. *Paris*, 1559, *in-8°. v. f. l. r.*

531. R. De Graaf de Virorum Organis Generationi infervientibus. *Lugd. Bat.* 1668. ═ Jo. Nic. Pechlini de Aeris & Alimenti defectu & Vitâ fubaquis, Meditatio. *Kilonii*, 1676, *in-8°. fig. v. m.* ═ Ol. Jacobœi de Ranis Obfervationes. *Parifiis*, 1682, *in-8°. fig. v. b·*

532. Spermatologia, hoc eft Seminis humani Confideratio, a D. Mart. Schurigio. *Francofurti*, 1720, *in-4°. v. m.*

533. Venus Phyfique. 1745, *in-12, v. m.*

534. Lucina fine concubitu, concubitus fine

523. de varietate faui i. C. atque X.

Nº 530. Livre de la generation. B.

Nº 537. firavis delineatio. B.

Nº 541. Emanueli. B.

Nº 542. de Barba. B.

Lucina. 1750. = Plaidoyer de M. Freydier, avo-
cat à Nifmes, contre l'introduction des Cade-
nats ou Ceintures de Chafteté, avec la figure.
Montpellier, 1750, *in-8°. v. éc.*

535. Difcours fur l'impuiffance de l'homme & de la
Femme, par V. Tagereau. *Paris*, 1611, *in-8°. v. b.* . 2 ....

536. Capitulaire auquel eft traité qu'un Homme
né fans tefticules apparens, &c. eft capable
des œuvres du mariage, par Sebaft. Rouillard.
Paris, 1600, *in-8°. v. f.* 2 .... 16..

537. Jo. G. Simonis brevis Delineatio Impotentiæ
conjugalis. *Jenæ*, 1718. = Jac. Molleri Difcurfus de Cornutis & hermaphroditis eorumque jure.
Berolini, 1708, *in-4°. rel. en cart.* 8

538. Th. Bartholinus de ufu Flagrorum in Re Medicâ & Veneriâ. *Francofurti*, 1670, *in-12, m. r.* 9 .... 1.

539. De l'utilité de la Flagellation dans les plaifirs
du Mariage & dans la Médecine, trad. de Mei-
bomius. *Paris*, 1792, *in-12, m. r.* 9 19

540. Jo. Ph. Laur. Withof de Caftratis Commen-
tationes IV. *Duifburgi*, 1756, *in-8°. br. en cart.* 4 ....

541. Eunuchi nati, facti, myftici, auct. J. Heri-
berto. *Divione*, 1655, *in-4°. v. m.* 1 .... 19 2

542. Fr. Wilh. Pagenftecheri de Barba liber. *Lem-
goviæ*, 1715, *in-12, v. m.* 3 ....

543. Traité du Ris, contenant fon effence, fes caufes, &c. par L. Joubert. *Paris*, 1579, *in-8°.
veau fauve.* 3 .... 5.

544. Pet. Petiti Medici de Lacrymis libri tres. *Parifiis*, 1661, *in-8°. m. verd.* 2 .... 3..

545. Mart. Schoockii de Sternutatione Tractatus.
Amftel. 1664, *in-12, m. r.* 2 .... 2..

546. Phyfiologia Crepitus ventris, & Rifus, a Rud.
Goclenio. *Francofurti*, 1607, *in-8°. m. cit.* 2 ....

534. Double. vel. 4..

543. Double. v. b. 2 .... 8..

*Traités Diætetiques & Hygiaftiques ; du régime de vie ,
des Alimens ; de l'art de la Cuifine , &c.*

547. Regimen Sanitatis, cum Tractatu Epidemiæ ,
feu Peftilentiæ , auct. Arn. de Villa-Nova. *Bi-
funtii ,* 1487 , *in-*4°. *goth. v. m.*

548. Regimen Sanitatis Salerni, compofitum a ma-
giftro Arnoldo de Villa-Nova. *Editio vetus im-
preffa circa annum* 1490 , *in-*4°. *v. m. goth.*

549. Regimen Sanitatis Salernitanum. *Parifiis , Felix
Balligault ,* 1493 , *in-*4°. *v. m. goth.*

550. De confervandâ bonâ Valetudine , Opufculum Scholæ Salernitanæ. 1551 , *in-*8°. *fig. parch.*
= B. Codronchii de Vitiis vocis libri duo , de
Vocis Confervatione , &c. *Francofurti ,* 1597 ,
*in-*8°. *parch.*

551. De confervandâ bonâ Valetudine , Opufculum Scholæ Salernitanæ, Germanicis rhytmis
illuftratum. *Francofurti ,* 1557 , *in-*8°. *fig. m. r.*

552. Les trois Livres de la vie , le 1er pour con-
ferver la fanté des ftudieux , le 2e pour pro-
longer la vie , le 3e pour acquérir la vie du Ciel ,
trad. de Marfille Ficin , par le Fevre de la Boderie.
Paris , 1582 , *in-*8°. *m. r. antiqué , l. r.*

553. Trois Livres de l'embelliffement & ornement
du Corps humain , trad. de J. Liebaut. *Paris ,*
1582. = Recueil de plufieurs Secrets très-utiles
tant pour l'ornement que la fanté du Corps humain. *Paris ,* 1561 , *in-*8°. *v. b.*

554. Jo. H. Cohaufen curiofa Decas de vitâ humanâ theoreticè & practicè per Pharmaciam pro-
longandâ. *Ofnabrugi ,* 1714 , *in-*4°. *v. b.*

555. Hermippus redivivus , five Exercitatio phyfico-medica curiofa de methodo rarâ ad CXV
annos

No 547. Regimen sanitatis. B. Tokam

No 548. Regimen sanitatis. B.

No 549. Regimen sanitatis. B.

No 551. De conservanda valet. B.

No 552. Goûs livres de la vie. ell. aud.

No 553. trois livres de l'embellissement. B.

No 554. Cohausen curiosa dives. B.

No 558 apicius Coelius. B. — C. Deter. ett post pap.

No 560 Discours. B.

No 566. Traité du vin. B.

annos prorogandæ Senectutis per anhelitum Puellarum , auct. J. H. Cohaufen. *Francofurti* , 1742,
in-8°. parch.

556. Hiftoire des Perfonnes qui ont vecu plufieurs
fiècles , & qui ont rajeuni , avec le fecret du
rajeuniffement. *Paris ; 1716 , in-12 , v. f.* - - - 2 14

557. Bapt. Platinæ Opufculum de Obfoniis , ac de
honeflâ Voluptate & Valetudine. *Impreff. in civitate
Auftriæ , impenfis Gerardi de Flandria, Venetiarum
Duce Jo. Mocenico* , 1480 , *in-4°. dem. rel. goth.* - 3 .... 8.

558. Apicii Cœlii de Opfoniis & Condimentis ,
five arte coquinariâ , libri X , cun annot. M.
Lifter. *Amftelodami* , 1709 , *in-8°. m. v. dent.
Charta Magna.* - - - - - - - - 15 ...

559. Lud. Nonnii de Re Cibariâ libri IV. *Antverpiæ* , 1645 , *in-4°. baf.* - - - - - - - 4 .... 1.

560. Difcours par lequel eft montré qu'il n'y a au-
cune raifon que quelqu'uns puiffent vivre fans
manger, durant plufieurs jours & années, par
If. Harvet. *Niort* , 1597 , *in-8°. parch.* - - - 2 19

561. Fort. Liceti de his qui diù vivunt fine ali-
mento, libri IV. *Patavii* , 1612 , *in-fol. v. f.* - 1 ....

562. Hiftoria admiranda de prodigiofâ Apolloniæ
Schreieræ, virginis in agro Bernenfi, inedia , a
Paulo Lentulo. *Bernæ* , 1604, *in-4°. fig. baf.*
563. Vinc. Butii, Medici, de calido, frigido, ac
temperato Antiquorum Potu, liber. *Romæ*, 1653,
in-4°. parch. } 3 .... 11.

564. De naturali Vinorum Hiftoria , de Vinis Italiæ
& de Conviviis Antiquorum libri feptem And.
Baccii. *Romæ* , 1596 , *in-fol. m. cit.* Rarus. - 42 .... 1.

565. Jul. Palmarii de Vino & Pomaceo libri duo.
Parifiis , 1588 , *in-8°. v. f.* - - - - - 2 .... 19.

566. Traité du Vin & du Cidre, par Jul. de Paul-
mier. *Caen* , 1589 , *in-8°. v. m.* - - - - 4 .... 11.

D

558. Double - - - - - 9 .... 1.

2 16

567. Pet. And. Canonherii de admirandis Vini virtutibus libri tres. *Antverpiæ*, 1627, *in*-8°. *v. f.*

2 ------

568. Jo. H. Meibomii de Cervifiis Potibufque & Ebriaminibus extra Vinum aliis, Commentarius. *Helmefladii*, 1668, *in*-4°. *vél.*

1 ------

569. M. Schoockii liber de Cervifia. *Groningæ*, 1661, *in*-12, *m. r.*

2 19

570. Th. Bartholini de Nivis ufu medico Obferv. variæ. *Hafniæ*, 1661, *in*-12, *v. br.*

571. Difcours de l'Yvreffe & Yvrognerie, par J. Moufin. *Toul*, 1612, *in*-8°. *v. br.*

8 19

572. L. Ferd. Meifneri Med. de Caffe, Chocolatæ, herbæ Thee ac Nicotianæ naturâ, ufu, & abufu Anachrifis. *Norimb.* 1721, *in*-8°. *fig. br.* == Eh. Hagendornii Cynosbatologia. *Jenæ*, 1681, *in*-8°. *figures, broché.*

2 ------

573. Sim. Paulli Commentarius de abufu Tabaci & herbæ Thee. *Amftel.* 1681, *in*-4°. *fig. rel. en cart.*

2 ------

574. Differtatio fatyrica phyfico-medica de Pica Nafi, five Tabaci fternutatorii abufu & noxâ, J. Cohaufen. *Amftel.* 1716, *in*-12, *vél.*

4 ------

575. Difcours du Tabac, par Baillard. *Paris*, 1668, *in*-12, *v. br.*

Traités de Pathologie, ou des maladies & affections du Corps humain, & des remèdes qui leur font propres, &c.

6 .... 2 ....

576. De Melancholiâ & Morbis Melancholicis, auct. Lorry. *Lut. Parif.* 1765, 2 *vol. in*-8°. *v. m.*

7 ------

577. Le Royal Syrop de Pommes, antidote des paffions mélancholiques, par G. Droyn. *Paris*, 1615, *in*-8°. *v. f.*

5 .... 5 ...

578. Neuropathia, five de Morbis Hypocondriacis, & Hyftericis, libri tres, poema medicum, auct. Milc. Flemyng. *Amftel.* 1741, *in*-8°. *vél. dent.*

576. Lorry. le c. Maur. x

No 577. le royal [...] de [...] etc. Aud.

° 579. Horstii disset. B.

4° 589. aphrodisiacus. B.

2° 590. Gautier Dissert. de medicine. M. aud.

° 591. Gory medicina. M. aud.

579. G. Horftii Differtatio de naturâ Amoris ; de curâ furoris Amatorii, de Philtris, atque de pulfu Amantium. *Gieffæ*, 1611, *in-4°. v. éc.* _ _ 6 .... 10 .

580. L'Antidote d'Amour, avec un ample Difcours contenant la nature & les caufes d'icelui, & le remède pour fe préferver & guérir des paffions amoureufes, par J. Aubry. *Paris*, 1599, *in-12, m. r.* _ _ _ _ 6 .... 10 ..

581. De la Maladie d'Amour, ou Mélancholie érotique, par Jacq. Ferrand. *Paris*, 1623, *in-8°. parch.* _ 4 .... 10 ..

582. Differtatio Philofophico-medica de re monftrosâ a Capuccino Pifauri per urinam exarata, auct. Dom. de Marinis. *Romæ*, 1678, *in-12, fig. v. br.* — _ _ _ _ _ 1 10

583. Nouveau Chaffe-Pefte, par Marc. Bompart. *Paris*, 1630, *in-8°. v. br.* _ _ _ _ 2 ....

584. Santis Ardoyni, Medici, Opus de Venenis. *Bafilæ*, 1562, *in-fol. parch.*

585. Deux Livres des Venins, par Jacq. Grevin. *Anvers*, 1568, *in-4°. fig. m. viol. l. r.* 5 .... 4 ..

586. J. Grevini de Venenis Libri duo. *Antverpiæ*, *Plantin*, 1571, *in-4°. fig. parch.* _ _ _ 1 ..

587. De Venenis & Antidotis, auct. Andreâ Baccio. *Romæ*, 1586, *in-4°. m. r.* — _ _ _ _ _ 4 .... 13 ....

588. Contre-poifons de l'Arfenic, du Sublimé corrofif, du Verd-de-gris & du Plomb, par P. T. Navier. *Paris*, 1777, 2 *tom. en* 1 *vol. in-12, v. f.* _ 3 .... 19 ..

589. Aphrodifiacus, five de Lue Venereâ, vel Morbo Gallico Opus, collect. Aloyfio Luifino. *Lugd. Bat.* 1728, *in-fol. br. en cart.* _ _ _ _ 15 ....

590. Yvonis Gaukes Differt. de Medicinâ ad certitudinem mathematicam evehendâ. *Amftelodami*, 1712, *in-12, vél.* — _ _ _ _ 2 2

591. G. Goris, Medicina contempta propter ignorantiam Medicorum. *Lugd. Bat.* 1700, *in-4°. vél.* _ 11 ....

592. D. G. Franck de Franckenau Satyræ Medicæ. *Lipsiæ*, 1722, *in-8°. vél.*

593. L. Chrift. Frid. Garmanni de Miraculis Mortuorum libri tres. *Drefdæ*, 1709, *in-4°. m. cit.*

594. Curieufes Recherches fur les Écoles en Médecine de Paris & de Montpellier (par Riolan). *Paris*, 1651, *in-8°. v. f.*

595. Mémoires pour fervir à l'Hiftoire de la Faculté de Médecine de Montpellier, par Aftruc. *Paris*, 1767, *in-4°. v. m.*

Chirurgie & Anatomie.

596. Le Propagatif de l'Homme & Secours des Femmes en travail d'enfant, par Jacq. Bury. *Paris*, 1623, *in-8°. fig. v. f.*

597. Abrégé de l'Art des Accouchemens, par Mᵐᵉ Le Bourfier du Coudray. *Paris*, 1777, *in-8°. fig. baf.*

598. Th. Bartholini de infolitis Partûs humani Viis. *Hafniæ*, 1664, *in-12*, *v. f.*

599. Traité des Bandages herniaires, par Juville. *Paris*, 1786, *in-8°. v. m. fig. coloriées.*

600. Hiftoire anatomique d'une Groffeffe de 25 ans, &c. par F. Bayle. *Toulouse*, 1678, *in-12*, *fig. m. cit.*

601. Jof. Thaddæi Klinkosch Programma quo, Anatomicam Monftri bicorporei monocephali Defcriptionem proponit. *Vetero Pragæ*, *in-4°. fig. dem. rel.*

602. Defcription anatomique de divers Animaux. *Paris*, 1682, *in-4°. fig. v. m.*

603. Effai pour fervir à l'Hiftoire de la Putréfaction. *Paris*, 1766, *in-8°. v. m.*

Pharmacie & Chymie.

604. Thériaque d'Andromachus achevée publiquement à Paris, par M. Charas. *Paris*, 1668, *in-12*,

No 592. Hauck faby... B.

No 594. curieusef recherchef. M. And.

603. Mai. c. Barr. m.tt 10 S.

l° 605. déclaration ... B.

l° 606. déclaration des abus. B.

N° 615. la philosophie. B.

v. b. =Refpirationis Swammerdinianæ expiratio. *Amftelodami*, 1674, *in-8°. fig. vél.*

605. Declaratio fraudum & errorum apud Pharma-copæos commiffarum , auct. L. Benancio. *Francofurti*, 1667, *in-12*, *dem. rel.*

606. Déclaration des abus & tromperies que font les Apothicaires , par Liffet Benancio. *Lyon*, 1557, *in-18*, *parch.*

$3 \cdots 10^{n}$

607. G. Erneft. Stahlii Opufculum Chymico-phy-fico-medicum. *Halæ Magdeb.* 1715, *in-4°. v. f.* . . $1 \cdots 10 \cdots$

608. Procédés pour extraire la Soude du Sel marin. = Avis fur la fabrication de l'Acier. = L'Art de féparer le Cuivre du Métal des Cloches.=Moyens de tirer un grand parti de la force des Vents. = Rapport de Prony pour remplacer la machine de Marly, &c. 7 *vol. in-4°. br.* - ~ - . - .. $3 \cdots$

Alchymie.

609. Hiftoire de la Philofophie hermétique. *Paris*, 1742, 3 *vol. in-12*, *v. f.* ~ - - - ~ . $4 \cdots ~ 11.$

610. De Alchimiâ Opufcula veterum Philofopho-rum. *In - 4°. baf.* = Chymica Vannus. *Amftel.* 1666, *in-4°. fig. v. b.*

611. Mufæum Hermeticum reformatum & ampli-ficatum. *Francofurti*, 1749, *in-4°. br.*

$4 \cdots$

612. Gebri Regis Arabum Philofophi Summa per-fectionis magifterii in fuâ naturâ. *Gedani*, 1682, *in-8°. v. f.* ~ - ~ - ~ - ~

613. Philofophie Naturelle de trois anciens Philo-fophes renommés , Artephius , Flamel & Syne-fius. *Paris*, 1682, *in-4°. fig. v. b.*

$2 \cdots 14 \cdots$

614. Les douze Clefs de Philofophie de Frère Bafile Valentin. *Paris*, 1660, *in-8°. fig. v. b.* ~ - - . $3 \cdots$

615. La Philofophie des Anciens rétablie en fa pu-reté, par l'Efpagnet. *Paris*, 1651, *in-8°. m. r.* $6 \cdots 10$

616. Jo. Frickii Diatribe medico-fpagirica de Auro
potabili Sophorum , & putabili Sophiſtarum.
Hamburgi, *in-*4°. *rel. en cart.*

617. Le Chymique Ingénu, ou l'Impoſture de la
Pierre Philoſophale découverte, par de la Martinière. *Paris*, *in-*8°. *v.f.* == La Chyromancie naturelle de Ronphile. *Paris*, 1655, *in-*8°. *fig. v. m.*

618. Inſtruction à la France ſur la vérité de l'Hiſtoire des frères de la Roze-Croix, par G. Naudé.
Paris, 1623, *in-*8°. *v. f.*

Mathématique & Aſtronomie.

619. De la Nature , Qualités & Prérogatives admirables du Poinct, par Scip. de Gramont. *Paris*,
1619, *in-*8°. *v. f.*

620. Traité de Géométrie théorique & pratique à
l'uſage des Artiſtes, par Séb. Le Clerc. *Paris*,
1744, *in-*8°. *fig. v. m.*

621. Analyſis per Quantitatum ſeries, fluxiones,
ac differentias , cum enumeratione Linearum
tertii ordinis, auct. Iſ. Newton. *Londini*, 1711,
*in-*4°. *v. m.*

622. Traité des Sections Coniques, par de l'Hoſ-
pital. *Paris*, 1707, *in-*4°. *fig. v. b.*

623. Eſſai d'analyſe ſur les Jeux de Hazard, par
Remond de Monmort. *Paris*, 1713, *in-*4°. *m. r.*

624. Hiſtoire de l'Aſtronomie ancienne & moderne,
par Bailly. *Paris*, 1781, 4 *vol. in-*4°. *fig. v. m.*

625. Théorie de la figure de la Terre, par Clairaut.
Paris, 1743, *in-*8°. *v. f.*

Aſtrologie.

626. Cl. Salmaſii de Annis Climactericis & antiquâ
Aſtrologiâ Diatribæ. *Lugd. Bat. Elzevirii*, 1648,
*in-*8°. *vélin.*

No 617. le chymique. B.

No 618. inst. al. france. M. And

Rose croix. M. audry.

621. analytis. c. marr. h^{tt}

625. theorie. c. marr. p^{tt} 10 s.

629. Censorinus. Cit. Deter. e.tm

Nº 630 les secrets astrologiques. B.

Nº 634. La connoissance de la Bonne. B.

627. Lucæ Gaurici Tractatus Astrologicus. *Venetiis*, 1552, *in-4°. vél.* — — — — — — — — — — 1....

628. Astrologiæ nova Methodus, Francisci Allæi Arabis Christiani (Yvonis , Capucini). *Rhedonis, Jul. Herber*, 1655, *in-fol. m. cit.* Editio originalis, Rara. — — — — — — — 8.... 19.

629. Censorini liber de Die Natali, cum notis var. ex recens. Sig. Havercampi. *Lugd. Bat.* 1767, *in-8°. v. m.* — — — — — — — — 8.... 14.

630. Les Secrets Astrologiques de Charles Sorel. *Paris*, 1640, *in-8°. v. m.* — — — — — 2....6...

631. Curiositates inauditæ de Figuris Persarum Talismannicis, &c. Jac. Gaffarelli. *Hamburgi*, 1676, 2 *vol. in-12 , fig. v.f.* — — — — — 9.... 1.

632. Artemidori & Achmetis Oneirocritica , gr. & lat. stud. Nic. Rigaltii. *Lutetiæ* , 1603 , *in-4°. v. m.* 12....

633. Le Palais des Curieux , où les songes & les visions nocturnes sont expliqués selon la doctrine des Anciens. *Paris*, 1660 , *in-8°. v. b.* — — 2.... 1.

634. Barth. Coclitis Physiognomiæ & Chyromantiæ Compendium. *Argentorati*, 1536, *in-8°. fig. v. b.* = La Cognoissance de la bonne & mauvaise Fortune. *Paris*, *in-8°. v. b.* — — — — 3.... 12..

635. De Humanâ Physiognomoniâ , Joan. Bapt. Portæ libri IV. *Francofurti*, 1618, *in-8°. fig. v. b.* 2....

636. J. B. Portæ Physiognomoniæ cœlestis libri sex. *Lugd. Bat.* 1645 , *in-12 , v. b.* — — — 1....

637. La Fisionomia dell' l'Huomo, di Giov. Batt. dalla Porta. *In Venetia*, 1652, *in-8°. fig. v. b.* 5.... 13..

638. La Chiromance , la Physionomie & la Geomance , avec la signification des Nombres , &c. par Peruchio. *Paris*, 1656, *in-4°. fig. v. f.* — 4.... 10..

639. Les Devins ou Commentaires des principales sortes de Divinations , par G. Peucer. *Anvers*, 1584, *in-4°. v. f.* — — — — — — — 4.... 12.

D 4

634 Double — — — — — — 2..... 17.

640. Pronosticatio Joannis Liechtenbergers. 1528, *in-8°. fig. v. b.*

641. Livre de l'État et Mutation des temps, prouvant par autorités de l'Écriture Sainte & par raisons Astrologales, la fin du monde être prochaine. *Lyon*, 1550, *in-8°. v. f.*

642. Mirabilis liber qui Prophetias, Revelationesque, necnon res mirandas præteritas, præsentes & futuras apertè demonstrat, lat. & gallicè. *On les vend au Roi David en la rue S. Jacques, in-8°. goth. v. m.* Livre recherché & Rare.

643. Les Prophéties de M. Michel Nostradamus. *Lyon*, 1568, *in-8°. v. f.*

644. La Concordance des Prophéties de Nostradamus avec l'Histoire, par Guynaud. *Paris*, 1693, *in-12, m. r.*

645. Les Contredits du Seigneur du Pavillon les Lorriz aux fausses & abusives Prophéties de Nostradamus. *Paris*, 1560, *in-8°. v. m.*

Optique, Hydraulique, Mechanique & Musique.

646. Discours touchant le point de veue, par Séb. Leclerc. *Paris*, 1679, *in-12, fig. v. b.*

647. Simonis Portii de Coloribus libellus. *Florentiæ*, 1548. = De Coloribus Oculorum. 1550. = De Mente humanâ. 1551. = An homo bonus vel malus volens fiat. 1551. = De Dolore. *Florentiæ*, 1551, *in-4°. m. cit.*

648. De vero Telescopii inventore, cum brevi omnium conspiciliorum historiâ, auct. Pet. Borello. *Hagæ Comit.* 1655. = Ejusdem Observationes Microscopicæ. 1656, *in-4°. fig. vél.*

649. Le Diverse & artificiose Machine del Capitano Agostino Ramelli. *Parigi*, 1588, *in-fol. fig. v. m.*

No 641. Livre de l'état . B.

642. mirabilis liber. C. Lab. ai a ab

N° 655. Gratarolus de memoria. B.

N° 656. Gratarol. B.

N° 658. nouvelle methode. B.

650. Élevation des Eaux par toutes fortes de Machines, par le Chev. Morland. *Paris*, 1685, *in-4°. fig. v. b.*

651. Monument élevé à la gloire de Pierre le Grand, ou relation des travaux & des moyens méchaniques qui ont été employés pour tranfporter à Petersbourg un Rocher de trois millions pefant, &c. par Carbury. *Paris*, 1777, *in-fol. fig. v. m.*

652. Agloffoftomographie, ou defcription d'une bouche fans langue, laquelle parle & fait naturellement toutes fes autres fonctions, par Jacq. Roland Sr de Belebat. *Saumur*, 1630, *in-8°. parch.*

653. Defcription d'une nouvelle Preffe exécutée pour le fervice du Roi, (par Aniffon.) *Paris*, *Imp. Roy.* 1783, *in-4°. m. r. doub. de tab. dent. figures coloriées, Papier Vélin.*

654. Jo. Bapt. Doni de præftantiâ Muficæ veteris, libri tres. *Florentiæ*, 1647, *in-4°. vél. dent.*

ARTS.

Arts de la Mémoire; de l'Écriture, &c.

655. Gratarolus, de Memoriâ reparandâ, augendâ & confervandâ. *Bafileæ*, 1554, *in-8°. parch.*

656. G. Gratarol, des Préceptes & moyens de recouvrer, augmenter & contregarder la Mémoire. *Lyon*, 1555, *in-18, parch.*

657. De Literis libri duo, auct. Jac. Mathia. *Bafileæ*, 1586. = La Déclaration des abus que l'on commet en écrivant, par H. Rambaud. *Lyon*, 1578, *in-8°. v. b.*

658. Nouvelle Méthode pour écrire fecretement, & pour traduire en françois toutes les Langues étrangères. *Paris*, 1698, *in-12, v. b.*

659. Chrift. Breithaupti, Ars Decifratoria, five fcientia occultas fcripturas folvendi & legendi. *Helmftadii*, 1737, *in-12, fig. dem. rel.*

Arts de la Peinture, Sculpture, Gravure & Architecture.

660. Hiftoire de la Peinture ancienne, trad. de Pline, par David Durand. *Lond.* 1725, *in-fol. v. b.*

661. Dialogo della Pittura di M. Lodovico Dolce. *In Vinegia, Giolito de Ferrari*, 1557. = Dialogo del medefimo nel quale fi ragiona del modo di accreffere e confervar la memoria. *In Venetia,* 1586, *in-8°. fig. m. r.*

662. Traité de la Peinture, & de la Sculpture, par Richardfon. *Amfterdam*, 1728, 6 *tom. rel. en* 3 *vol. in-8°. v. b.*

663. Recherches fur les beautés de la Peinture, trad. de Dan. Webb. *Paris*, 1765, *in-8°. m. r.*

664. Réflexions fur la Peinture, par Hagedorn. *Leipzig*, 1775, 2 *vol. in-8°. v. m.*

665. Élémens de Pourtraiture, par de S. Igny. *Paris*, 1630, *in-8°. fig. parch.*

666. Opera diverfa a Petro Brebiette Pictore inventa, tabulis æneis delineata. *Parifiis*, 1638, *in-4°. oblong, parch.*

667. Recueil de Têtes de caractère & de charges deffinées par Leonard de Vinci, & gravées par le Comte de Caylus. 1730, *in-4°. v. m.*

668. De Pictûrâ coutumeliosâ Commentationem fcripfit D. Jo. Lud. Kluber. *Erlangæ*, 1787, *in-4°. vél. dent.*

669. Recueil des Figures, Groupes, Thermes, & autres ornemens tels qu'ils fe voient dans le château & parc de Verfailles, par Thomaffin. *Paris,* 1694, *in-8°. m. r.*

No 663

No 664. Reflexions sur la peinture. B.

No 666. opera diversa a P. Brebietti. B.

667. Recueil de tple. C. ab ges X.e bisarr. am

No 668. de pictura contumeliosa. ✗✗ M. Caillard

672. ch. Dupré . . i.er

1.° 673. cat. de l'œuvre de Rembrandt. A. ch. Dourelhes

1.° 674. Dict. des graveurs. C. Can. — & atgx h.er

° 675. Catalogue d'estampes de marolles. e.X. atgx de
                 ch. Dourelhes   e.X. sell. X.er

676. ch. Dourelhes

no 674. Portraits des Deputés. B.

679. ch. Dourelhes.

641. Temples. cit. atger. x.er

670. Recueil d'Eftampes, gravées d'après les Tableaux de M. Boyer d'Aguilles, gravées par Jacq. Coelemans. *Paris*, 1744, *in-fol. v. m. Gr. Pap.* — 54 ... 19

671. Recueil de différentes Eftampes. *In-fol. v. b.* — 3 ...

672. Catalogue des Tableaux de la Galerie Impériale & Royale de Vienne, par Chret. de Mechel. *Bafle*, 1784, *in-8°. rel. en cart.* — 5 ...

673. Catalogue raifonné de toutes les Eftampes qui compofent l'Œuvre de Rembrandt, par Adam Bartfch. *Vienne*, 1797, 2 *vol. in-4°. br.* — 18 ...

674. Dictionnaire des Graveurs anciens & modernes, par Fr. Bafan. *Par.* 1789, 2 *vol. in-8°. fig. br.* — 15 ... 10

675. Catalogue de Livres d'Eftampes & de Figures en taille-douce, fait en 1666, par l'Abbé de Marolles. *Paris*, 1666, *in-8°. v. f.* — 7 ...

676. Catalogue des Eftampes gravées d'après Rubens, avec l'Œuvre de Jordaens & de Viffcher, par Hecquet. *Paris*, 1751, *in-12, v. éc.* — 3 ... 19

677. Dictionnaire des Monogrammes, Chiffres, Lettres initiales, &c. trad. de l'Allemand de Chrift. *Paris*, 1762, *in-8°. fig. v. m.* — 8 ...

678. Portraits des Députés célèbres à l'Affemblée Nationale de France en 1789, deffinés par Guérin, & gravés par Fiefinger. *In-4°. m. viol. dent. tab. Pap. Vél.* — 30 ...

679. Traité Hiftorique & Pratique de la gravure en Bois, par Papillon. *Paris*, 1766, 2 *vol. in-8°. fig. v. m.* — 11 ... 10

680. Abregé des dix Livres d'Architecture de Vitruve. *Paris*, 1674, *in-12, fig. m. r.* — 2 ... 8.

681. Temples anciens & modernes, ou obfervations hiftoriques & critiques fur les plus célèbres Monumens d'architecture grecque & gothique. *Paris*, 1782, *gr. in-8°. fig. v. éc.* — 2 ... 10.

682. Les moyens les moins onéreux de conftruire — Reclamé

681. Double — 2 ... 8.

& d'entretenir les grands Chemins. *Paris*, 1789, *in*-8°. *m. r.*

683. Description & représentation exacte de la maison de glace construite à S. Pétersbourg, au mois de janvier 1740, par G. W. Krafft. *Saint Pétersbourg*, 1741, *in*-4°. *fig. v. m.*

Art Militaire.

684. Arriani Ars Tactica, periplus Ponti Euxini, &c. gr. & lat. cum not. var. *Amstel.* 1750, *in*-8°. *v. f.*

685. Poliæni Stratagemata, gr. & lat. cum not. var. *Lugd. Bat.* 1690, *in*-8°. *v. br.*

686. L'Art Militaire d'Onosander, trad. du grec, par Bl. de Vigenere. *Paris*, 1605, 2 *vol. in*-4°. *v. br.*

687. Veteres de Re Militari Scriptores, cum not. varior. *Vesaliæ Clivorum*, 1670, 2 *tom. rel. en* 1 *vol. in*-8°. *v. f.*

688. Recueil de plusieurs Machines militaires, & Feux artificiels pour la guerre & récréation, par Fr. Thybourel, & J. Happier dit Hanzelet. *Pont à Mousson*, 1620, *in*-4°. *fig. v. f.*

Arts Pyrotechnique ou du feu, de la Fonderie, de la Verrerie, &c. Art Gymnastique, &c.

689. Ant. Neri de Arte Vitrariâ libri VII. *Amstel.* 1669, *in*-12, *fig. v. br.*

690. Art de la Verrerie de Néri, &c. trad. par d'Holbach. *Paris*, 1752, *in*-4°. *v. m. fig. Papier d'Hollande.*

691. L'Art de la Verrerie, par Haudicquer de Blancourt. *Paris*, 1718, 2 *vol. in*-12, *fig. v. br.*

692. Combat à la Barrière, fait en la Cour de Lorraine, le 14 février 1627, enrichi de Figures, gravées par Jacq. Callot. *Nancy*, 1627, *in*-4°. *v. éc.*

No 684. assiaury. B.

n° 694. il Ballarino. B.

n° 695. le suppli. B.

693. Delle Caccie di Eugenio Raimondi, libri IV.
In-4°. fig v. br. - - - - - - - - - - . 6.... 6.

694. Il Ballarino di M. Fabritio Carofo. *In Venetia,*
1581, in-4°. fig. m. verd. - - - - - 12....

695. Orchefographie, & Traité en forme de Dialogue, par lequel toutes perfonnes peuvent faci-
lement apprendre & pratiquer l'honnête exercice
des dances, par Thoinot Arbeau. *Lengres*, 1589,
in-4°. fig. m. r. - - - - - - - - 9 ....1.

696. Trois Dialogues de l'Exercice de fauter &
voltiger en l'air, par Arch. Tuccaro. *Paris,*
1599, in-4°. fig. m. cit. dent. - - - - - 16....

697. Le Mépris & contemnement de tous Jeux de
fort, par Al. Gouyn. *Paris*, 1550, in-8°. v. m. 2. ..10..9

698. L'Art de Nager, par Thévenot. *Paris*, 1696,
n12, fig. m. r. - - - - - - - - 2.... 19.

699. L'Art de Nager, par J. F. Bachftrom. *Amft.*
1741, in-12, fig. v. f. - - - - - - - 3

BELLES-LETTRES.

Grammaires & Dictionnaires des Langues Arabe,
Françoife, &c.

700. Principes de la Littérature, par Batteux. *Paris,*
1774, 5 vol. in-12, v. m. - - - - - . 10 ---- 3..

701. De la manière d'enfeigner & d'étudier les
Belles-Lettres, par Rollin. *Paris*, 1740, 2 vol.
in-4°. v. b. - - - - - - - - - 5....11..

702. Linguarum XII characteribus differentium Al-
phabetum, auct. G. Poftello. *Parifiis*, 1538. =
Ejufdem Grammatica Arabica, idem de originibus Hebraicæ Linguæ, &c. *Parifiis*, 1538,
in-4°. m. verd. - - - - - - - - 6....3..

703. Commentariorum Linguæ Latinæ Stephani - 8.... 19.

696. Double. parde. - - - - - 6....

Doleti Epitome duplex. *Basileæ*, 1537, 2 *vol.*
in-8°. m. r.

20 ....19 704. Dictionnaire Étymologique de la Langue françoife, par Menage, édit. donnée par Jault. *Paris*,
1750, 2 *vol. in-fol. v. f.*

6 ...16 705. Celt-Hellenifme, ou Étymologie des mots françois tirés du grec, par Leon Trippault. *Orléans*,
1580, *in-8°. v. m.*

706. Tréfor de recherches & antiquités Gauloifes
& Françoifes par ordre alphabétique, par P. Bo-
rel. *Paris*, 1655, *in-4°. v. m.*

3 ....11. 707. Remarques de Vaugelas fur la Langue françoife. *Paris*, 1738, 3 *vol. in-12, v. f.*

4 .... 6.. 708. La Prononciation Françoife, déterminée par
des fignes invariables, par Domergue. *Paris*,
l'an V, in-8°. br. = La Cantatrice grammati-
cale, par Barthelemy. *Paris*, 1788, *in-8°. br.*

1 .... 10.. 709. L'Étymologie ou explication des proverbes
François, par Fleury de Bellingen. *La Haye*,
1656, *in-12, v. m.*

4 .... 710. Les Gafconifmes corrigés, ouvrage utile à
toutes les perfonnes qui veulent parler & écrire
correctement, par Defgrouais. *Touloufe*, 1766,
in-8°. v. f.

4 ...12.. 711. Le Origini della Lingua Italiana, del S. Egidio
Menagio. *In Geneva*, 1685, *in-fol. v. b.* -

14 .... 2.. 712. Dictionnaire Italien & François, par Antonini. *Lyon*, 1770, 2 *vol. in-4°. v. m.*

Orateurs Grecs, Latins, François, &c.

20 ...12. 713. Demofthenis Orationes Philippicæ, gr. &
lat. *Dublinii*, 1754, 2 *vol. in-8°. v. f. l. r.*

11 .... 5 714. Æfchinis in Ctefiphontem & Demofthenis
Orationes de Coronâ, gr. & lat. cum notis Juf.
Stoch. *Dublinii*, 1769, 2 *vol. in-8°. v. b.*

10 ....   712. Double, 1760. 2 vol. baf.

No 710. Cf gal württemberg. meer Boannier

No 717 - apologie de Lysias. B.

715. Iſocratis Opera omnia , gr. & lat. edidit Athan. Auger. *Pariſiis* , *Didot* , 1782 , 3 *vol. in*-8°. *v. éc.* — — — — — — — — 12 — 19

716. Œuvres d'Iſocrate, trad. du grec en françois, par Auger. *Paris*, 1781 , 3 *vol. in*-8°. *v. m.* — — 9 — 2.

717. Apologie & défenſe de Lyſias , orateur, ſur le meurtre d'Eratoſthene ſurpris en adultère , trad. du grec, par Jacques des Comtes de Vintemille. *Lyon* , 1576 , *in*-8°. *v. m.* — — — — 2 —

718. Libanii Sophiſtæ Expoſitiones oratoriæ Herculis Certaminum & alia Opuſcula, gr. & lat. ed. Fred. Morello. *Pariſiis* , 1613 , *in*-8°. *baf. l. r.* — 1 —

719. M. Tullii Ciceronis Opera omnia, accur. C. Schrevelio. *Amſt. Elzev.* 1661 , 2 *vol. in*-4°. *v. éc.* 10 —

720. M. Tullii Ciceronis Opera, cum delectu commentariorum , ed. Jof. Oliveto. *Genevæ* , 1758 , 9 *vol. in*-4°. *v. éc.* — — — — 40 —

721. M. Tullii Ciceronis Opera , recenf. J. N. Lallemand. *Pariſiis* , 1768 , 14 *vol. in*-12 , *v. f.* 37 — 3

722. M. T. Cicero de Officiis. *Lutetiæ* , *Barbou* , 1773 , *in*-24 , *m. r.* — — 3

723. M. T. Ciceronis de Officiis libri tres. *Londini* , *Payne* , 1791 , *in*-8°. *en feuilles. Pap. Vélin.* 3 — 3

724. M. T. Ciceronis de Officiis , de Amicitiâ & de Senectute libri. *Pariſiis* , *Renouard* , 1796 , *in*-4°. *br. en cart. Pap. Vélin.* — — — 7 — 18

725. M. Tullii Ciceronis Cato major. *Lutetiæ* , *Barbou* , 1758 , *in*-24 , *m. r.* — — — 2 —

726. M. T. Ciceronis de Amicitiâ Dialogus. *Pariſiis* , *Couſtelier* , 1749, *in*-24, *m. r. dent.* — 2 — 4

727. M. Tullii Ciceronis de Amicitiâ Dialogus. *Lutet. Barbou* , 1771 , *in*-24 , *m. r.* — — 5 —

728. Les Queſtions Tuſculanes de M. T. Cicéron, trad. par Eſt. Dolet. *Lyon* , *in*-8°. *v. f.* — — 2 —

729. Tuſculanes de Cicéron, en lat. & en franç. 5 — 2

722. Dom... ... 2 — 19

trad. par Bouhier & d'Olivet. *Paris*, 1766; 2 *vol. in*-12, *v. m.*

2 --- 9° 730. Les Épîtres Familières de M. T. Cicero, trad. par Eſt. Dolet. *Lyon*, 1554, *in*-18, *v. f.*

29 ---- 731. Lettres Familières de Cicéron, trad. par l'Abbé Prevoſt. *Paris*, 1745, 5 *vol. in*-12, *v. m.*

19 ---- 1 732. Lettres de Ciceron à Atticus, trad. par Mongault. *Paris*, 1738, 6 *vol. in*-12, *v. m.*

17 ---- 19 733. M. Fab. Quintiliani Opera, cum notis variorum. *Lugd. Bat.* 1665, 2 *vol. in*-8°. *m. r.*

5 --- 19 734. M. F. Quintiliani de Oratoriâ Inſtitutione libri XII, ed. Cl. Capperonerio. *Pariſiis*, 1725, *in-fol. v. b.*

6 --- 19 735. Æneæ Sylvii, poſteà Pii Papæ ſecundi Oratio contrà Turcos. *In*-4°. *m. verd.*

Editio vetus abſque ullâ loci, anni atque impreſſoris nomine, ſed circa annum 1470, per Ulricum Zell de Hanau, impreſſa.

6 --- 736. Stephani Doleti Orationes duæ in Tholoſam, Epiſtolæ & Carmina. *in*-8°. *v. f.*

2 --- 19 737. Diſcours des Parricides, par G. du Blanc. *Lyon*, 1606, *in*-8°. *v. b.*

2 ---- 738. Diſcours ſur l'origine & les fondemens de l'Inégalité parmi les Hommes, par J. J. Rouſſeau. *Amſterdam*, 1755, *in*-8°. *v. f.* = Diſcours en réponſe à celui de Rouſſeau, par Caſtillon. *Amſt.* 1756, *in*-8°. *v. b.*

4 ---- 1 739. Della Eloquenza Italiana, di Giuſto Fontanini. *In Venezia*, 1737, *in*-4°. *v. f.*

POÉTIQUE.

Poëtes Grecs.

9 --- 11 740. Rob. Lowth de ſacrâ Poeſi Hebræorum, cum notis Jo. Dav. Michaelis. *Goettingæ*, 1758, 2 *tom.* rel. en 1 *vol. in*-8°. *v. m.*

741.

5 --- 6 -- 736. Double, *v. b.*

No 737. Dyc. 84 Parricide. B.

No 744. Docta minor of graeci. B.

No 745. carmina poctarum. C. Caillard

747. epigrammata. D.

741. De Poematum Cantu & viribus Rythmi. Oxonii, 1673, in-8°. vél. dent. — — — — 6 ... 1..

742. Les quatre Poétiques d'Ariftote, d'Horace, de Vida & de Defpréaux par Batteux. *Paris*, 1771, 2 vol. in-8°. v. éc. Gr. Pap. — — — 10 ...

743. Poetæ minores Græci, gr. & lat. cum obferv. Rad. Wintertoni. *Cantabrigiæ*, 1677, in-8°. v. b. . 7 ...

744. Poetæ minores Græci, gr. & lat. cum obferv. Rad. Wintertoni. *Cantabrigiæ*, 1684, in-8°. v. f. 9 ... 1..

745. Carminum Poetarum novem Lyricæ Poefeos principum Fragmenta, gr. & lat. *Antverpiæ*, Plantin, 1567, in-12, m. r. l. r. — — — 2 ... 10 ..

746. Mulierum Græcarum quæ oratione profâ ufæ funt Fragmenta & Elogia, gr. & lat. cur. Jo. Chrift. Wolfio. *Londini*, 1739, in-4°. mout. verd. . 12 ... 19..

747. Epigrammata ex libris græcæ Anthologiæ a Q. Septimio Florente felecta & lat. verfa. *Lutetiæ*, Rob. Stephanus, 1608, in-8°. m. r. — — 10 ...

748. Gnomici Poetæ Græci, gr. & lat. emendavit R. Fr. Ph. Brunck. *Argentorati*, 1784, in-4°. br. en carton. — — — — 6 ...

749. Nouveaux Mélanges de Poéfies grecques, trad. en françois. *Paris*, 1779, in-8°. m. r. — 10 ...

750. Homeri Ilias & Odyffea & in eofdem Scholia, gr. & lat. ftud. Jof. Barnes. *Cantabrigiæ*, 1711, 2 vol. in-4°. v. b. — 43 — 1.

751. Homeri Opera, gr. & lat. *Bafileæ*, 1779, 2 vol. in-8°. baf. — — 4 ... 4.

752. L'Iliade & l'Odyffée d'Homère, trad. avec des remarques, par Mme Dacier. *Paris, Rigaud*, 1711, 6 vol. in-12, fig. m. r. — 39 ...

753. L'Iliade & l'Odyffée d'Homère, trad. en franç. par Mme Dacier. *Paris*, 1741, 8 vol. in-12, v. b. 15 ...

754. L'Iliade d'Homère, trad. en franç. par Le Brun. *Paris*, 1776, 3 vol. in-8°. fig. v. éc. — 10 ...

E

755. L'Iliáde d'Homère, trad. en franç. par le même. *Paris*, 1776, 3 *vol. in-4°. fig. v. éc.*

756. L'Iliade & l'Odyffée d'Homère, traduites en vers françois par de Rochefort. *Paris, Imp. Roy.* 1781, 2 *vol. in-4°. v. m.*

757. L'Odyffée d'Homère, trad. en vers françois par de Rochefort. *Paris*, 1777, 2 *vol. in-8°. v. m.*

758. Homerici Centones, græcè & lat. Virgiliani Centones, &. *Excudebat H. Stephanus*, 1578, *in-18, v. f.* Exemplaire du comte d'Hoym.

759. Homeri & Hefiodi Certamen, græcè & lat. *Excudebat H. Stephanus*, 1573, *in-8°. m. cit.*

760. Quinti Calabri prætermifforum ab Homero libri XIV, gr. & lat. cum notis variorum. *Lugd. Bat.* 1734, *in-8°. v. f.*

761. Tryphiodori Ilii Excidium, gr. & italicè. *Parmæ, Bodoni*, 1796, *grand in-4°, br. en cart.*

762. Hefiodi Afcræi quæ extant, gr. & lat. operâ Corn. Schrevelii. *Lugd. Bat.* 1650, *in-8°. v. f.*

763. Hefiodi Afcræi Opera, gr. & lat. ftudio Joan. Clerici & variorum. *Amftel.* 1701, *in-8°. m. r.*

764. Hefiodi Afcræi quæ extant; Orphæi & Procli Hymni, gr. lat. & ital. curâ Ant. Zanolini. *Patavii,* 1747, *in-8°. v. m.*

765. Sibyllina Oracula, gr. & lat. cum notis Jo. Obfopæi. *Parifiis*, 1599, *in-8°. v. m. Ch. Mag.*

766. Tyrtæi quæ fuperfunt omnia, gr. ex recenf. Chrift. Adolph. Klotzii. *Altenburgi*, 1767, *in-8°. baf.*

767. Anacreontis & aliorum Lyricorum Poetarum Odæ, gr. & lat. cum obfervationibus H. Stephani. *Parifiis, G. Morellius*, 1556, *in-8°. m. cit. doub. de tab. l. r.*

768. Anacreon Teius, Poeta Lyricus, gr. & lat. ftudio Jof. Barnes. *Cantabrigiæ*, 1705, *in-8°. v. f.*

N° 758 Homerici centones M. Caillard

N° 759 Homeri certamen. ~~M. Larch.~~ M. Caillard

N° 761. Tryphiodorus. ~~L.~~ M. Caillard

N° 766. Tyrtaeus. M. Caillard.

768. anacreon. D.

773. anacreon. fir.

N° 775. anacreon. B.
776. anacreon De Montonnet. c. atger.

777. Theocrituf. ch. Caill.

778. theocrite. f.
779. theocrite avec caus fortes .c. Isar. x++

769. Anacreontis Odæ & Fragmenta, gr. & lat. cum notis Jo. Corn. de Pauw. *Traj. ad Rhen.* 1732, *in-4°. v. f.* — — — — — — . 4 18

770. Anacrontis Teii Convivialia Semiambia, gr. & lat. *Romæ*, 1781, *in-fol. fig. v. m.* - — - . 12 ....

771. Anacreontis Carmina, græcè. *Parmæ, in Ædibus Palatinis*, 1791, *in-18, br. en cart.* — - . 5 19

772. Anacreontis Teii Odaria, gr. *Parmæ, Bodoni,* *in-4°. m. r. dent.* - — - — - — . 21 10

773. Les Poéfies d'Anacreon & de Sapho, trad. en vers, par de Longepierre. *Paris*, 1684, *in-12,* *m. r. l. r.* — — — - ' — - . 12 ....

774. Les Odes d'Anacreon & de Sapho, en vers françois, par le poëte Sans-Fard. *Rotterdam,* 1712, *in-12, v. m.* — — - — - . 1 ....

775. Les Poéfies d'Anacreon & de Sapho, trad. par Mᵐᵉ Dacier. *Amſt.* 1716, *in-8°. v. m.* - - . 1 19

776. Anacreon, Sapho, Bion & Moſchus, trad. du grec par Moutonnet de Clairfons, ſuivis d'Héro & Léandre. *Paris*, 1780, 2 *tom. en* 1 *vol. in-8°. fig. v. éc.* — - — - - - . 6 ---1.

777. Theocriti Idyllia, gr. & lat. *Parmæ, Bodoni,* 1792, *in-4°. br.* — - — - — - . 16 --- 12.

778. Les Idylles de Théocrite, trad. en Vers, par de Longepierre. *Paris*, 1688, *in-12, m. r. l. r.* . 12 --- 10..

779. Idylles de Théocrite, trad. par Gail. *Paris,* *an* 7, 2 *vol. in-12, fig. br. Pap. Vél.* Avec les Eaux fortes. - — - — - — - . 5 --- 2 ...

780. Teocrito, Mofco, Bione, Simmia, greco-latini, con la Bucolica di Virgilo latino-greca, volgarizzati da Eritiſco Pilenejo. *Parma, Stamperia Reale*, 1780, 2 *vol. in-4°. v. éc.* - - - . 18 ---10..

781. Les Odes Pythiques de Pindare en grec & en françois, de la traduct. de Chabanon. *Paris*, 1772, *in-8°. v. m.* - - - - . 4 --- 9 ..

E 2

773. Double - v. m. - - - 3 --- 8

779 Double avec les eaux fortes. 6 --- 4.

771. Double - - . 4 --- 3 ..

68   BELLES-LETTRES.

782. Les Idylles de Bion & de Moſchus, trad. en vers avec des remarques, par de Longepierre. *Paris*, 1686, *in-12, m. r. l. r.*

783. Idylles de Bion & de Moſchus, trad. en françois par J. B. Gail. *Paris, l'an III, in-12, Pap. Vél. br. fig. avant la lettre.*

784. Callimachi Hymni & Epigrammata, gr. & lat. cum notis variorum, curâ Ez. Spanhemii. *Ultrajecti*, 1697, 2 vol. *in-8°. fig. m. r. Ch. Mag.* Rariſſimus.

785. Callimachi Hymni & Epigrammata, gr. & ital. *Parma, Bodoni*, 1792, *in-fol. m. r. dent. Ch. Mag.*

786. Hymnes de Callimaque, avec une verſion franç. & des notes, par Laporte du Theil. *Paris, Imp. Roy.* 1775, *in-8°. m. r. doub. de tab.*

787. Les Dionyſiaques ou les Voyages, les Amours & les Conqueſtes de Bacchus aux Indes, trad. de Nonnus. *Paris*, 1625, 2 vol. *in-8°. fig. v. m.*

788. Muſæi de Herone & Leandro Carmen, gr. & lat. ex recenſione Matt. Rover. *Lugd. Bat.* 1737, *in-8°. baſ.*

789. Muſæus de Herone & Leandro, gr. & ita-licè. *Parmæ, Bodoni*, 1793, *in-fol. br.*

790. Les Amours de Léandre & de Héro, en grec & en franç. de la traduct. de Gail. *Paris, l'an IV, in-4°. fig. m. r. Pap. Vél.*

791. Oppianus de Venatione lib. quatuor, & de Piſcatu libri quinque, gr. & lat. *Lugd. Bat. ex offic. Plantinianâ*, 1597, *in-8°. v. m.*

792. Oppiani de Venatione libri IV, & de Piſcatione libri IV, gr. & lat. curâ J. Gott. Schneider. *Argentorati*, 1776, *in-8°. v. m.*

793. Nicandri Theriaca & Alexipharmaca, gr. lat. & ital. curante Aug. M. Bandinio. *Florent.* 1764, *in-8°. v. m.*

786 Double, v. m.

789 Double

782. Bion. f.

No 783. Idylles de Bion. B. c. Marc. p.tt

No 784. callimachus. B.

No 789. chrysaus. R. M. caill.
No 790. amour de Leandre. B.

796 Esdrelin. M. Caill. jeune

806. epigrammata. D.

794. Nonni Metaphrasis Evangelii secundum Joannem, versibus heroicis, gr. & lat. operâ Frid. Sylburgii. 1596, *in-8°. mout. bl.* — 2...

795. Le Théâtre des Grecs, par le P. Brumoy. *Paris*, 1730, 3 vol. *in-4°. m. r. Gr. Pap.* — 17...19

796. Tragédies d'Eschyle, trad. en françois, par le Franc de Pompignan. *Paris*, 1770, *in-8°. v. m.* — 1...

797. Sophoclis tragœdiæ septem, gr. & lat. ex recenf. Joan. Capperonerii. *Parifiis*, 1781, 2 vol. *in-4°. v. m.* — 11...19

798. Théâtre de Sophocle, trad. en entier, avec des remarques, par de Rochefort. *Paris*, 1788, 2 vol. *in-4°. en feuilles, Pap. Vél.* — 6...

799. Théâtre de Sophocle, traduit par Dupuy. *Paris*, 1773, *in 4°. baf.* — 2...

800. Ariftophanis Comœdiæ, gr. & lat. ftudio Ludolphi Kufteri. *Amftel.* 1710, *in-fol. v. b.* — 36..

801. Ariftophanis Comœdiæ undecim, gr. & lat. ftud. Step. Bergleri, & not. var. *Lugd. Bat.* 1760, 2 vol. *in-4°. v. éc.* — 17...10..

802. Théâtre d'Ariftophane, trad. en françois par Poinfinet de Sivry. *Paris*, 1784, 4 vol. *in-8°. v. m.* — 12...5

Poëtes Latins anciens.

803. Opera & Fragmenta veterum Poetarum Latinorum, ftudio Mich. Maittaire. *Londini*, 1713, 2 vol. *in-fol. v. b.* — 40..

804. Poetæ Latini minores, curante P. Burmanno. *Leidæ*, 1731, 2 tom. en 1 vol. *in-4°. v. b.* — 18...

805. Poetæ Latini rei Venaticæ Scriptores & Bucolici antiqui, cum notis variorum. *Lugd. Bat.* 1728, *in-4°. v. b.* — 14...19

806. Epigrammata & Poematia vetera, quorum pleraque nunc primum ex antiquis Codicibus eduntur. *Parifiis*, 1590, 3 tom. en 1 vol. *in-12, v. f.* — 9...12..

E 3

807. Epigrammatum Delectus. *Londini* , 1711 , *in-12 , v. f.*

5 ---- 1

808. Priapeia five diverforum Poetarum .in Priapum Lufus. *Patavii* , 1664 , *in-8°. br.*

5 ---- 19

809. Titi Lucretii Cari de Rerum Naturâ libri VI, cum notis Thomæ Creech. *Oxonii , e Th. Sheldon.* 1695 , *in-8°. m. bl.*

10 ---- 2

810. Titus Lucretius Carus, latinè & Belgicè. *Amft.* 1701 , *in-8°. fig. vél.*

3 -----

811. Titi Lucretii Cari de Rerum Naturâ libri fex. *Londini, Tonfon* , 1712 , *in-4°. m. bleu , fig. l. r.*

20 ---- 10

812. T. Lucretii Cari de Rerum Naturâ libri fex , cum notis var. curante Sigeb. Havercampo. *Lugd. Bat.* 1725 , *2 vol. in-4°. fig. v. éc.*

55 -----

813. Titi Lucrerii Cari de Rerum Naturâ libri fex. *Lut. Parif. Couftelier* , 1744 , *in-12 , fig. v. m.*

2 ---- 15

814. Titi Lucretii Cari de Rerum Naturâ libri fex. *Birming. Baskerville* , 1773 , *in-8°. v. éc.*

2 ---- 18

815. Lucrèce de la nature des Chofes , trad. par le Baron des Coutures. *Paris* , 1685 , *2 vol. in-12, m. r. l. r.*

7 -----

816. Lucrèce , trad. par La Grange. *Paris* , 1768, *2 vol. in-8°. v. éc. fig.*

18 ---- 1

817. Di Tito Lucrezio Caro libri VI , tradotti da Alef. Marchetti. *In Londra* , 1717 , *in-8°. v. m.*

4 ---

818. Anti-Lucretius, five de Deo & Naturâ libri novem, auct. Melch. de Polignac. *Parifiis* , 1747, *2 tom. rel. en 1 vol. in-8°. m. b. l. r.*

6 ---- 1

819. L'Anti-Lucrece, Poëme du Card. de Polignac , trad. par de Bougainville. *Paris* , 1749 , *2 vol. in-8°. v. f.*

7 ---

820. C. Val. Catullus & in eum If. Voffii Obfervationes. *Londini* 1684 , *in-4°. v. b.*

13 ---- 10

821. Catulli , Tibulli & Propertii Opera. *Cantabrigiæ , Typ. Academicis* , 1702 , *in-4°. v. b.*

3 ----

6 ---- {807. Double, 1686. v. b.

{809. Double 1717.

3 ---- 2 817. Double 2 val. 1761

4 ---- 818 & 819 Double

No 807. Epistau. Delectus. B.
1808. Priapeia. M. Caill.
809. Lucretius. D.

No 810. Lucretius. B.
No 811. Lucretius. B.

820. Catullus. C. Deter. amt *

835. virgilius. C. Detef. ao

822. Catullus, Tibullus & Propertius. *Lugd. Bat.* (*Couſtellier*), 1743, *in-*12, *v. m.* _ _ _ _ _ _ _ _ 4 --- 8

823. Catulli, Tibulli & Propertii Opera. *Birmin-ghamiæ, Baskerville,* 1772, *in-*8°. *v. éc.* _ _ _ 3 --- 10.

824. Traduction en proſe de Catulle, Tibulle & Gallus, avec le texte latin, par M. de Pezay. *Paris,* 1771, 2 *vol. in-*8°. *v. éc. Gr. Pap.* _ _ _ _ 9 --- 1

825. Élégies de Tibulle, ſuivies des Baiſers de Jean Second, trad. par Mirabeau. *Paris, l'an* 3, 3 *vol. in-*8°. *fig. br.* _ _ _ _ _ _ _ _ _ _ _ 5 --- 2 ---

826. Élégies de Properce, trad. par de Longchamps. *Paris,* 1772, *in-*8°. *v. éc.* _ _ _ _ _ _ _ 4 --- 1

827. P. Virgilii Maronis Opera. *Pariſiis, e Typ. Reg.* 1641, *in-fol. v. m.* _ _ _ _ _ _ _ 2 --- 18

828. P. Virgilii Maronis Opera, cum not. var. *Lugd. Bat.* 1680, 3 *vol. in-*8°. *v. b.* _ _ _ _ _ 30 --- 1

829. Pub. Virgilii Maronis Opera, cum notis Panc. Maſvicii. *Leovardiæ,* 1717, 2 *vol. in-*4°. *br. en cart.* 15 --- 1

830. P. Virgilii Maronis Opera, ed. S. A. Philippe. *Lut. Pariſ. Couſtelier,* 1745, 3 *vol. in-*12, *fig. v. f.* 8 --- 19 ---

831. Publii Virgilii Maronis Opera. *Londini, Ton-ſon,* 1750. = Q. Horatii Flacci Opera. *Londini, Tonſon,* 1749. = Pub. Terentii Comœdiæ. *Londini, Tonſon,* 1751, 6 *vol. in-*8°. *fig. m. bl. Ch. Mag.* _ _ _ _ _ _ _ _ _ _ _ 41 --- 2

832. Pub. Virgilii Maronis Bucolica, Georgica & Æneis. *Birminghamiæ, Joan. Baskerville,* 1757, *in-*4°. *m. verd, dent.* Secunda Editio. _ _ _ _ 37 ---

833. P. Virgilii Maronis Opera, ab Ant. Ambrogi italico verſu reddita. *Romæ,* 1763, 3 *vol. in-fol. fig. v. m.* _ _ _ _ _ _ _ _ _ _ 24 ---

834. P. Virgilii Maronis Bucolica, Georgica & Æneis. *Birmingh. Baskerville,* 1766, *in-*8°. *v. éc.* _ 3 ---

835. Pub. Virgilii Maronis Opera. *Birminghamiæ, Jo. Baskerville,* 1766, *in-*8°. *m. bl. dentelle, doublé* 24 ---

E 4

822. *Double ve m* _ _ _ _ _ _ _ 3 --- 14

de tabis. On a ajouté à cet exemplaire les figures de Cochin.

836. Pub. Virgilii Maronis Opera, ex recenfione Rich. Fr. Ph. Brunck. *Argentorati*, 1785, *gr. in-8°. m. r.*

837. Pub. Virgilii Maronis Opera, cum adnotationibus Chr. Gottl. Heyne. *Lipfiæ*, 1787, 4 *vol. in-8°. v. porph.*

838. Pub. Virgilii Maronis Opera, varietate lectionis & perpetuâ adnotatione illuftrata a C. G. Heyne. *Londini*, 1793, 4 *vol. in-8°. fig. br. en cart. Pap. Vélin.*

839. Pub. Virgilius Maro. *Parifiis, Didot natu maj. anno VI, in-12, G. P. Vél.* Edit. Stéréotype.

840. Publius Virgilius Maro. *Parifiis, Didot,* 1798, 3 *vol. in-fol. br. Pap. Vél. fig. avant la lettre.*
Edition de la plus grande beauté, dont les Exemplaires fe font vendus 900 francs.

841. Les Œuvres de Virgile en lat. & en franç. de la trad. de l'abbé des Fontaines. *Paris*, 1743, 4 *vol. in-8°. fig. m. r. Gr. Pap.*

842. Les Géorgiques de Virgile, trad. en vers françois, par Delille. *Paris*, 1770, *in-8°. fig. v. éc.*

843. Les Géorgiques de Virgile, en vers françois, par Delille. *Paris, Didot l'aîné,* 1782, *in-18. m. r. dent. doub. de tabis.*

844. Les Géorgiques de Virgile, trad. en vers franç. par Delille. *Paris, Didot aîné,* 1783, *in-4°. fig. m. r.*

845. L'Eneide traveftita del Sig. Giov. Batt. Lalli. *In Roma,* 1651, *in-12, v. f.*

846. Q. Horatii Flacci Poemata, cum comment. Jo. Bond. *Amftelod. Dan. Elzevirius,* 1676, *in-12, m. r.* Editio optima.

847. Q. Horatii Flacci Carmina. Edid. Willelmus Baxter. *Londini,* 1701, *in-8°. v. f.*

841. virgile. 10#

{ 846. horatius. C. Deter. mh.# si bean. *
{ ch. Caill.

.horace. m.classen mo#. eatgen. mh##

848. Quintus Horatius Flaccus. *Traj. Bat.* 1713 , *in*-12, *v.f.* = L'Aminta di Torquato Taſſo. *in-*12, *fig. m. bl.*   3 .... 3.

849. Q. Horatius Flaccus , ex recenſ. & cum notis Rich. Bentleii. *Amſtel.* 1713 , *in*-4°. *v. f.*   4 .... 3.

850. Quinti Horatii Flacci Opera. *Pariſiis , e Typ. Reg.* 1733 , *in*-24 , *m. verd.* = Phædri Fabulæ, & Pub. Syri Sententiæ. *Pariſiis , e Typ. Reg.* 1729, *in*-24 , *m. verd, Ch. Mag.*   9 ....10.

851. Q. Horatii Flacci Opera. *Londini , Æneis tabulis incidit Joan. Pine,* 1733 , 2 *vol. in*-8°. *m. r. dent.* Prima Editio.   50 ... 10.

852. Q. Horatii Flacci Carmina , acc. S. A. Philippe. *Lut. Pariſ. Couſtelier ,* 1746 , *in-*12 , *v.f.*   2 .... 10.

853. Quintus Horatius Flaccus. *Birminghamiæ , Jo. Baskerville,* 1762 , *in-*12 , *m. bl.*   6 ... 10.

854. Q. Horatii Flacci Opera , cum notis Jo. Bond. *Aurelianis ,* 1767 , *in-*12 , *v. m.*   3 .... 2.

855. Q. Horatii Flacci Opera , curante Joſ. Valart. *Pariſiis ,* 1770 , *in*-8°. *v. m.*   2 ....

856. Quintus Horatius Flaccus. *Birminghamiæ , Baſkerville ,* 1770 , *in*-4°.*fig. v.f.*   27 ....

857. Q. Horatii Flacci Carmina , cum annot. gallicis Lud. Poinſinet de Sivry. *Pariſiis ,* 1777 , 2 *vol. in*-8°. *m. r.*   5 ....

858. Q. Horatii Flacci Carmina , curavit Jer. Jac. Oberlinus. *Argentorati ,* 1788 , *in*-4°. *m. r.*   51 ....

On a joint à cet Exemplaire le Portrait d'Horace , deſſiné au crayon , & les Figures gravées d'après les deſſins de Gravelot.

859. Œuvres d'Horace en latin , traduites en franç. par Dacier & Sanadon. *Amſterdam ,* 1735 , 8 *vol. in*-12, *v.f.*   26 2

860. Les Sermons Satyriques d'Horace , mis en   4 .... 1.

850 Double. M. R.   7 .... 3.

853 . Double. v. m.   5 ....

Ryme françoife, par Franç. Habert. *Paris*, 1551, *in-12*, *v. f.*

861. Effai d'une Nouvelle Traduction d'Horace en vers françois, avec le texte. *Amft.* 1727, *in-12*, *v. f.* = Aminta di Taffo. *In Amft. Elzevier*, 1678, *in-24*, *fig. v. b.*

862. C. Pedonis Albinovani Elegiæ & Fragmenta, & Pub. Corn. Severi Ætna, cum notis variorum. *Amftel.* 1703, *in-8°. v. f.*

863. Pub. Ovidii Nafonis Opera, ex recenf. Dan. Heinfii. *Lugd. Bat. ex offic. Elzeviriana*, 1629, 3 *vol. in-12*, *m. r. doub. de m. r. dent. l. r.* Superbe exemplaire du comte d'Hoym.

864. P. Ovidii Nafonis Opera, cum not. variorum, accurante Corn. Schrevelio. *Lugd. Bat.* 1662, 3 *vol. in-8°. fig. v. b.*

865. P. Ovidii Nafonis Opera, cum not. var. curante Pet. Burmanno. *Amftel.* 1727, 4 *vol. in-4°. v. b.* uoniellé

866. P. Ovidii Nafonis Opera, ex recenf. Nic. Heinfii. *Lipfiæ*, 1758, 4 *vol. in-12*, *v. m.*

867. P. Ovidii Nafonis Opera quæ fuperfunt. *Parif. Barbou*, 1762, 3 *vol. in-12*, *v. f.*

868. Les XXI Épitres d'Ovide, tranflatées en vers franc. par Octavien de St Gelais. *Paris, Galliot du Pré*, 1529, *in-8°. fig. vél. verd.*

869. Di Ovidio le Metamorfofi, trad. in volgar verfo, per Nicolo di Aguftini. *In Venetia*, 1537, *in-4°. fig. v. &c.*

870. Epiftole Eroiche di P. Ovidio Nafone, trad. da Remigio Fior. *In Parigi*, 1762, *in-8°, v. m.*

871. Phædri Augufti Liberti Fabularum Æfopiarum libri V, cum notis Joan. Laurentii. *Amftel.* 1667, *in-8°. fig. m. r.*

7 — 12 — 869. Double. au Bl.

9 — 871. Double. v. f

No 861. essai de deduction. B.

863. ovidius. C. Delas. mo# *

No 866. ovidius. Lipsia. B.
867. ovidius de ponibus. c. marr. aut#

No 868. lp 21 epistes. B.

876. Lucain. c. atgar. ao^{tt} D. am^{tt}

872. Statius. m. caill.

877. Statius m. le Alerd.

879. Statius. D. ax^{tt}

881. juvenal. C. Gtrev. n^{+} D.

584. juvenal. c. Barr. i^{tt}

885. pevse. c. Barr. p^{tt} 10^{f}

872. Phædri Fabularum Æsopiarum libri V, curâ Dav. ab Hoogstraten. *Amst.* 1699, *in-12*, *vélin.* .... *1 .... 10.*

873. Phædri Augusti Lib. Fabularum Æsopiarum libri V, access. Pub. Syri & aliorum veterum Sententiæ. Edit. Stéréotyp. *Parisiis, Didot, ann. VI, in-12, br. en cart. Pap. Vél.* .... *3 .... 5.*

874. M. An. Lucani Pharsalia, cum notis variorum. *Amstelodami, ex offic. Elzeviriana,* 1669, *in-8°. m. r.* .... *14 ...*

875. La Pharsale de Lucain, trad. par Brebœuf. *Leide, J. Elzevier,* 1658, *in-12, m. r.* .... *10 ... 1.*

876. La Pharsale de Lucain, trad. par Marmontel. *Paris,* 1766, 2 *vol. in-8°. fig. m. r.* .... *18 .... 16 9*

877. Statii Sylvarum libri V, Thebaidos libri XII, Achilleidos duo. *Venetiis, in Ædibus Aldi,* 1502, *in-8°. vél.* .... *9 .... 19 2*

878. Statii Papinii Opera omnia. *Lugduni, Gryphius,* 1547, *in-18, m. viol.* Exemplaire du comte d'Hoym. .... *5 .... 19 9*

879. Pub. Papinii Statii Sylvarum libri V, &c. cum notis variorum. *Lugd. Bat.* 1671, *in-8°. m. r.* *24 ....*

880. M. Val. Martialis Epigrammata, cum notis varior. *Lugd. Bat.* 1670, *in-8°. v. b.* .... *6 ...*

881. D. Junii Juvenalis & Auli Persii Flacci Satyræ, cum notis variorum. *Amstelodami,* 1684, *in-8°. v. f.* .... *8 .... 19 2*

882. Dec. Junii Juvenalis & Auli Persii Flacci Satyræ, cum notis variorum, curâ Merici Casauboni. *Lugd. Bat.* 1695, *in-4°. fig. vél.* .... *19 ....*

883. D. J. Juvenalis & Auli Persii Flacci Satyræ. *Cantabrigiæ, Sandby,* 1763, *petit in-8°. fig. v. f.* .... *3 .... 13.*

884. Satyres de Juvenal, en lat. & en franç. de la trad. de Dusaulx. *Paris,* 1782, *in-8°. v. éc.* .... *8 .... 19 ..*

885. Satyres de Perse, en lat. & en françois, trad. par le Monnier. *Paris,* 1771, *in-8°. v. m.* .... *3 .... 17.*

5 - - - - 886. Cl. Claudiani quæ extant, edidit Cafpar Barthius. *Francofurti*, 1650, 2 *vol. in-*4°. *v. m.*

4 . . . . 5 . . 887. Cl. Claudiani quæ extant, ex recenf. Nic.
Heinfii. *Lugd. Bat. ex offic. Elzeviriana*, 1650,
*in-*12, *m. cit.*

11 . . . . 888. Cl. Claudiani quæ extant, cum notis variorum. *Amflelodami*, 1665, *in-*8°. *v. f.*

4 . . . . 889. Œuvres complettes de Claudien, trad. en
françois. *Paris*, *l'an VI*, 2 *vol. in-*8°. *br.*

10 . . . . 3 . . 890. Magni Aufonii Burdig. Opera, cum notis
var. & ex recenf. Jac. Tollii. *Amftel.* 1671,
*in-*8°. *vél.*

4 . . . . 891. D. Magni Aufonii Opera, in ufum Delphini.
Parifiis, 1730, *in-*4°. *br. en cart.*

3 . . . . 7 . . 892. Pervigilium Veneris & Aufonii Cupido cruci
adfixus, cum not. variorum. *Hag. Com.* 1712,
*in-*8°. *v. éc.*

6 . . . . 10 . 893. Aurelius Prudentius Clemens ftud. Theod.
Pulmanni. *Antverp. Plantin*, 1564, *in-*8°. *m. cit.*

4 . . . . 13 . 894. Aur. Prudentii quæ extant, ex recenf. Nic.
Heinfii. *Amftelod. Dan. Elzevirius*, 1667, *in-*12,
maroquin bl.

6 - - - - 895. Les Paftorales de Nemefien & de Calpurnius,
trad. en franç. par Mairault. *Bruxelles*, 1744,
*in-*8°. *m. verd. dent.*

3 . . . 19 . . 896. Jani Ulitii Venatio Novantiqua. *Ex offic. Elzeviriana*, 1645, *in--*12, *v. f.*

7 . . . . 2 . 897. Cl. Rutilii Numatiani Galli Itinerarium, cum
notis variorum. *Amftel.* 1687, *in-*12, *m. r.*

17 . . . 19 . . 898. M. Accii Plauti Comœdiæ, cum notis variorum. *Amftelodami*, 1684, *in-*8°. *vél.*

11 . . . . 899. M. A. Plauti Comœdiæ. *Glafguæ* 1763, 3
*vol. in-*8°. *v. éc.*

11 . . . . 900. Pub. Terentii Comœdiæ, cum notis varios.
Amftel. 1686, *in-*8°. *vél.*

2 - - 10 . 895 *Double . v. m.*

900. Scientiaf. C. Deber. e #

No 902. Terentius. B. D.

903. terentius. c. Maur. e^{##}

No 909. selecta poemata. B. D. am^{##}

No 911. marsa anglicana. C. caill.

No 912. Del. poet. scotorum. C. Cam.

No 913. Del. poet. Danorum. C. Cam.

No 914. varia Doctorum. C. Cam.

901. P. Terentii Comœdiæ sex, cum notis var. ed. Arn. Henr. Westerhovio. *Hagæ Comitum*, 1726, 2 *vol. in-4°. v. b. Ch. Mag.* · · · · · · · · · · · 64 .... 1.

902. P. Terentii Comœdiæ : subjunguntur quædam de Comœdiâ, ejus metris & musicâ, curâ Ric. Spencer. *Londini* 1734, *in-8°. vél. dent.* · · · · · 6 .... 2.

903. P. Terentii Afri Comœdiæ. *Lut. Parif. le Loup*, 1753, 2 *vol. in-12, br.* · · · · · · · · · · 4

904. Pub. Terentii Comœdiæ sex. *Lut. Parif. le Loup*, 1753, 2 *vol. in-12, fig. v. éc. Pap. d'Hol.* · · · 6 .... 1.

905. P. Terentii Afri Comœdiæ, cum italicâ verfione, ed. Car. Cocquelines. *Romæ*, 1767, 2 *vol. in-fol. en feuilles.* · · · · · · · · · · 4 .. 10..

906. P. Terentii Comœdiæ. *Birminghamiæ, Baskerville*, 1772, *in-8°. m. bl.* · · · · · · 4 8

907. Les Comédies de Térence en lat. & en franç. trad. par le Monnier. *Paris*, 1771, 3 *vol. in-8°. fig. v. éc.* · · · · · · · · · · · · 21 ....

908. L. Annæi Senecæ Tragœdiæ, cum notis variorum. *Amftelodami*, 1682, 1 *tom. rel. en 2 vol. in-8°. v. f.* · · · · · · · · · · · 9 .... 8..

Poëtes Latins modernes, & Poëtes Macaroniques.

909. Selecta Poemata Italorum qui latinè scripserunt. *Londini, Knapton*, 1740, 2 *tom. rel. en 1 vol. in-8°. m. r. dent. doublé de tabis.* · · · · · 21 .... 2.

910. Delitiæ Poetarum Gallorum. 1609, 3 *vol. in-18, vél.* · · · · · · · · · · · 22 .. 10.

911. Musarum Anglicanarum Analecta. *Oxoniæ, e Th. Sheldon.* 1699, 2 *vol. in-8°. v. b. Ch. Mag.* 16 .... 19 2

912. Delitiæ Poetarum Scotorum. *Amftelodami*, 1737, 2 *vol. in-18, v. f.* · · · · · · 10 .... 3..

913. Delitiæ Poetarum Danorum. *Lugd. Bat.* 1693, 2 *vol. in-12, m. verd.* · · · · · · 20 ....

914. Varia Doctorum piorumque Virorum, de} 15 .... 4 *avec unimus'ne* · · · · ·

906. Double. v. ecc. · · · · · 3 ....

909. Double, v. ecc. · · · · · 13 .... 19..

corrupto Ecclefiæ ftatu Poemata. *Bafileæ*, 1557, *in*-8°. *v. f.* Rarus.

915. Pafquillorum tomi duo, quorum primus, verfibus ac rithmis, alter folutâ oratione compofita, quamplurima continentur, &c. (auĉt. Cæl. Secundo Curione). *Eleutheropoli*, 1544, *in*-8°. *m. r. dent.* Rarus.

916. Carmina quinque illuftrium Poetarum. *Venetiis*, 1548, *in*-8°. *vél.*

917. Trium Poetarum Porcelii, Bafinii & Trebani Opufcula. *Parifiis, Colinæus*, 1539, *in*-8°. *veau marbré.*

918. Poetæ tres elegantiffimi Mich. Marullus, Hieron. Augerianus, &c. *Parifiis*, 1582, *in*-18, *veau fauve.*

919. Ruris Deliciæ, colligebat Franc. Bertrand. *Parifiis, Barbou*, 1757, *in*-12, *m. r. dent.*

920. Horti tres Amoris amœniffimi a præftantiffimis Poetis noftri feculi, Flofculis & Plantulis odoriferis ab Eg. Periandro confiti. *Francofurti*, 1567, 3 *tom. rel. en* 2 *vol. in*-8°. *v. m.*

921. Poemata Didafcalica. *Parifiis*, 1749, 3 *vol. in*-12, *v. m.*

922. Veneres Blyenburgicæ, five Amorum Hortus. *Dordraci*, 1600, *in*-8°. *v.f.*

923. Epitaphia Jocoferia, lat. gall. ital. hifp. lufit. belg. Franc. Swertius collegit. *Coloniæ*, 1645, *in*-12, *mar. rouge.*

924. J. Aurelius Augurellus. *Venetiis, in Ædibus Aldi*, 1505, *in*-8°. *m. verd, l. r.*

925. Navis Stultiferæ Colleĉtanea, a Jod. Badio Afcenfio. *Parifiis*, 1515, *in*-4°. *fig. v. m. goth.*

926. Stultifera Navis Mortalium a Seb. Brandt germanicis rithmis confcript. per Jac. Locher latinitate donatus. *Bafileæ*, 1572, *in*-8°. *fig. vél.*

917. pasquillos. B. M. Caill.

No 918. Poeta tÿp. B. M. Caill.

No 919. Rwÿ Rditia. B. B.

No 920. Hasti tÿp. B.

922. seneres. D. eᵗᵗ

No 923. Epitaphia. B. D. iᵗᵗ

924. auguscellus. M. Caill.

No 925. navÿ shultifera. B.

926. stultifera. M. Caill.

29 . Baudii amor. C . Detcs . am[+] *

Nº 937 . g . Britonis Philippid. B.

Jo. Vulteii Hendecafyllabarum libri IV. *Parifiis*, 1538, *in-18*, *v. b.*

927. Poefis Ofca five Drama Georgicum in quo belli mala, pacis bona, ex occafione currentis anni, repræfentantur, auct. Jac. Baldo. *In-4°. dem. rel.* — 6 9

928. Dominici Baudii Poemata. *Lugd. Bat.* 1616, *in-8°. v. b.* — 10 ....

929. Dominici Baudii Amores, edente Petro Scri-verio. *Amftel. Lud. Elzevirius*, 1638, *in-12*, *m. r.* . 15 8

930. Joach. Bellaii Poematum libri IV. *Parifiis*, 1558, *in-4°. v. f.* — 2 ..— 13

931. Theod. Bezæ Poemata Juvenilia. *Ad Infigne Capitis Mortui*, *in-18*, *m. verd.* — 4 ...

932. Lud. Bigii Chriftianorum Opusculorum libri tres. *Mutinæ*, 1498, *in-4°. v. éc.* — 11 19

933. Pancharis Jo. Bonefonii. *Lutetiæ*, 1587, *in-12*, *v. m.* == Les Tragédies d'Ant. de Montchrétien. *Paris*, 1604, *in-12*, *v. m.* — 5 ..

934. Nic. Borbonii Nugæ. *Parifiis*, 1533, *in-8°. vél. verd.* == Th. Bezæ Poemata. *Lutetiæ*, 1548, *in-8°. vel.* — 3 ....

935. Nicolai Borbonii Ferraria & Nugæ aliquot ve-nuftiores. *Parifiis*, *juxta editionem* 1533, *in-12*, *br. Pap. Vélin.* == Quinque illuftrium Poetarum Ant. Panormitæ, Ramufii, &c. Lufus in Vene-rem. *Parifiis*, 1791, *in-8°. Pap. d'Holl.* — 7 ...

936. Fr. Bouffueti de naturâ Aquatilium Carmen. *Lugduni*, 1558, *in-4°. fig. dem. rel.* — 6 ....

937. Gulielmi Britonis Philippidòs libri XII, Cafp. Barthius recenfuit. *Cigneæ*, 1657, *in-4°. v. b.* — 6 12

938. G. Buchanani Francifcanus & Fratres. *Bafileæ*, *in-8°. m. viol.* — 7 ...19

939. G. Buchanani Poemata. *Amftelodami*, 1687, *in-18*, *v. m.* — 2 ...

938. *Double, vel* — 4 .— 2

940. Opuscula Elisii Calentii Poetæ clarissimi: scilicet Elegiæ, Epigrammata, &c. *Romæ*, 1503, *in-fol. v. b.*

Ouvrage très-Rare, qui fut supprimé à ce que l'on prétend, quoique muni d'un Privilége de la Cour de Rome, parce qu'il renferme des Poésies libres. Voyez Bibliographie instructive, N°. 2892.

941. Capiluporum Carmina. *Romæ*, 1590, *in-4°. maroquin rouge.*

942. Monita Amoris virginei, sive officium Puellarum in castis Amoribus, auct. J. Cats. *Hamburgi*, 1786, *in-8°. v. f.*

943. Raptus Ecstaticus in Montem Parnassum, auct. J. H. Cohausen. *Amstel.* 1726, *in-12, v. m.*

944. Connubia Florum latino carmine demonstrata, auct. D. de la Croix, cum notis Rich. Clayton. *Bathoniæ*, 1791, *in-8°. fig. br. Pap. Vél.*

945. Fr. Josephi Desbillons Fabulæ Æsopiæ. *Parisiis*, *Barbou*, 1768, 2 *vol. in-8°. fig. v. m.*

946. Genethliacum Claudii Doleti, auct. Steph. Doleto. *Lugd.* 1539, *in-4°. v. f.*

947. Francisci Valesii Gallorum Regis Fata, Steph. Doleto auct. *Lugduni*, 1539, *in-4°. m. r.*

948. Jo. Ed. Dumonin mundi Creatio. *Parisiis*, 1579. = Theophania, comœdia nova, auct. Nic. Selneccero. *Vitebergæ*, 1560. = Joseph, comœdia sacra, per Corn. Crocum. *Parisiis*, 1546, *in-8°. v. b.*

949. Carmen de astronomico Horologio Argentoratensi, scriptum a Nic. Frischlino. *Argentorati*, 1575, *in-4°. vél. dent.*

950. Hug. Grotii Poemata. *Amstelodami*, 1670, *in-12, m. r.*

951. Operum (poeticorum) Helii Eobani Hessi Farragines duæ. *Francofurti*, 1564, *in-8°. dem. rel.*

952.

941. capileppuf - M. Caill.

No 942. monita amoris. B.

No 943. leptuf restaticuf. B.

No 949. carmen de aptar. B.

No 951. opera poetica. B.

No 959 - P. f. modestus. B.

No 961. jo. ovolen. B.

No 964. Palingenius. B.

952. Guil. Hornii Poemata. *Roterodami*, 1698, *in*-8°. *v. f.* — — — — — — — — — — 3 — — 12°

953. Mich. Hospitalii Carmina. *Amstelodami*, 1732, *in*-8°. *v. m.* — — — — — — — — 8 — — 10

954. Libellus de quatuor Virtutibus & omnibus ad benè beatèque vivendum & alia Poemata, (auct. Dom. Mancinio). *Parisiis*, 1538, *in*-4°. *v. éc. goth.* — — — — — 1488 — — — 12 — — 2

955. Baptistæ Mantuani Parthenice, & alia Opera Poetica. *Parisiis*, *in*-4°. *m. bl.* — — — — 10 — — 12

956. T. Prosperi Martinengii Poemata diversa cum græca, tum latina. *Romæ*, 1582, *in*-4°. *vél. dent.* — 7 —

957. Hymni & Epigrammata Marulli. *Florentiæ*, *societas Colubris*, 1497, *in*-4°. *v. f.* — — — — 6 —

958. Mich. Marulli Epigrammata, Hymni, &c. *Bononiæ*, 1504, *in*-4°. *dem. rel.* — — — 8 —

959. Pub. Franc. Modesti, Ariminensis, Venetiados libri XII, & Silvæ. *Ariminii*, 1521, *in-fol.* *veau fauve.* — — — — — — — 80 —

Ouvrage Très-Rare, qui fut supprimé peu de temps après qu'il eut été mis au jour, à cause de quelques anecdotes qu'il renferme, & qui regardent plusieurs familles nobles qui s'en plaignirent. Voyez Bibliographie instructive, N°. 2893.

960. Jo. Owen Epigrammata. *Amstelodami*, 1640, *in*-24, *m. r.* }
961. Joannis Oweni Epigrammata. *Basileæ*, 1766, *in*-12, *v. m.* } 1 — 12

962. Joannis Audoeni (Owen) Epigrammata & variorum Carmina Ethica. *Parisiis*, 1794, 3 *vol.* *in*-12, *br. en cart. Pap. Vél.* — — — — 7 — 19

963. Marcelli Palingenii Zodiacus Vitæ. *Rotter.* 1722, *in*-8°. *v. f.* — — — — — — 3 — 10

964. Marc. Palingenii Zodiacus Vitæ. *Roterodami*, 1722, *in*-8°. *m. puce, Ch. Mag.* — — — 24 —

F

953. Double. v. m. — — — — — 7 — 2

965. Marc. Palingenii Zodiacus Vitæ. *Hamburgi*, 1736, *in-*12, *v. éc.*

966. Jo. Passeratii Kalendæ Januariæ, & varia Poe-mata. *Lutetiæ*, 1603, *in-*8°. *v. b.*

967. Francisci Philelfi Satyrarum Hecatostichon. *Medioluni*, *per Christ. Valdarpher*, 1476, *in-fol. m. verd.* Prima editio Rarissima.

968. Philomathi Musæ Juveniles. *Parisiis*, *e Typ. Reg.* 1656, *in-fol. v. f.*

969. Joh. Pincieri Ænigmatum libri tres, cum solutionibus. *Hagæ Comit.* 1655. = Sibylla Trig-Andriana, seu de Virginitate, Virginum statu & jure Tractatus, per H. Kornmannum. *Hagæ Comit.* 1654, *in-*12, *vélin.*

970. Angeli Politiani Silva, cui Titulus Rusticus & alia Opera Poetica. *Florentiæ*, *Ant. Miscominus*, 1491, *in-*4°. *v. f.*

971. Joan. Joviani Pontani Opera Poetica. *Venetiis*, *Aldus*, 1518, *in-*8°. *parch.*

972. Jo. Jov. Pontani Opera Poetica. *Venetiis*, *hæredes Aldi*, 1533, *in-*8°. *vél.*

973. Petri de Ponte Ceci Brugensis Opera Poetica. *Parisiis*, 1507, *in-*4°. *v. f.*

974. Cl. Quilleti Callipœdia. *Londini*, 1708, *in-*8°. *m. bl. Ch. Mag.*

975. Ferdinandi Ruizii Villegatis Burgensis quæ extant Opera Poetica. *Venetiis*, 1734, *in-*4°. *v.f.*

976. Poemata Georgii Sabini. *In-*8°. *m. viol.*

977. Scævolæ Sammarthani Poemata & Elogia. *Augustoriti Pictonum*, 1606, *in-*8°. *v. f.*

978. Actii Sinceri Sannazarii Opera Poetica, cum notis P. Vlamingii. *Amstel.* 1728, *in-*8°. *v. b.*

979. Panoplia omnium illiberalium, mechanicorum, aut sedentariorum Artium genera continens, per H. Schopperum. *Francof.* 1568, *in-*12, *fig. v. m.*

N° 965. Palinger. B.

No 970 Politi'aump. B.

No 974. Quilletup. B. C. Detev. x * *
No 975. Ruizin. B.

979 M. caillard

980. sectaur. C. Deter. aout..
2° 981. le satire. B.

1° 986. Thipterines. B.
987. M. caillard
2° 988 De vera amimi. B.
1° 989. veterif vigilii. A.
1° 990. utenhovius. B.

980. Q. Sectani Satyræ, concinnante P. Antoniano.
Amftel. 1700, 2 vol. in-8°. vél. · 12.... 19

981. Le Satire de Quinto Settano, trad. da Sefto
Settimio. In Palermo, 1707, in-8°. v. b. 2.... 15..

982. Joannis Secundi Poemata. Lugd. Bat. 1631,
in-12, v. f. = Poetæ tres elegantiff. M. Marullus,
H. Augerianus, &c. Parifiis, 1582, in-18, v. f. 4.... 14..

983. Strozzi Poetæ Pater & Filius. Venetiis, Aldus,
1513, in-8°. v. f. 9 - - -

984. Hymnus Angelicus, five doctoris Angelici
fummæ theol. rhytmica Synopfis. Parifiis, 1676,
in-12, vélin. } 2....

985. Jac. Aug. Thuani Poemata Sacra. Lutetiæ,
1599, in-12, v. m.

986. P. Greg. Tipherni Opufcula Poetica, Fr. Oc-
tavii Elegiæ, Epiftolæ, &c. Argentorati, 1509,
in-4°. m. r. dent. 8.... 19 Z

987. Pierii Valeriani Amorum libri V. In Venetia,
Giolito de Ferrarii, 1549, in-8°. m. cit. 15.... 1. D

988. De verâ animi tranquillitate Satyræ tres, auct.
Jo. Van Howe. Antverpiæ, 1627, in-4°. dem. rel. 4.... 10..

989. Veteris Vigelli Speculum Stultorum carmine
confcriptum. Editio vetus abfque ullâ loci atque anni
indicatione, in-4°. m. r. 14.... 19 Z

990. Car. Vtenhovii Allufionum Liber. Bafileæ,
1568, in-8°. vél. dent. 3.... 6..

991. Pierii Winfemii Amores. Franekaræ, 1631,
in-12, v. m. 1.... 19..

992. Univerfi generis humani Meta, carmine compofita, iconibus & fententiis illuftrata. Monaci,
1619, in-12, v. f. 3.... 19..

993. Album Dianæ Leporicidæ, five Venationis
Leporinæ Leges. Cadomi, 1655, in-12, dem. rel. 2.... 13..

994 Coriolani Martirani Tragœdiæ. Neapoli, 1556,
in-8°. v. b. 13.... 12..

22.···· 1.··· 995. Nicod. Frifchlini Comœdiæ V & Tragœdiæ II,
Apud Bern. Jobinum , 1585 , 2 *vol. in-*8°. *m. r.*

4 ···· 18.·· 996. Imma Portatrix, Comœdia nova ; item Mufæ
Jocoferiæ , auct. Fr. H. Flaydero. *Tubingæ* , 1625,
*in-*8°. *m. r.*

3 ··· ·10·· 997. Patelinus , nova Comœdia , e vulgari linguâ
in latinam trad. per Al. Connibertum. *Parifiis* ,
Colinæus , 1543 , *in-*8°. *v. m.*

5 ····· 11·· 998. Pedantius , Comœdia. *Londini* , 1631 , *in-*12 ,
veau fauve.

4 ···· 3·· 999. Phafma , hoc eft Comœdia de variis Hærefi-
bus & Hærefiarchis , auct. N. Frifchlino. 1598 ,
*in-*8°. *v. f.*

14 ··· 3·· 1000. Macaronicorum Poema. *In-*12 , *parch.*

12 ··· 1001. Opus Merlini Cocaii , Poetæ Mantuani Macaronicorum totum in priftinam formam per Ac-
quarium Lodolam optimè redactum. *Tufculani* ,
1521 , *in-*12 , *fig. v. b.* Exemplar integrum optimæ
editionis.

26 ··· 1·· 1002. Opus Merlini Cocaii Poetæ Mantuani Macaronicorum. *Amftel.* 1692 , *in-*8°. *fig. m. r.*

5 ···· 8 ···· 1003. Hiftoire Maccaronique de Merlin Coccaie.
Paris , 1706 , 2 *vol. in-*12 , *v. m.*

10 ···· 1004. Antonius de Arena ad fuos Compagnones
qui funt de Perfonâ Friantes , &c. 1670 , *in-*12 ,
maroquin rouge.

9 ···· 1005. Meygra Entreprifa Catoliqui Imperatoris ,
quando de anno 1536 veniebat per Provenfam
bene coroffatus in poftam prendere Franfam cum
villis de Provenfa , per Ant. Arenam Baftifaufata.
Lugduni , 1760 , *in-*8°. *br. Ch. Mag.*

8 ···· 1006. Cagafanga Reiftro Suyffo-Lanfquenettorum ,
per Jo. Bat. Lichiardum, &c. *Parifiis.* ═ Refolu-
tio problematis Monfpel. Vade , & occida Cain.
Lipfiæ , 1693 , *in-*12 , *m. r.*

No 995. freychlinus. B.

No 996. immer. B.

No 998. Nedanticof. B.

No 999. Shopma. B.

No 1000. maranuica. B.

1004. ant. de arenu. M. caill.

No 1006. cagafanga. B.

No 1007. Stoïciens. B.

1011. fabliaux. Le. Duprès. ann.ᵗᵗ

No 1014. Le livre. B.

1016. cabinet satyrique. II. caill.

1007. Magiſtri Stoppini Capriccia Macaronica. *Ve-*
netiis, 1670, *in-18*, *m. r. l. r.* - - - - - - 7 19

Poètes François, &c.

1008. Poétique de M. de Voltaire, ou Obſervations recueillies de ſes Ouvrages. *Paris*, 1766,
in-8°. v. m. - - - - - - - 2 ...

1009. Poétique françoiſe, par Marmontel. *Paris*,
1763, 2 *vol. in-8°. v. m.* - - - - - 7 .... 1.

1010. Fabliaux & Contes des Poètes françois, des
XII, XIII, XIV & XVes ſiècles, par Barbaſan.
Paris, 1756, 3 *vol. in-12*, *v. éc.* - - - - 10 ...

1011. Fabliaux ou Contes du XII & du XIIIe
ſiècles, traduits ou extraits d'après divers manuſ-
crits du temps, par le Grand d'Auſſy. *Paris*,
1779, 4 *vol. in-8°. v. m.* - - - - - 17 ....

1012. La Danſe aux Aveugles & autres poéſies
du XVe ſiècle. *Lille*, 1748, *in-8°. m. r.* - - 6 ... 4 ...

1013. Recueil des plus belles Pièces des Poètes
françois, depuis Villon juſqu'à Benſerade. *Paris*,
1752, *in-12*, *m. r. dent. l. r.* Tome 6.
1014. Le Livre de pluſieurs Pièces, recueillies de
divers Auteurs, comme de Clément Marot &
autres. *Lyon*, 1548, *in-18*, *m. bl.* } 3 ....

1015. Pluſieurs Traités, par aucuns nouveaux
Poètes, du Différent de Marot, Sagon & la
Hueterie. 1537, *in-18*, *v. br.* - - - - 3

1016. Le Cabinet Satyrique. 1666, 2 *vol. in-12*, *v. f.* - 17 .... 8 a

1017. Nouveau Recueil des Épigrammiſtes françois,
par de la Martinière. *Amſt.* 1720, 2 *vol. in-12*,
veau brun. - - - - - - - 1 ....

1018. Collection de Pièces en vers, par Dorat
& de Pezay. *Paris*, 1766, 4 *vol. in-8°. fig. v. éc.* - 11 .... 12 ..

1019. Parnaſſe des Dames. *Paris*, 1773, 9 *vol.*
in-8°. v. éc. - - - - - - 9 ....

18⁴ - - - - 1020. Le Roman de la Rofe, par Guillaume de Lorris & Jehan de Meung. *Paris, Galliot Dupré,* 1529, *in*-8°. *fig. m. verd.*

12 . . . . 19? 1021. Le Roman de la Rofe, par Guil. de Loris, & Jean de Meung, pub. par Lenglet du Frefnoy. *Amft.* 1735, 3 *vol. in*-12, *v. m.*

9 - - - - 8 . . 1022. Les Poéfies du Roi de Navarre. *Paris,* 1742, 2 *vol. in*-12, *m. cit.*

4 . . . . 1 . 1023. Le Romant des Trois Pélérinages, par Guil. d'Éguileville. *In*-4°. *goth. v. f.*

24 . . . . 1 . . 1024. Le Livre de Matheolus fur le Mariage, lequel fert à montrer les biens qui vieignent pour foi marier, & dift que l'homme n'eft pas faige, fi fe tourne remarier quant prins a été au paffaige. *Paris, Ant. Vérard,* 1492, *in-fol. fig. m. verd, gothique.* Rare.

51 - - - - 10 1025. Les Fantäifies de Mère Sotte, par Gringore. *Paris, Alain Lotrian, in*-4°. *goth. m. cit.*

30 - - - - 1026. Notables Enfeignemens, Adages & Proverbes faits & compofés par Pierre Gringore dit Vauldemont. *Paris,* 1528, *in*-8°. *v. f. goth.*

35 . . . . 19 . . 1027. Les Contredits de Songe-creux, par Gringore. *Paris, Galliot Dupré,* 1530, *in*-8°. *goth. m. r.*

4 - - - - 1028. Le Jardin de Plaifance & Fleur de Rhétorique, &c. *Lyon, in-fol. goth. v. b.*

21 - - - - 1029. Le grant Nauffraige des Fols qui font en la nef d'infipience, &c. *Paris, Janot, in*-4°. *fig. goth. v. m.*

12 - . . . . 1030. La Source d'Honneur, pour maintenir la corporelle élegance des Dames : avec une belle Épitre d'une noble Dame à fon Seigneur & Ami. *Lyon,* 1531, *in*-8°. *fig. v. br.*

5 . . . . 1031. Les Œuvres de Clément Marot. *Paris,* 1548, *in*-18, *m. viol. doub. de m. r. l. r.*

1025. les fantaisies. Ch. Caill.

1027. les contredits. ch. caill.

N° 1031. ch. musot. M.

No 1035. contre quête. B.

No 1037. le départ du voyage. B,

No 1040. les amours. B.
No 1041. Soy/le caron. B.

1043. M. caill.

1032. Les Œuvres de Clement Marot. *Niort*, 1596, *in*-18, *m. r. doub. de m. r. l. r.* 3.... 19

1033. Les Œuvres de Clement Marot. *La Haye*, 1700, 2 *vol. in*-12, *v. b.* 3.... 19

1034. Les Simulacres & Historiées Faces de la Mort, avec figures gravées par le petit Bernard. *Lyon*, 1538, *in*-8°. *v. f.* 6.... 19

1035. Les Contre-Épitres d'Ovide composées par Michel d'Amboyse. *Paris*, 1541, *in*-8°. *v. f.* = Le Secret d'Amours, par le même. *Paris*, 1542, *in*-8°. *v. f.* 15....

1036. Delie Objet de plus haute vertu. *Lyon*, 1544, *in*-12, *m. r.* 4....16

1037. Le Discours du Voyage de Constantinople, par le S. de Borderie. La Fable du Faux Cuider & autres Poësies. *Paris*, 1546, *in*-12, *v. b.* 5....

1038. Le Ris de Democrite, & le Pleur d'Héraclite sur les folies & miseres de ce Monde. *Paris*, 1547, *in*-8°. *v. f.* 4....

1039. Le Tombeau de Marguerite de Valois, Reine de Navarre. *Paris*, 1551, *in*-8°. *v. éc.* 2....

1040. Les Amours d'Olivier de Magny. *Paris*, 1553, *in*-8°. *v. éc.* = Les Odes du même. *Paris*, 1559, *in*-8°. *v. f.* 2.... 1.

1041. La Poësie de Loys le Caron. *Paris*, 1554, *in*-12, *v. f.* 1.... 2

1042. Œuvres de Louise Labé Lyonnaise. *Lyon*, 1556, *in*-8°. *v. f.* 6.... 19

1043. Satyres Chrestiennes de la Cuisine Papale. (*Paris*), *Conrad Badius*, 1560, *in*-8°. *parch. l. r.* Bel Exemplaire d'un livre Très-Rare. 26....10

1044. Le Pegme de P. Cousteau, avec les Narrations philosophiques, trad. par Lanteaume de Romieu. *Lyon*, 1560, *in*-8°. *fig. v. f.* 2....

F 4

1042. Double. expofés feulement.. 2.... 1.

1045. Les Paſſe-temps de Jean Antoine Baïf. *Paris*, 1573, *in-8°. m. verd.*

1046. La Doulce Mouelle & Saulce Friande des Saints & Savoureux Os de l'Advent, par J. Maſſieux. *Paris*, 1578, *in-8°. v. m.*

1047. Les Œuvres Poëtiques de P. le Loyer. *Paris*, 1579, *in-12, v. f.* ⟨*Ꞩ y gaté*⟩

1048. Le plaiſir des Champs, en vers, par Cl. Gauchet. *Paris*, 1583, *in-4°. v. m.*

1049. Les Œuvres Poëtiques de Remy Belleau. *Paris*, 1585, 2 *tom. en un vol. in-12, v. m.*

1050. L'Enfer de la Mère Cardine, traitant de la cruelle & horrible bataille qui fût aux enfers entre les Diables & les Maquerelles de Paris, aux nôces du Portier Cerberus, & de Cardine, &c. (nouv. édition.) 1597, *in-8°. m. r. Gr. Pap. Vél.*

1051. La Naiſſance & les Triomphes eſmerveillables du Dieu Bacchus, par H. de Meynier. *in-18, fig. oblong. v. b.*

1052. Poëſies de Malherbe. *Paris, Barbou*, 1751, *in-8°. v. m. Pap. Fort.*

1053. Poëſies de Malherbe. *Paris, Barbou*, 1757, *in-8°. m. r.*

1054. La Surpriſe & Fuſtigation d'Angoulvent, poëme héroïque, par l'archipoëte des Poiſpilés. *Paris*, 1603, *in-8°. v. m.*

1055. Le Creve-cœur du vieux Soldat, par de Pruſtie. = L'Été d'Ayrail. *Paris*, 1607. = Le petit Olympe d'Iſſy. 1609, & autres poëſies. *in-8°. vél. verd.*

1056. Satyre Menippée ſur les poignantes traverſes & incommodités du Mariage, par Th. Sonnet. *Paris*, 1610, *in-8°. v. f.*

1057. Satyres & autres Œuvres de Regnier. *Londres*, 1733, *in-4°. v. éc.*

1045. Les poffetomps. M. caill.

No 1046. La Doul cewelle. B.

No 1047. Le Loger. B.

No 1051. La naiffance. B.

No 1055. Le crow war. B.

No 1056. faty re menippée. B.

No 1058. Racan. B.

No 1060. œuvres physiques. B.
No 1061. Emblemy. B.

1063. M. caill.

1068. l'école. M. caill.

1058. Les Œuvres de Racan. *Paris, Couflelier*, 1724, 2 vol. in-12, m. r. dent. . . . . *10 .... 19*

1059. Les Œuvres Poëtiques de Bertaut. *Paris*, 1620, in-8°. vél. . . . . *4 .... 12.*

1060. Œuvres Satyriques de Courval Sonnet. *Paris*, 1622, in-8°. v. m. . . . . *3 .... 9*

1061. Emblêmes fur les Actions & Perfections & Mœurs du Señor Efpagnol. *Rouen, le Villain*, 1626. = Rodomontades Efpagnoles. *Rouen*, 1626, in-8°. fig. m. r. . . . . *7 .... 1.*

1062. Les Œuvres Poëtiques de Hugues Salel. *Paris*, 1639, in-8°. v. m. . . . . *2 ....*

1063. Les Chevilles de Me Adam Menuifier de Nevers. *Paris*, 1644, in-4°. v. éc. . . . . . *8 ... 6 9*

1064. Le Gouvernement préfent, ou Éloge de fon Éminence, Satyre, ou la Miliade. *In-8°. m. verd. dent.* . . . . *7 .... 9*

1065. Le vrai Tréfor de l'Hiftoire Sainte fur le tranfport miraculeux de l'Image de Notre-Dame de Lieffe. *Paris*, 1647, in-4°. fig. v. f. . . . *3 ....*

1066. Le Difcours de la Court. *Paris*, 1658, in-8°. v. f. . . . . *1 .... 8.*

1067. L'Imitation de Jefus-Chrift, trad. en vers franç. par P. Corneille. *Bruxelles*, 1704, in-12, fig. m. r. dent. . . . . *5 ..*

1068. L'Efchole de Salerne, en fuite le Poëme Macaronique en vers burlefques. *Paris*, 1664, in-12, m. bl. doub. de tab. . . . . . . *4 .... 1. 9*

1069. Defcription de la ville d'Amfterdam, en vers burlefques, par P. le Jolle. *Amfterdam*, 1666, in-12, v. f. . . . . *2 ....*

1070. Le Tableau de la Vie & du Gouvernement des cardinaux de Richelieu & Mazarin, & de Colbert, repréfenté en diverfes fatyres & poëfies ingénieufes, &c. *Cologne*, 1693, in-12, v. m. *5 ... 4.*

1058. Double. v. m. . . . . *7 ...*

14.... 1071. Œuvres de Chaulieu, d'après les manuscrits de l'Auteur. *Paris*, 1774, 2 *vol. in-8°.
m. r. Pap. d'Holl.

4.... 1072. Élite des poësies de Chaulieu. *Paris*, *l'an
VII*, *in-8°. br. Pap. Vél.* == Les Poësies de Thomas. *Paris*, *l'an VII*, *in-8°. br. Pap. Vél.*

36.... 1073. Fables de la Fontaine, les fig. gravées par
Feffard, & le texte par Montulay. *Paris*, 1765,
6 *vol. in-8°. v. f. Papier d'Hollande.*

13.... 1074. Fables de la Fontaine. *Paris*, *Didot l'aîné*,
1782, 2 *vol. in-18*, *m. r.*

21....1.. 1075. Fables de la Fontaine, pour l'éduc. du
Dauphin. *Paris*, *Didot l'aîné*, 1784, 2 *vol.
in-8°. m. r. Pap. Vél.*

11....19.. 1076. Fables de la Fontaine, suivies d'Adonis,
poëme, édition stéréotype. *Paris*, *Didot l'aîné*,
an VII, 2 *vol. in-12*, *m. r. Pap. Vél.*

3.... 1077. Contes & Nouvelles en vers, par la Fontaine. *Amst.* 1762, 2 *vol. in-8°. v. m.*

9....1. 1078. Contes & Nouvelles en vers, par de la Fontaine. *Amst.* 1764, 2 *vol. in-8°. fig. v. f.*

21....12.. 1079. Contes & Nouvelles en vers, par Jean de
la Fontaine. *Paris*, *de l'imprim. de Didot l'aîné*,
1795, 2 *vol. in-18*, *m. viol. dent. doub. de tab.*

24.... 1080. Œuvres de N. Boileau Despréaux, avec des
éclairciff. historiques. *Amsterdam*, 1718, 2 *vol.
in-fol. v. f. fig.*

23....19. 1081. Les Œuvres de Boileau Despreaux, avec
des éclaircissemens historiques. *Paris*, *veuve Alix*,
1740, 2 *vol. in-fol. fig. m. r. Gr. Pap.*

27...10. 1082. Œuvres de Boileau Despreaux, éd. donnée
par de Saint-Marc. *Paris*, 1747, 5 *vol. in-8°.
fig. v. m.*

6.... 1083. Poësies de Boileau Despreaux. *Paris*, *Didot
l'aîné*, 1781, 2 *vol. in-18*, *m. r.*

1079 - la fontaine . D. ai tt .

No 1086. Rome. B.

No 1087. Dieppe. B.

No 1088. Calypso. B.

No 1089. La Buvette. B.

No 1093. L'origine. B.

1684. Voyage de Bachaumont & Chapelle. *Amft.* 1708, *in-12, m. viol.* 2 16

1685. Œuvres de Pavillon. *La Haye*, 1715, *in-8°. veau fauve.* 1 10

1686. Rome, Paris & Madrid Ridicules. *Paris*, 1713, *in-12, v. b.* 2 4

1687. Pièces échappées du feu. *Plaifance*, 1717, *in-12, v. m.* 2 11

1688. Satyres amoureufes & galantes, & l'Ambition de certains courtifans nouveaux venus & gens de fortune. *Amfterdam*, 1721, *in-12, v.f.* . . 3 2

1689. La Buvette des Philofophes, ode bachique. *Douay*, 1726, *in-8°. vél.* . . . . 2 . . . .

1690. Œuvres diverfes de J. B. Rouffeau. *Londres*, 1723, 2 vol. *in-4° v.f.* 6 2

1691. Œuvres choifies de J. B. Rouffeau. *Paris*, 1741, *in-12, m. cit.* = Porte-feuille du même. *Amfterdam*, 1751, 2 *vol. in-12, v.f.* 4 10

1692. Pièces libres de Ferrand. 1744. = Les Lauriers Eccléfiaftiques. *Luxuropolis*, 1748, *in-12, v. m.* . . 2 10

1693. L'Origine des Puces. *Londres*, 1749, *in-12, mar. rouge.* . . . . 5 . . . .

1694. La Henriade avec les variantes, par Voltaire. 1746, 2 *vol. in-12, m. bl.* 3 15

1695. La Henriade, par Voltaire. *Paris*, 2 *vol. in-8°. fig. v.f.* . . . . 12 . . . .

1696. La Henriade de Voltaire, avec des remarques par Paliffot. *Paris*, 1784, *in-8°. fig. m. r. Pap. Vél.* . 20 12

1697. La Pucelle d'Orléans, poëme par Voltaire. *Londres*, 1758, *in-24, m. r. dent.* 2 10

1698. La Pucelle d'Orléans, poëme par Voltaire. *Londres*, 1775, *in-8°. fig. v.f.* . . . . . 8 . . . .

1699. La Pucelle, poëme, par Voltaire. *De l'imprimerie de la Société Typographique*, 1789, 2 *tom. rel. en 1 vol. in-12, m. verd, dent.* 4 19

1094. Double. v. m. . . . . 1 . . 14

La pucelle 1762. in 8° . . . . 1 . . 5

1100. Poësies Sacrées & Philofophiques, par le Franc de Pompignan. *Paris*, 1763, *in-4°. v. f.*

1101. L'Art de peindre, poëme, par Watelet. *Paris*, 1760, *in-4°. fig. v. f.*

1102. Œuvres complettes du Cardinal de Bernis. *Londres*, 1771, *in-8°. m. r.*

1103. Œuvres du Cardinal de Bernis. *Paris, Didos l'aîné*, 1797, *in-8°. m. verd, dent. Pap. Vél.*

1104. Narciffe dans l'Ifle de Vénus, poëme de Mal-filâtre. *Paris*, 1795, *in-12, br. en cart. Pap. Vél.*

1105. Les Graces. *Paris*, 1769, *in-8°. fig. v. éc.*

1106. Fables Nouvelles, par Dorat. *Paris*, 1773, *in-8°. fig. br.*

1107. Les Baifers, précédés du Mois de Mai, par Dorat. *Paris*, 1770, *in-8°. fig. v. f.*

1108. Hiftoriettes ou Nouvelles en vers, par Imbert. *Paris*, 1774, *in-8°. fig. v. éc.*

1109. Le Temple de Gnide, mis en vers par Léonard. *Paris*, 1773, *in-8°. fig. v. éc.*

1110. Phrofine & Mélidore, poëme. *Paris*, 1772, *in-8°. fig. v. éc.*

1111. L'Agriculture, poëme, par de Roffet. *Paris*, *Imp. Roy.* 1774, *in-4°. fig. m. r. Gr. Pap.*

1112. Les Saifons, poëme, par Saint-Lambert. *Amfterdam*, 1775, *in-8° .v. éc. fig.*

1113. Fables & Œuvres diverfes de l'Abbé Aubert. *Paris*, 1774, 2 vol. *in-8°. v. éc.*

1114. Les Quatre Heures de la Toilette des Dames, poëme érotique, par de Favre. *Paris*, 1779, *in-8°. fig. v. éc.*

1115. Les Jardins, poëme, par l'Abbé Delille. *Paris*, 1782, *in-8°. fig. m. r.*

Poètes Dramatiques François, &c.

1116. Le Myftère de la Paffion de notre Seigneur

1115. les jardins. ch. atges. px*

No 1121. Frag. de Montchretien. B.

1127. quinault. B.

Jésus-Christ, par Personnaiges, avec les additions de Jean Michel. *Paris, Ph. le Noir*, 1532, *in-4°. v. m. goth.* Rare.

1117. Le Myftère de la Conception, Nativité, Mariage & Annonciation de la Benoifte Vierge Marie. *Paris, Alain Lotrian, in-4°. m. r. goth.* Rare. ... 36 3

1118. La Vengeance & Deftruction de Hierufalem, par Personnaiges. *Paris, Alain Lotrian*, 1539, *in-4°. m. r. goth.* ... 36 .... 1.

1119. La Guifiade, tragédie, par P. Matthieu. *Sur l'Imprimé à Lyon*, 1589, *in-8°. m. r.* ... 6 .... 16.

1120. Les Comédies Facécieufes de Pierre de l'Arivey. *Rouen*, 1601, *in-12, m. verd.* = Ignoramus, comœdia. *Londini*, 1630, *in-12, v. f.* 3 ....

1121. Les Tragédies d'Antoine de Montchreftien. *Rouen*, 1627, *in-8°. v. f.* 4 ....

1122. Œuvres de P. Corneille. *Paris*, 1758, 10 *vol. petit in-12, v. f.* 11 .... 5..

1123. Théâtre de P. Corneille, avec les Commentaires de Voltaire. 1764, 12 *vol. in-8°. fig. bafanne, écaille.* 41 .... 19..

1124. Théâtre choifi de P. Corneille. *Paris, Didot l'aîné*, 1783, 2 *vol. in-4°. m. bl. dent.* 19 .... 1.

1125. Œuvres de Molière. *Paris*, 1734, 6 *vol. in-4°. fig. v. m.* 22 .... 2..

1126. Œuvres de Molière, avec les Remarques de Bret. *Paris*, 1773, 6 *vol. in-8°. fig. m. r.* 71 .... 7....

1127. Le Théâtre de Quinault. *Paris*, 1739, 5 *vol. in-12, fig. v. f.* 12 12

1128. Œuvres de Racine. *Paris*, 1760, 3 *vol. in-4°. fig. veau fauve.* 16 4

1129. Œuvres de J. Racine. *Paris*, 1767, 3 *vol. in-12, fig. v. m.* 5 .... 12..

40ᵗᵉ.... 1130. Œuvres de J. Racine , pour l'éduc. du Dauphin. *Paris, Didot l'aîné,* 1784 , 3 *vol. in-*8°. *m. r. Papier Vélin.*

1 .... 1131. La Femme Docteur, ou la Théologie tombée en Quenouille, comédie. *Douai,* 1731. = Arlequin Janseniste , &c. , comédie. *Cracovie,* 1732, *in-*12 , *dem. rel.*

24 .... 1132. Œuvres Dramatiques de Nericault Destouches. *Paris , Imp. Roy.* 1757, 4 *vol. in-*4°. *v. j.*

24...-4 1133. Œuvres de Nivelle de la Chaussée. *Paris,* 1762 , 5 *vol. in-*12 , *m. r. Pap. d'Holl.*

℺ 5 .... 10 1134. Œuvres de Crébillon. *Paris , Imp. Royale,* 1750 , 2 *vol. in-*4°. *v. j.*

5 .---1.. 1135. Théâtre de Fagan , & autres Œuvres du même auteur. *Paris ,* 1760 , 4 *vol. in-*12 , *v.*

2 .... 1136. Regulus, Theagene & Pierre le Grand, tragédies , par Dorat. *Paris,* 1766 , *in-*8°. *fig. v. éc.*

6 ---4.. 1137. Théâtre de Cailhava. *Paris,* 1781, 2 *vol. in-*8°. *br.* = De l'Art de la Comédie , par le même. *Paris,* 1792 , 2 *vol. in-*8°. *br.*

10 ....10. 1138. Théâtre à l'usage des Jeunes Personnes , par Mᵐᵉ de Genlis. *Paris,* 1779 , 4 *vol. in-*8°. *v. m.*

2 .... 1139. Joachim ou le Triomphe de la Piété Filiale, & Poësies fugitives, par Blin de Sainmore. *Paris,* 1775 , *in-*8°. *v. éc.*

2 ....12. 1140. Choix de Chansons , à commencer de celles du Comte de Champagne , &c. 1757 , *in-*12 , *m. r. doub. de tabis.*

8 .... 3. 1141. Anthologie Françoise , ou Chansons choisies, par Monnet. 1765 , 4 *tom. rel. en* 2 *vol. in-*8°. *maroquin rouge.*

℺ 8 .... 4 1142. Les Chansons de Gaultier Garguille. *Londres,* 1758 , *in-*12 , *v. m.*

39 ...19 1143. Jardin deys Musos Provençales , per Cl. Brueys. *Aix,* 1628, 2 *vol. in-*18 , *m. cit.*

6 ... 1133 . Double . v. m.

1133. La Chaussée. D.

1142. M. caill.

N°1143. j'ai d'ài. B. c. marr. x

No 1145. Cambaceo. B.

No 1146. Sonetti. B.

No 1148. opere Burlesche. B.

No 1151. Petrarcha. B
No 1152. Petrarcha. B.
No 1153. Petrarcha. B.

1144. Las Obros de Pierre Goudelin. *Touloufe*,
1647, *in-4°. v. m.*

1145. L'Embarras de la Fieiro de Beaucaire, en vers
burlefques vulgaris, per Jean Michel de Nifmes.
Amfterdam, 1700, *in-8°. v. b.*

6ᵗ 1ˢ. 2

Poëtes Italiens, Allemands, & Anglois.

1146. Sonetti e Canzoni di diverfi antichi Autori
Tofcani. *In Firenze*, 1527, *in-12*, *v. éc.* - - - -   5 ....

1147. Capitoli del Sig. Pietro Aretino, di Lod.
Dolce, di Franc. Sanfovino & di altri. 1540,
in-8°. v. m. - - - - - - - - - -   3 .... 19 .

1148. Opere Burlefche di Franc. Berni, di Meffer
Giov. della Cafa, del Varchi, &c. *In Venetia*,
1564, 2 *vol. in-8°. v. m.* - - - - -   8 ....

1149. La Divine-Comédie de Dante, l'Enfer, en
italien, trad. en franç. par Moutonnet de Clair-
fons. *Paris*, 1776, *in-8°. v. m. Gr. Pap. d'Holl.*   7 .... 13 ...

1150. L'Enfer, poëme du Dante, trad. par de
Rivarol. *Paris*, 1785, 2 *vol. in-8°. v. f. Papier d'Hollande.* - - - - - - -   12 .... 19 .

1151. Il Petrarcha, corretto da Lod. Dolce. *In
Vinegia*, 1547, *in-12*, *m. bl. dent. l. r.* - -   7 .... 1 .

1152. Il Petrarcha con la fpofitione di M. Giov.
Andrea Gefualdo. *In Venetia*, 1553, *in-4°. v. b.*   4 .... 1 .

1153. Il Petrarca. *In Lione, Rouillius*, 1558, 2 *vol.
in-18*, *m. r.* - - - - - - - - - -   6 .... 17 .

1154. Il Petrarcha con l'efpofitione di M. Aleff.
Velutello. *In Venetia*, 1568, *in-4°. v. éc.* - -   5 .... 19 .

1155. Le Rime del Petrarca brevem. fpofte per Lod.
Caftelvetro. *In Bafilea*, 1582, *in-4°. m. r.* - -   11 .

1156. Il Petrarcha Spirituale. *In Venetia*, 1536,
in-4°. v. f. - - - - - - - - - -   2 .... 11 .

1157. Commento di H. Benivieni fopra a piu fue   30 .... 4 .

1149. Double per. pqr. . . . .   4 ....

1156. Double in 12. . . . .   3 .... 1 .

Canzone e Sonetti , &c. *In Firenze* , 1500 , *in-fol.*
v. f. Édition originale Très-Rare.

3ᵗᵉ —19ˢ. 1158. Gli Afolani di Meffer Pietro Bembo. *In Vi-*
negia , *nelle Cafe d'Aldo* , 1515 , *in-8°. v. éc.*

D 9 - - - 1159. Les Azolains de Bembo , de la nature d'A-
mour , trad. par J. Martin. *Paris* , *Vafcofan* ,
1547 , *in-8°. m. bl. l. r.*

8 - - - 8 - - 1160. La Humanita del figliuolo di Dio , in ottava
rima per Theophilo Folengo Mantoano. *In Ve-*
negia , 1533 , *in-4°. v. m.*

15 - - - 1161. Chaos del tri per uno , de Limerno Pitocco , (Theofilo Folengi) compofto. *In Vi-*
negia , 1546 , *in-8°. vél.*

3 - - - 5 1162. Orlandino per Limerno Pitocco da Mantoa
compofto , (Theofilo Folengi). *In Vinegia* ,
1550 , *in-8°. v. f.*

D 42 - - - 12. 1163. Orlando Furiofo di M. Lodovico Ariofto ,
adornato di figure da Girol. Porro. *In Venetia* ,
1584 , *in-4°. m. bl.*

D 20 - - - 1164. Roland Furieux , poëme de l'Ariofte , trad.
par Mirabaud. *La Haye* , 1741 , *4 vol. in-12* ,
v. f. Grand Papier.

5 - - - 4 - 1165. Sette libri di Satire di Lodovico Ariofto ,
H. Bentivogli , e d'altri Scrittori. *In Venetia* ,
1563 , *in-8°. v. f.*

8 - - - 1166. Opere Tofcane di Luigi Alamanni. *Venetiis* ,
1542 , *in-8°. v. f.*

10 - - - 1167. La Coltivazione di Luigi Alamanni , colle
annot. di Rub. Titi. *In Padoua* , *Comino* , 1718 ,
in-4°. vél.

6 - - - 19 1168. La Avarchide , del Signor Luigi Alamanni.
In Firenze , *Giunti* , 1570 , *in-4°. v. b.*

3 - - - 11 1169. Rime di Meffer Lodovico Domenichi. *In*
Vinegia , 1544 , *in-8°. v. f.*

1170.

No. 1159. a Lolains. R. M. caill.

1163. orlando.. M. caillard

1164. roland. M. caillard

1165. Satir. di aiapto. Cit. atges. itt
4. 1166. opern Tofcane. B.
No 1167. La coltivazione, B.

No 1169. Rime. B.

1170 . l'arcadie . en . caelad

No 1171 . le satire . B .

No 1173 . opera poetiche . B .

No 1176 . la medecine . B .

No 1179 . le jardin . B .

No 1181 . stanze . B .

1170. L'Arcadie de Sannazar, excellent poëte, trad. par Jean Martin. *Paris, Vafcofan, 1544, in-8°. m. bl. l. r.* — — — — — — — — — *10ᵗᵉ ... 𝒟*

1171. Le Satire alla Carlona di Meffer Andrea da Bergamo, (Pietro Nelli). *In Vinegia, 1546, 2 vol. in-8°. v. m.* — — — — — — *11 ... 19*

1172. Rime di M. Gio. Agoft. Cazza. *In Vinegia, Gabriel Giolito de Ferrari, 1546, in-8°. v. f.* — — *9 ...*

1173. Opere Poetiche di M. Lod. Martelli. *In Firenze, 1548, in-8°. vél.* — — — — *6 ... 19 ..*

1174. Le Rime di Agnolo Firenzuola. *In Fiorenza, 1549, in-8°. vél.* — — — — *9 ... 2 ..*

1175. Angelica Inamorata, di M. Vicentio Brufantino. *In Vineggia, Marcolini, 1553, in-4°. fig. v. b.* — — — — — — *10 ... 1 ..*

1176. Le Meretrice, opera originale. *In Cofmopoli, in-8°. v. porph.* en profe — — *3 ... 10 ..*

1177. La Alamanna di M. Antonio Oliviero. *In Venetia, 1567, in-4°. fig. cart.* — — *9 ... 2 ..*

1178. Stanze amorofe fopra gli Horti delle Donne, & in lode della Menta, &c. (compofte da Luigi Tanfillo). *In Venetia, 1574, in-12, fig. m. r.* C'eft, fous un autre titre, le même poëme que *Il Vendemiatore.* — — — — *12 ..*

1179. Le Jardin d'Amour, ou le Vendangeur, poëme, de L. Tanfillo, en italien, trad. par C. F. Mercier. *Paris, an VI, in-12, br.* = La Bucchereide del Dottor Lorenzo Bellini. *In Firenze, 1729, in-8°. br.* — — — — *5 ... 4 ..*

1180. Il Libro del Perche; la Paftorella del Marino, &c. *In-12, m. r.* — — — — *4 ...*

1181. Stanze di Meffer Agnolo Poliziano. *In Fiorenza, 1577, in-8°. m. r.* — — — — *3 ... 19 ..*

1182. De Rimedi contra l'Amore ridotti in ottava .. *1 ....*

G

— — *1 ... 6 ..*

rima, da Angelo Ingegneri. *In Avignone*, 1576, *in-4°. dem. rel.*

1183. La Gerufalemme liberata, di Torquato Taffo. *In Genova*, 1617, *in-fol. fig. v. f. l. r.* Exemplaire du comte d'Hoym.

1184. La Gerufalemme liberata, di Torquato Taffo. *In Londra*, 1724, 2 *vol. in-4°. fig. br.*

1185. La Gerufalemme liberata di Torquato Taffo, con le figure di Giambat. Piazzetta. *In Venezia*, 1745, *in-fol. fig. v. f.*

1186. La Gierufalemme liberata, di Torquato Taffo. *In Glafgua, Foulis*, 1763, 2 *vol. in-8°. fig. m. r.*

1187. La Hierufalem delivrée du Taffe, trad. en franç. *Paris*, 1671, 2 *vol. in-18, fig. v. b.* = Il Paftor Fido, di Batt. Guarini. *In Amfterdam*, 1654, *in-24, vél.*

1188. Jerufalem delivrée, poëme du Taffe, trad. par le Brun. *Paris, Mufier*, 1774, 2 *vol. in-8°. fig. v. éc.*

1189. Di Gerufalemme conquiftata, del Sig. Torquato Taffo. *In Parigi*, 1615, *in-12, v. f.*

1190. Aminta di Torquato Taffo. *Parigi, Prault*, 1745, *in-12, v. m.* = La Prefa e il Giuditio d'Amore, per Arch. Tuquaro. *Paris*, 1602, *in-12, v. m.*

1191. Aminta di Torquato Taffo. *Parma, Bodoni*, 1796, *gr. in-8°. br. en cart.*

1192. La Prefa e il Giudirio d'Amore, divifo in quattro libri compofto per Arch. Tuquaro. *Paris*, 1602, *in-12, m. cit.*

1193. Documenti d'Amore di M. Franc. Barberino. *In Roma*, 1640, *in-4°. fig. v. b.*

1194. Filli di Sciro, favola paftorale del conte Guidubaldo Bonarelli. 1607, *in-4°. fig. v. m.*

1195. La Philis de Sciro, du comte Bonarelli,

No 1192. La Prise. B.

1195. La Phili. C. atges. x

1199. Catido di Dolt i. C. at ges. X.

Nº 1205. Rhodiana. B.

en ital. & en françois. *Bruxelles*, 1707, 2 *vol. in-12, fig. m. r.*

1196. La Secchia rapita, poema del Taffoni, en ital. & en franç. *Paris*, 1678, 2 *vol. in-12*, *v. b.* 3 .... 1os

1197. Le Seau enlevé, poëme du Taffoni, en ital. & en franç. *Paris*, 1759, 3 *vol. in-12, m. r.* 4 ....

1198. Satire di Salvator Rofa. *In Amfterdam*, 1719, *in-12, v. f.* = Aminta di Torquato Taffo. *In Parigi*, 1745, *in-12*, *v. m.* 5 .... 12 ..

1199. Satire del Cavalier Dotti. *Ginevra*, 1757, 2 *vol. in-12, v. éc.* 5 .... 19 ..

1200. Bertoldo con Bertoldino, e Cacafenno, in ottava rima; poema da Giulio Cefare Crocce, e di Camillo Scaligero. *In Bologna*, 1736, *in-4°. fig. v. f.* 10 ....

1201. Ricciardetto di Niccolo Carteromaco. *In Parigi*, 1738, *in-4°. v. m.* 5 ..

1202. Parapilla, poëme, trad. de l'Italien. *Florenee*, 1776, *in-8°. v. f.* 2 ..

1203. Quattro Comedie del Sig. Pietro Aretino. 1588, *in-8°. m. verd.* 5 .... 18 ..

1204. Tutte le Opere del famofiffimo Ruzante. 1584, *in-12, m. bl.* 6 .... 2 .

1205. Rhodiana, comedia, & altre Opere del famofiffimo Ruzzante. *In Venetia*, 1565, *in-8°, v. m.* 2 .... 19 D

1206. Candelaio, comedia, del Bruno Nolano. *In Pariggi*, 1582, *in-12, m. bl.* 11 .... 19 .

1207. Il Paftor Fido, tragi-comedia paftorale, del Cavaliere Battifta Guarini. *In Venetia*, 1602, *in-4°. m. r. antiqué, fig. coloriées.* Ch. euag. 10 .... 18 .

1208. Il Paftor Fido del Cavalier Battifta Guarini. *In Leida, Elzevier*, 1659, *in-12, fig. m. r.* 2 ....

1209. Mort d'Abel de Geffner, trad. par Hubert. *Paris, Defer*, 1793, *in-4°. fig. en couleurs*, *v. r. dentelle.* 13 .... 15 .

G 2

1207. Double pet. pap. - - - 3 .... 19 ..

1210. Idylles de Salomon Geffner, en allemand. *Zurich, chez l'auteur, 1777, 2 vol. in-4°. fig. v. r.*

1211. Contes Moraux & nouvelles Idylles de D. . & Salomon Geffner. *Zurich, chez l'auteur, 1773, 2 vol. in-4°. fig. m. r.*

1212. Les Quatre parties du jour, poëme trad. de l'allem. de Zacharie. *Paris, 1769, in-8°. fig. v. m.*

1213. Selim & Selima, poëme imité de l'allemand, & autres pièces de poëfie. *Paris, 1769, gr. in-8°. fig. v. éc.*

1214. Les Alpes, poëme compofé fur un voyage aux Alpes, par Alb. de Haller. *Berne, 1795, in-4°. v. rac.*

1215. Théâtre Efpagnol, par Linguet. *Paris, 1770, 4 vol. in-12, v. m.*

1216. Idée de la Poëfie angloife, ou Traduction des meilleurs Poëtes anglois, &c. par Yart. *Paris, 1753, 8 vol. in-12, m. r.*

1217. Offian fils de Fingal : poëfies galliques trad. de Macpherfon par le Tourneur. *Paris, 1777, 2 vol. in-8°. v. éc.*

1218. Le Paradis Perdu, de Milton, trad. de l'angl. *Paris, 1778, 3 vol. in-12, v. m.*

1219. Hudibras, poëme de Butler, trad. en vers françois. *Londres, 1757, 3 vol. in-12, fig. v. j.*

1220. Effai fur l'homme, par Alexandre Pope, en angl. trad. en franç. par de Silhouette. *Laufanne, 1745, in-4°. fig. m. r. Gr. Pap.*

1221. Effai fur l'Homme, trad. de l'angl. de Pope. *Laufanne, 1762, in-4°. v. m.*

1222. Effai de Traduction littérale & énergique (de l'Effai fur l'Homme, de Pope), par le Marquis de Saint-Simon. *Harlem, 1771, in-8°. v. m. Gr. Pap. d'Hollande.*

1223. Les Saifons, poëme, trad. de Thomfon. *Paris, Didot jeune, 1796, in-8°. br. Pap. Vél.*

1219. Double

1220. pope, ang. et franc. ao[tt]
No 1221. essai par Thomau. B.

1227. Elegiac sonnets. B.

1231. opuscula mythologica. cit. Deter. a o +
1232. apollodorus. C. Deter. ae +
1233. antoninus liberalis. C. Deter. X.

1234. Traité des Dieux. B.

1224. Episodes des Saisons de Thomson, Fables de Gay, l'Hermite de Parnell, &c. en anglois & en franç. *Paris, l'an 7, 1 vol. in-8°. br. Pap. Vélin.*   4 10

1225. Les Nuits d'Young, trad. de l'angl. par le Tourneur. *Paris, 1769, 4 vol. in-8°. fig. v. éc.*   13 19

1226. Poësies de Gray, traduites en françois. *Paris, an VI, in-8°. br. Pap. Vélin.*   3 3

1227. Elegiac Sonnets, and other Poems, by Charlotte Smith. *London, 1797, 2 vol. in-12, fig. br. en cart. Pap. Vélin.*   12 10

1228. Divers Poëmes imités de l'anglois. *Paris, Didot l'aîné, 1785, in-18, m. r.*   8 ....

1229. Le Théâtre Anglois, par la Place. *Londres, 1746, 8 vol. in-12, v. m.*   8 19

1230. Shakespeare, trad. de l'anglois, par le Tourneur. *Paris, 1776, 20 vol. in-8°. v. b.*   56 3

Mythologie, Fables & Apologues.

1231. Opuscula Mythologica, Physica & Ethica, gr. & lat. *Amstelodami, 1688, in-8°. v. m.*   9 19

1232. Apollodori Athen. Bibliotheces, sive de Deorum origine, gr. & lat. stud. Benedict. Ægii Spoletini. *Romæ, 1555, in-8°. v. f.*   19 ....

1233. Antonii Liberalis Transformationum Congeries, gr. & lat. edente Verheyk. *Lugd. Bat. 1774, in-8°. v. f.*   7 10

1234. Traité des Dieux & du Monde, par Salluste le philosophe, en grec & en franç. *Berlin, 1748, in-12, v. m.*   7 2

1235. Porphyrius de Antro Nympharum, gr. & lat. stud. R. M. Van Goens. *Traj. ad Rhen. 1765.* == Idem de Abstinentiâ ab esu Animalium, gr. & lat. stud. Jac. de Rhoer. *Traj. ad Rhen. 1767, in-4°. v. f.*   17 ....

1224. Double   2 11

8ᵗ — 16ᶜ

1236. Mythographi latini, cum notis variorum. *Amstel.* 1681 , *in*-8°. *v. b.*

25 — 19

1237. Auctores Mythographi latini, cum notis variorum, curante Aug. Van Staveren. *Lugd. Bat.* 1742 , *in*-4°. *v. f. Ch. Mag.*

10 — 4

1238. Mythologie ou Explication des Fables, extraite du latin de Noël le Comte. *Lyon*, 1600, 2 *vol. in*-4°. *v. f.*

12 — 9

1239. Pantheum Mythicum, seu fabulosa Deorum Historia, auct. Fr. Pomey. *Ultrajecti*, 1697, *in*-12, *fig. v. f.*

19 — 19

1240. La Mythologie & les Fables expliquées par l'Histoire, par Banier. *Paris*, 1738 , 3 *volumes in*-4°. *v. b.*

11 —

1241. Lud. Smids Pictura loquens , sive Heroicarum Tabularum H. Schoonebeeck Explicatio. *Amstelodami*, 1695, *in*-8°. *v. f. Ch. Mag.*

8 —

1242. Jo. Christ. Struchtmeyeri de Origine Tartari & Elysei, libri V. *Hagæ Comit.* 1753, *in*-8°. *bas.*

6 —

1243. Deux Livres de Philosophie Fabuleuse, extraits de M. Ange Firenzuola, & de Sandebar phil. Indien, par P. de la Rivey. *Lyon*, 1579, *in*-18 , *v. f.*

3 — 3

1244. La Philosophie Fabuleuse , par P. de la Rivey. *Rouen*, 1620, 2 *vol. in*-12, *v. f.*

36 —

1245. Fabularum Æsopicarum Delectus, gr. & lat. *Oxoniæ* , e *Th. Sheldon.* 1698 , *in*-8°. *rel. en peau de truie, Ch. Mag.*

4 — 10

1246. Apologues & Contes Orientaux , par Blanchet. *Paris*, 1784, *in*-8°. *v. m.*

POÉSIE PROSAIQUE.

Facéties, Plaisanteries, Histoires comiques, récréatives , &c.

13 —

1247. L. Apuleii Metamorphoseos libri XI , cum *notis*

8 — 1 — 1241. *Double p. pag. du R.*

1239. pantheum. B. h[tt]

1241. Dictura loquens. B.

1242. de origine Tartari. B.

1243. Philosophia fabulosa. B.

1244. Philosophia fabulosa. B.
1245. fabularum. lib. ~~XXX~~ ~~XXX~~ —— ~~B~~. lib. Cai

1246. apologus. en. Dupi. i[tt]

1247. apologus. lib. libes. am[tt]

1249. l'âne d'or. C. et opt. X

1251. jocorum. B.

1252. Nic. frischlinus. M. va.
1253. Poggius. M. caillard
1254. vuty du Poggu. C. atger. p.tt

1257. Acufonis facet'œ. B.
1258 frischlini facet'œ. & M. caillard
N° 1259. facet'œ facetiarum. XX. XXX. M. caill.
1260. nugœ venalep. M. va.
N°. 1261. Docto nugœ. M. aud.

not. Joan. Pricæi. *Goudæ*, 1650 , 2 *vol. in*-8°.
veau marbré.

1248. L'Ane d'Or d'Apulée, trad. en françois.
Paris, 1648, *in*-8°. *fig. v. f.* - - - - - - - 4 .... 6..

1249. L'Ane d'Or d'Apulée, trad. en françois.
Paris, 1707, 2 *vol. in*-12, *fig. v. f.* - - - - 6 .— 10..

1250. L'Amour de Cupido & de Pfiché , mère de
volupté , trad. d'Apuleius , & expofée en vers
françois, avec les figures de L. Galter. *In*-8°.
m. r. dent. doub. de tab. - - - - - - - - 22 ....

1251. Jocorum atque feriorum libri duo, auĉt.
Othone Melandro. *Smalcoldiæ*, 1611 , *in*-8°. *vél.* 12 .... 10..

1252. Nicod. Frifchlini , Henr. Bebelii & Poggii
Facetiæ feleĉtiores. *Amft.* 1660 , *in*-12, *vél.* - - - 2 .— 1....

1253. Poggii Florent. Facetiarum Libellus. *Londini*, 1798, 2 *vol. in*-18, *br.* - - - - - - 2 2

1254. Les Contes de Pogge, Florentin. *Amfterdam*,
1712, *in*-12, *v. f.* - - - - - - - - 9 ....

1255. Bebeliana Opufcula nova & florulenta, nec
non & adolefcentiæ laboris librique Facetiarum. *Parifiis*, 1516 , *in*-4°. *m. viol.* - - - - 13..

1256. H. Bebelii Facetiæ. *Tubingæ*, 1550, *in*-12,
v. m. = Le Printemps d'Yver, par Jacq. Yver.
Niort, 1598 , *in*-18, *v. m.* - - - - - - - 5 ....10..

1257. L. Domitii Brufonii Facetiarum Exemplo-
rumque libri VII. *Romæ*, 1518 , *in-fol. m. r.* 40 .... 10..

1258. Nic. Frifchlini Facetiæ feleĉtiores. *Argentorati*, 1600 , *in*-8°. *dem. rel.* = M. Delio de
Arte jocandi. *Amftel.* 1737 , *in*-12, *v. f.* - - - 6 .... D

1259. Facetiæ Facetiarum. *Francofurti*, 1715 ,
in-12, *v. m.* - - - - - - - - - 6 .... D

1260. Nugæ Venales, five Thefaurus ridendi &
jocandi. 1644, *in*-12 , *m. viol.* - - - - - 8 .... D

1261. Doĉtæ Nugæ. *Halæ Magdeburgicæ*, 1719, - 9 .... 12.

G 4

1251. Double dit. d—1603. - - 4 ....15.

1256. Double - - - - - - - 5 ...

1254. dit.° in 12. - - - - 1 ....

*in-*12 , *dem. rel.* = Nugæ Venales, &c. *Londini ,*
1741 , *in-*12 , *v. m.*

6" - - - - -

1262. Gaudentii jocofi Nugæ doctæ & inauditæ,
graviffimis patribus melancholicorum confcriptis
dicata. *Solisbaci ,* 1725 , *in-*12 , *dem. rel.*

3 - - - - 10 "

1263. Democritus ridens, five Campus Recreatio-
num honeftarum. *Amftelodami ,* 1655 , *in-*12 ,
maroquin bleu.

6 - - - - -

1264. Proceffus Juris Joco-ferius. *Hanoviæ ,* 1611 ,
*in-*8°. *v. f.*

5 - - - 19 "

1265. Regnum & Regia Plutonis, five de Inferni
& Inferorum laudibus Differtatio feftiva , auct.
Vinc. Muffa. *Francofurti ,* 1646 , *in-*12 , *vél.*

3 - - - -

1266. Éloge de l'Enfer, ouvrage critique, hift. &
moral. *La Haye ,* 1759 , 2 *vol. in-*12 , *fig. v. m.*

8 - - - 19 "

1267. Hiftoire du Diable , trad. de l'anglois. *Amft.*
1729 , 2 *vol. in-*12 , *v. m.*

4 - - - 19 "

1268. Almanach du Diable, contenant des pré-
dictions très-curieufes. *Aux Enfers , in-*12 , *m. r.*
dent. = Les Dons de l'Amour & de l'Amitié,
almanach, avec figures. *In-*18 , *m. r.*

3 - - - 10 -

1269. Oratio pro Crepitu Ventris, ab Em. Martino.
Cofmopoli , 1768 , *in* 24 , *m. cit.* = Laus Afini,
cum aliis feftivis Opufculis. *Lugd. Bat. ex offic.*
Elzev. 1629 , *in-*24 , *vél.*

4 - - - 10 - -

1270. Cafp. Barthii Erotodidafcalus , five Nemo-
ralium libri V. *Hanoviæ ,* 1625 , *in-*8°. *v. m.*

17 - - - - -

1271. Pornobofcodidafcalus , de Lenonum, Le-
narum , Conciliatricum Dolis , &c. *Francofurti ,*
1624 , *in-*8°. *m. r.*

9 - - - 10 -

1272. Pornodidafcalus feu Colloquium muliebre
Petri Aretini, trad. a Cafp. Barthio. *Cygneæ ,*
1660 , *in-*8°. *m. r.*

7 - - - -

1273. Bacchi & Veneris Facetiæ , ubi agitur de
generibus ebrioforum ; de Meretricum in fuos

1 - - - 19 " 1265. Double

1262. gauderii ungeli. B.

1265 requiem. B.

1269. oratio pro depitu. M. va.

1271. paruobaf w didaf colup. B. hau ✗

1273. Baechi fautia. B.

1276. grandes annales. B.

Amatores, & Concubinarum in Sacerdotes Fide.
1617, *in*-12, *m. r.*

1274. Balth. Bonifacii Hiftoria Ludicra. *Venetiis*,
1652, *in*-4°. *v. m.* — — — — — — — 2 — 12

1275. Tractatus varii de Pulicibus. *Utopiæ*, *in*-12,
fig. v. f. — — — — — — — — 6

1276. Grands Annales ou Chroniques très-véri-
tables des Gestes merveilleux du grand Gargantua & Pantagruel fon fils, par Maître Franç. Rabelais. 1541, *in*-12, *v. f. goth.* — — — 2

1277. La plaifante & joyeufe Hiftoire du grand
géant Gargantua, (par Maître Franç. Rabelais).
Valence, 1547, *in*-18, *fig. vél.* — — — 4 — 19

1278. Le Tiers & le Quart Livre des Faits & Dits
héroïques du bon Pantagruel, par Maître Franç.
Rabelais. *Paris*, 1552, *in*-8°. *m. cit. l. r.* — — 15
Exemplaire du comte d'Hoym.

1279. Le nouveau Panurge, avec fa Navigation en
l'Ifle Imaginaire. *La Rochelle*, *in*-12, *v. b.* = Les
Comptes du Monde Adventureux. *Paris*, 1555,
in-8°. *parch.* — — — — — — — 5 — 19

1280. Songes drolatiques de Pantagruel, de l'inven-
tion de Maître Franç. Rabelais. *Paris*, 1797, *in*-4°.
fig. br. — — — — — — — — 2

1281. Procès & amples Examinations fur la Vie de
Carême-Prenant. *Paris*, 1605. = Traité de mariage entre Jul. Peoger & Jacq. Popinet. *Lyon*,
1611. = La Copie d'un Bail & Ferme faite par
une jeune Dame de &c. pour fix ans. *Paris*,
1609. = La Raifon pourquoi les Femmes ne
portent barbe au menton, &c. *Paris*, 1601. =
La Source du gros Feffier des Nourrices, &c. avec
la Complainte de M^r le Cul contre les inventeurs
des vertugalles. = Sermon joyeux d'un Dépucel-
leur de Nourrices. = La Source & Origine des 39 — 1

1275. Double. *v. m.* — — — — — — — 3

&c. fauvages, & la maniere de les apprivoifer ;
plus la cruelle Bataille de Meffer Bidaut Cul-
bute, &c. *In*-8°. *v. f.* Edition renouvellée.

3 — 16

1282. Les Bigarrures & Touches du Seigneur des
Accords. *Paris*, 1662, *in*-12, *fig. v. porph.*

7 — 19

1283. Le Moyen de parvenir, par Beroalde de Verville. 2 *vol. in*-12, *m. viol.*

D 10 — 19

1284. Le Facétieux Réveil-matin des efprits mélancholiques. *Leide*, 1644, *in*-12, *m. r.*

D 11 — 19

1285. Recueil général des Œuvres & Fantaifies de
Tabarin. *Rouen*, 1627, *in*-12, *m. cit.*

8 — 17

1286. L'Ordre de chevalerie des Cocus réformés,
nouvellement établis à Paris. 1624. = Le Pafquil
du rencontre des Cocus, à Fontainebleau. =
Avertiffement falutaire aux Confrères perfécutés
par leurs deshonnêtes, indifcretes & malavifées
femmes, &c. *A Souffrance, par Jean Cornard.* =
L'Enfer de Cupido, par des Coles. *Lyon*, 1555,
in-8°. *v. b.*

12 — 1

1287. Formulaire fort recréatif de tous contrats,
donations, &c. paffés par devant notaires, fait
par Bredin le Cocu. *Lyon*, 1627, *in*-18, *m. r.*

3 — 12

1288. Les Privileges du Cocuage. 1722, *in*-12, *v.
m.* = Vénus Phyfique. 1745, *in*-12, *v. f.*

5

1289. Hiftoire des Cocus. *La Haye*, 1746, *in*-12,
mar. rouge.

8 — 19

1290. Almanach des Cocus. *Conftantinople*, 1741.
= Almanach Noĉturne à l'ufage du grand monde.
1741, *in*-12, *v. m.*

5

1291. Hiftoire du Prince Aprius. *Conftantinople*,
in-12, *v. f.* = Rome amoureufe, ou la Doĉtrine
des Courtifannes romaines. *Amfterdam*, 1690,
in-12, *m. r.*

6

1292. Cleon, ou Apologie d'une partie de l'Hiftoire Naturelle. *Amfterdam*, 1750, *in*-12, *v. f.*

1 — 1 . 1291. Double. v. f.

1284. M. caill.
1285. M. caill.

1294. catarata. M. fuchs

1300. opera del artino. B.

1304. la cazzaria. B.

1306. mondi celesti. B.

1293. Le Rafibus, ou le Procès fait à la Barbe des Capucins. *Cologne*, 1680, *in*-12, *v. f.* ~ ~ ~ ~ ~   4 ....

1294. Les Étrennes de la Saint-Jean. *Troyes*, 1742, *in*-12, *v. f. Gr. Pap.* ~ ~ ~ ~ ~ ~ ~ ~ ~   2 .... 19 ⁿ D

1295. Les Manteaux, par M. de Caylus. *La Haye*, 1746, *in*-12, *v. m.*   2 .... 19 ..

1296. Mémoires de l'Académie des Colporteurs. 1748, 2 *vol. in*-12, *v. m.*

1297. Mémoires de l'Académie des Sciences de Troyes, par Grofley. *Paris*, 1756, *in*-12, *v. f.* -   1 .... 6 ..

1298. Cataractes de l'Imagination, Déluge de la Scribomanie, Vomiffement Littéraire, Hémorrhagie Encyclopédique, Monftre des Monftres, par Epimenide l'Infpiré. *Paris*, 1779, 4 *vol. in*-12, *v. m.* ~ ~ ~ ~ ~ ~ ~ ~ ~   12 .... 19 D

1299. Novelle Facetie, Motti e Burle di diverfi Autori. *In Venetia*, 1590, *in*-8°. *v. f.* ~ ~ ~ ~   4 .... 2 ..

1300. Opera nova del Pietro Aretino : la qual fcuopre le aftucie, fcelerita, fraude, &c. delle Cortegiane. *In Napoli*, 1534, *in*-8°. *m. bl.* ~ ~ ~   7 ....

1301. Raggionamenti di P. Aretino. 1584, *in*-8°. *v. f.* ~   9 ..

1302. La terza & ultima Parte de Raggionamenti di P. Aretino. 1589, *in*-8°. *v. éc.* ~ ~ ~ ~ ~   4 1

1303. Capricciofi et piacevoli Ragionamenti di M. Pietro Aretino. *Stampato in Cofmopoli* (*Elzevier*), 1660, *in*-8°. *v. f.* — ~ ~ ~ ~ ~ ~ ~   15 .... 10 ..

1304. La Cazzaria de lo Arficcio intronato. (Anton. Vignale de Buonagiunta, da Siena.) *Senza luogo, anno, &c. in*-8°. *m. r. dent.* ~ ~ ~ ~ ~   88 ....

La totalité de ce volume, qui eft de la plus grande Rareté, eft de 91 pages.

1305. L'Alcibiade Fanciullo a fcola. *In*-8°. *m. bl.* Manufcrit fur papier, bien écrit. ~ ~ ~ ~ ~ ~   7 .... 13 ..

1306. Mondi Celefti, Terreftri & Infernali da M. Ant. Franc. Doni. *In Vicenza*, 1597, *in*-8°. *v. f.* ~   4 .... 15 D

8ͭ ····· 19 ꞷ 1307. Les Mondes Célestes , Terrestres & Infer-
naux , l'Enfer des Ecoliers , des mal Mariés , des
Put.... & Ruffians , &c. *Lyon*, 1578, *in-8°. v. m.*

9 ~ ····· 1308. Il Putanismo Romano overo Conclave gene-
rale delle Puttane della Corte. 1668, *in-12 , v. b.*

6 ···· 16·· 1309. Le Put... de Rome , ou le Conclave général
des P...... de cette ville. *Cologne , in-12 , v. f.*

5 ···· 19· 1310. Retorica delle Monache. 1672, *in-12 , v. m.*

5 · ~~~ 1311. Consigli de gli Animali , cioe , Ragionamenti civili di Agnolo Firenzuola. *In Venetia ,*
1622, *in-8°. m. cit.*

Contes & Nouvelles.

37 · ~~~ ꞁ 1312. Contes de Jean Bocace , avec les Contes &
Nouvelles de Marguerite de Valois, Reine de Navarre. *Londres* , 1779, 10 *vol. in-8°. fig. v. f.*

Ꝺ 5 ···· 1·· 1313. Le Piacevoli Notti di Giov. Franc. Strapa-
rola. *In Venetia* , 1563 , *in-8°. m. r.*

9 · ~~~ 1314.Les Facécieuses Nuicts du Seigneur Straparole.
1726, 2 *vol. in-12 , v. b.*

6 ·~~-1· 1315. Hecatommithi , overo Cento Novelle di M.
Giovan. Battista Giraldi Cinthio. *In Venetia,* 1580,
in-4°. parch.

7 ···-1· 1316. Les Cent Nouvelles Nouvelles. *Cologne* ,
1701 , 2 *vol. in-8°. fig. v. br.*

5 ····-10·· 1317. L'Heptaméron , ou Histoire des Amans for-
tunés , de Marguerite de Valois, reine de Navarre, remis en ordre par Cl. Gruget. *Sur l'imprimé à Paris* , 1698, 2 *vol. in-12 , vél. dent.*

14 ···· 19· 1318. Contes & Nouvelles de Marguerite de Valois.
Amst. 1698 , 2 *vol. in-8°. fig. v. f.*

4 ·~~ 1319. Les Contes & Discours d'Eutrapel , par de
la Hérissaye. *Rennes* , 1586 , *in-18 , m. r.*

11 ···· 19· 1320. Les Contes & Discours d'Eutrapel , par Noël

2 ····4· 1320. Double le Tome 3.

1307. lef memoir y. B.

1308. il putanismo. c. Mavr. h #

1311. Carfigli. B.

1312. Bocace. c. Merd.

1313. D'aurol' netti'. ✗ ch. caill. .

1315. Hecatommithi'. B.

1318. contes nouv. c. atger. n a ao #

1330. Longer. B.

du Fail, S^r. de la Hériffaye. 1732, 3 *vol. in-12*, *veau marbré.*

1321. Recueil des Œuvres de Bonaventure des Periers. *Lyon*, 1544, *in-8°. v. br.* ~ ~ ~ ~   3 .... 1..

1322. Les Contes & Joyeux Devis de Bonaventure des Perriers. *Amft.* 1735, 3 *vol. in-12*, *m. citron, dentelle.* ~ ~ ~ ~ ~ ~ ~   19 .... 2..

1323. Les Contes & Difcours bigarrés du S^r. de Cholieres. *Paris*, 1610, *in-12*, *m. r.* ~ ~ ~ ~   8 ....

1324. Contes de Guil. Vadé, par Voltaire. 1764, 3 *vol. in-8°. v. éc.* ~ ~ ~ ~ ~ ~ .   4 ....

1325. Contes Moraux, par Marmontel. *Paris*, 1765, 3 *vol. in-8°. fig. v. f.* ~ ~ ~ ~ ~ .   18 ....

1326. Contes Moraux, & Bélifaire, par Marmontel. *Paris*, 1775, 4 *vol. in-12*, *fig. v. éc.* -   11 ... 12..

1327. Nouveaux Contes à rire. *Amft.* 1699, *in-12*, *fig. veau brun.* ~ ~ ~ ~ ~ ~ .   9 .... 4.

Romans Grecs, Latins, François; de Chevalerie, &c.

1328. Du Vrai & Parfait Amour, trad. du grec d'Athenagoras. *Paris*, 1612, *in-12*, *m. v.* ~ ~   5 19

1329. Longi Paftoralium de Daphnide & Chloe, libri IV, gr. & lat. curâ Pet. Moll. *Franekeræ*, 1660, *in-4°. m. r.* ~ ~ ~ ~ ~ .   4 .... 1.

1330. Longi Paftoralium de Daphnide & Chloe, libri IV, gr. & lat. ex recenf. B. Got. Laur. Boden. *Lipfiæ*, 1777, *in-8°. m. r. Ch. Mag.* ~ ~ ~ .   27..

1331. Daphnis & Chloé, trad. du grec, par Marcaffus. *Paris*, 1626, *in-8°. v. f.* ~ ~ ~ .   2 .... 8..

1332. Les Amours paftorales de Daphnis & Chloé, (trad. de Longus, par Jacq. Amyot). 1718, *in-8°. m. r. dent. l. r. figures du Régent.* Superbe Exemplaire de l'Édition originale. ~ ~ ~ .   67 ....

1333. Les Amours paftorales de Daphnis & Chloé. 1745, *in-8°. fig. m. r.* ~ ~ ~ ~ . . .   6 .... 7..

1333. Double. v. éc. . . . .   5 ....

6^{tt} ----

1334. Les Amours paſtorales de Daphnis & Chloé, par Longus & trad. par Amyot. *Paris*, 1757, *in-4°. fig. v. éc.*

𝒟 11 ----

1335. Heliodori Æthiopicorum libri X, gr. & lat. ſtud. Jo. Bourdelotii. *Lutetiæ Pariſior.* 1619, *in-8°. vélin.*

5 .... 5..

1336. Amours de Théagènes & Chariclée. *Londres*, 1743, 2 vol. in-8°. fig. v. f.

𝒟 8 ---- 19..

1337. Xenophontis Epheſii de Anthia & Habro-come Epheſiacorum, lib. V, gr. & lat. *Vindobonæ*, 1796, *in-4°. v.*

24 ---- 10.

1338. Achillis Tatii de Clitophontis & Leucippes Amoribus, libri VIII, gr. & lat. ſtud. B. Got. Laur. Boden. *Lipſiæ*, 1776, *in-8°. m. r. Ch. Mag.*

10 ---- 12..

1339. Theodori Prodromi Rhodanthes & Doſiclis Amorum, libri IX, gr. & lat. interprete Gilb. Gaulmino. *Pariſiis*, 1625, *in-8°. v. f.*

10 ----

1340. Euſtathii de Iſmeniæ & Iſmenes Amoribus, libri XI, gr. & lat. ſtud. Gilb. Gaulmini. *Lut. Pariſ.* 1618, *in-8°. v. b.*

5 ---- 1..

1341. Les Amours d'Iſmene & d'Iſmenias. *La Haye*, 1743, *in-8°. fig. v. f.*

27 ---- 12..

1342. Charitonis Aphrodiſienſis de Chærea & Callirrhoe Narrationum amatoriarum, libri VIII, gr. & lat. edente Jac. Ph. d'Orville. *Amſtelodami*, 1750, 2 vol. in-4°. v. f.

𝒟 26 ----

1343. Franciſci Florii Florentini de Amore Camilli & Emiliæ Aretinorum liber. *Turonis editus anno milleſimo quadringenteſimo ſexageſimo ſeptimo.* ⹀ Æneæ Silvii Libellus de duobus Amantibus Eurialo & Lucretia. *Editio vetus. In-4°. m. r.* Rarus.

Voyez la Bibliographie inſtructive, N°. 3734.

7 ---- 1..

1344. Nouvelle Bibliothèque de Ville & de Campagne. *Genève*, 1788, 8 vol. in-12, br.

3 --- 19. 1335. Double. 1596. in 8°.

1335. Heliodorus. C. Detex 2ᵗʰ ch. Caill.

1337. Xenophon. B.

1338. Achilles Tatius. B. D. amᵗᵃ aiᵗʰ.
1339. Theodorus Nadvaury. C. Detex. aoᵗʰ

1349. by intrigues. B.

1351. Telemaque 1725. C. Diler. ae[th] *

1345. L'Abbaye de Grafville, trad. de l'angl. *Paris*, 1798, 3 *vol. in-12*, *fig. br.* == Les Châteaux d'Athlin & de Dunbayne, trad. de l'angl. *Paris*, 1797, 2 *vol. in-18*, *fig. br.* - - - - - 2 - - - 1

1346. Alcibiade Enfant, jeune Homme, &c. *Paris*, 1789, 4 *vol. in-8°. br.* - - - - - - - 4 - - - 17

1347. L'Amour en fureur ou les excès de la jaloufie italienne. *Cologne*, 1715. == Intrigues monaftiques ou l'Amour encapuchonné. *La Haye*, 1739, *in-12*, *fig. v. f.* - - - - - 5 - - - 11

1348. Les Amours d'Anne d'Autriche, Époufe de Louis XIII. *Cologne*, 1693, *in-12*, *m. r.* - - - 7 - - - 10

1349. Les Amours, intrigues & Caballes des domeftiques des grandes maifons de ce temps. *Paris*, 1633, *in-8°. m. bl.* - - - - - 7 - - - 4

1350. Les Aventures de d'Affoucy. *Paris*, 1678, 2 *tom. rel. en un vol. in-12*, *v. m.* - - - - 1 - - - 10

1351. Les Aventures de Télémaque, par M. de Fénélon, avec des remarques. *Rotterdam*, *Hofhout*, 1725, *in-12*, *fig. m. r.* *relf marié* - - 6 - - - 10

1352. Les Aventures de Télémaque, par Fénélon. *Paris*, 1730, 2 *tom. en un vol. in-4°. fig. v. éc.* - 6 - - - 6

1353. Les Aventures de Télémaque, par Fénélon, pour l'éducation du Dauphin. *Paris*, *Didot l'aîné*, 1783, 4 *vol. in-18*, *m. r. Pap. Vél.* - - - 23 - - - 11

1354. Les Aventures de Télémaque, par Fénélon, pour l'éduc. du Dauphin. *Paris*, *Didot l'aîné*, 1784, 2 *vol. in-8°. m. r. dent. Pap. Vél.* - - - 25 - - - 13

1355. Les Aventures de Télémaque, par Fénélon. *Paris*, *Didot jeune*, 1785, 2 *vol. in-4°. br. Papier Vélin.* - - - - - - - 27 - - - 2

1356. Bélifaire, par Marmontel. *Paris*, 1767, *in-8°. fig. v. f.* - - - - - - 12 - - - 10

1357. Céleftine, ou les Époux fans l'être. *Hambourg*, 1798, 4 *vol. in-12*, *fig. br.* == Candide, - 6 - - - 19

6 - - 10

1347. Double - - - - - - -

ou l'Optimisme, par Voltaire. *Berlin*, 1778, *in-12, fig. br.*

7.....2 1358. La Chaumière Indienne, par H. Bernardin, de Saint Pierre. *Paris, 1791, in-18, br.* == Paul & Virginie, par le même. *Paris, 1789, in-18, fig. br. Pap. Vél.*

6.....4 1359. Les Confeſſions du Comte de ***, par Duclos. *Paris, 1783, in-8°. fig. v. f.*

9..... 1360. Les Contemporaines, ou aventures des plus *important* jolies femmes de l'âge préſent, par Retif de la Bretonne. *Paris, 1781, 36 vol. in-12, br.*

5..... 1361. L'École des Maris jaloux, ou les Fureurs de l'Amour jaloux. *Neuchâtel, 1698, in-12, v. f.*

On a joint à cet Exemplaire la figure du Cadenat ou Ceinture de chaſteté.

2..... 1362. Edmond de la Forêt, trad. de l'anglois. *Paris, an VII, 4 vol. in-12, br.*

3.....11. 1363. Les Enfants de l'Abbaye, trad. de l'angl. de Mme Roche. *Paris, 1797, 6 vol. in-12, br.*

2.....11. 1364. Eſtelle, roman paſtoral, par Florian. *Paris, 1788, in-8°. br. Pap. Vél.*

2.....1. 1365. La France galante, ou Hiſtoires amoureuſes de la Cour. *Cologne, 2 vol. in-12, fig. v. f.*

2.....19 1366. Galanteries des Rois de France. *Suivant la copie de Paris, 1738, 2 vol. in-12, fig. v. b.*

6.....4. 1367. Galatée, Roman paſtoral imité de Cervantes, par Florian. *Paris, Didot aîné, 1784, in-8°. m. r. Papier Vélin.*

2.....19. 1368. Le Grand Alcandre Fruſtré, ou les derniers efforts de l'Amour & de la Vertu. *Montauban, 1719.* == Le Paſſe-partout Galant. *Conſtantinople, 1710, in-12, v. f.*

D 14.....19 1369. Hiſtoire de Gil Blas de Santillane, par le Sage. *Paris, l'an III, 4 vol. in-8°. fig. br.*

1370.

1.....10.. 1366. *Double. mouillé*

1.....10.. 1366. *Triple.*

1361. l'école de may. B.

1370. manon descaut. le c. caill. ai##

1372. Laïs et Laurie. B.

1373. intrigues galantes. B.

1375. La force. le c. caill. mh## a mb##

1377. jacques. C. atgr. ## i.##

1370. Histoire de Manon Lescaut & du chevalier des Grieux, par l'abbé Prévost. *Paris, Didot, l'aîné,* 1797, 2 vol. *in-12, br. en cart. Pap. Vél. figures avant la lettre.* ‒ ‒ ‒ ‒ ‒ ‒ 17^{t}....

1371. Histoire des Amours d'Henry IV. *Leidé,* 1663, *in-12, m. r.* ‒ ‒ ‒ ‒ ‒ ‒ 3.... 2...

1372. Histoire des Amours feintes & dissimulées de Lais & Lamia, par P. Aretin. *Lyon,* 1599, *in-12, m. r.* ‒ ‒ ‒ ‒ ‒ ‒ 4....11.

1373. Histoire des intrigues galantes de la Reine Christine de Suède, à Rome. *Amsterdam,* 1697, *in-12, v. b.* == Les Amours de Mme d'Elbeuf. *Amsterdam,* 1739, *in-12, v. b.* ‒ ‒ ‒ ‒ 3....4..

1374. Histoire & Aventures de Mylord Pet, conte. *La Haye,* 1755, *in-12, v. f.* ‒ ‒ ‒ ‒ 3....10.

1375. Histoire secrète de Bourgogne, & Histoire de Marguerite de Valois Reine de Navarre, par Melle de la Force. *Paris, Didot l'aîné,* 1782, 9 vol. *in-12, br. Papier d'Annonay.* ‒ ‒ 18.... 2

1376. Les Incas ou la Destruction de l'Empire du Perou, par Marmontel. *Paris,* 1777, 2 vol. *in-8°. fig. v. f.* ‒ ‒ ‒ ‒ ‒ ‒ 12....

1377. Jacques le Fataliste & son Maître, par Diderot. *Paris, l'an V,* 2 vol. *in-8°. br.* == Essai sur la Peinture, par le même. *Paris, l'an IV, in-8°. br.* ‒ ‒ ‒ ‒ ‒ ‒ 4....10..

1378. Les Jésuites de la Maison Professe de Paris en belle humeur. *Lyon,* 1696, *in-12, v. b.* == Le Cabinet Jésuitique. *Cologne,* 1682, *in-12, v. b.* ‒ 5....10..

1379. Julia ou les Souterrains du château de Mazzini, par Anne Radcliffe. *Paris,* 1797, 2 vol. *in-12, fig. br.* == Maria, ou le malheur d'être Femme, par M. W. Godwin. *Paris,* 1798, *in-12, fig. br.* ‒ ‒ ‒ ‒ ‒ 2....19..

1380. Lettres Angloises ou Histoire de Miss Clarisse 7....18..

H

Harlove, trad. de l'angl. de Richardson. *Paris*, 1774, 7 *vol. in-12*, *fig. baſ. éc.*

19 ··⌣··· 10

1381. Les Liaiſons dangereuſes, par de la Clos. *Londres*, 1796, 2 *vol. in-8°. Pap. Vél. br. fig.* avant la lettre.

2 ·—·1··

1382. Lycoris ou la Courtiſanne Grecque. *Amſt.* 1746, *in-12*, *v. f.*

78 · ———

1383. Mémoires du comte de Grammont, par le comte Antoine Hamilton, édition ornée de LXXII Portraits, gravés d'après les Tableaux originaux, *Londres*, *Edwards*, *in-4°· m. r. dent. Pap. Vél.*

8 ·—·12··

1384. Mémoires Hiſtoriques & Secrets concernant les Amours des Rois de France. *Paris*, *vis-à-vis le cheval de bronze*, 1739, *in-12*, *m. verd. dent.*

3 ···· 2··

1385. Le Moine, trad. de l'angl. *Paris*, 1797, 3 *vol. in-12*, *br.* ⚌ Agatha ou la religieuſe Angloiſe. *Paris*, 1797, 3 *vol. in-12*, *br.*

3 ·—⌣ 19··

1386. La Muſique du Diable, ou le Mercure galant devaliſé. *Paris*, 1711, *in-12*, *v. b.*

2 ···—19··

1387. Le Nouveau Robinſon, trad. de l'allemand. *Paris*, 1792, 2 *vol. in-12*, *br.* ⚌ Édouard ou l'Enfant retrouvé, trad. de l'angl. *Paris*, 1797, 3 *vol. in-12*, *br.*

2 ···⌣12··

1388. Les Partiſans demaſqués, ou ſuite de l'art de voler ſans aîles. *Cologne*, 1709, *in-12*, *v. b.* — Pluton Maltotier. *Cologne*, 1712, *in-12*, *v. b.*

3 · ———··

1389. Primeroſe. *Paris*, *Didot l'aîné*, 1797, *in-18*, *br. fig. Pap. Vél.*

4 ··· 19··

1390. Recueil des Hiſtoires galantes. *Cologne*, *in-12*, *m. bl.*

5 · ———·

1391. Relation hiſtorique de l'Amour de l'Empereur de Maroc, pour Mᵐᵉ la Princeſſe de Conty. *Cologne*, 1700, *in-12*, *mout. rouge.* ⚌ La Religieuſe, par Diderot. *Paris*, 1797, *in-12*, *br. en carton.*

1381. liaisons. D. ae^{tt}.

1383. grammont. lec. caill. nx^{tt}

1391. maroc. lec. class. p^{tt}.

104. Voyage sent. fi angl. es franç. m. class.

1392. Romans & Contes de Voltaire. *Bouillon*, 1778, 3 *vol. in-8°. fig. v. éc.* — — — — — 11 19

1393. Rofa ou la Fille Mendiante. *Paris*, 1798, 7 *vol. in-12, fig. br.* — — — — — — 5 17

1394. Tarfis & Zélie, par la Mothe le Vayer. *Paris*, 1774, 3 *vol. gr. in-8°. fig. v. éc.* — — — 10 ... 19

1395. Le Taureau Banal de Paris. *Cologne*, 1712, *in-12, m. cit.* — — — — — — 6 10

1396. Telephe en XII livres. *Paris*, 1784, *in-8°. v. éc.* — 2 ....

1397. Le Temple de Gnide, par Montefquieu. *Londres.*=Silvie, par M. Watelet. *Londres*, 1743, *in-8°. fig. m bl.* — — — — — — 3 19

1398. Le Temple de Gnide, & Arface & Ifmenie, par M. de Montefquieu. *Paris*, *l'an 3*, *in-8°. fig. Pap. Vél. br. en cart.* — — — — — 9 8

1399. Le même. *Paris, Didot jeune, l'an 3, in-18, fig. m. r.* — — — — — — 6 10

1400. Les Veillées du Château, par Mᵐᵉ de Genlis. *Paris*, 1784, 3 *vol. in-8°. m. r.* — — — — 19 1

1401. Vénus la Populaire, ou Apologie des maifons de Joie. *Londres*, 1727, *in-12, dem. rel.* = Les Libertins en campagne. 1745, *in-12, v. m.* — 5 ....

1402. La Vie & les Aventures de Lazarille de Tormes. *Bruxelles*, 1698, *in-12, fig. v. b.*==Les Belles Grecques, ou l'Hiftoire des plus fameufes Courtifannes de la Grèce. *Paris*, 1712, *in-12, v. f.* — 4 .— 12

1403. Le Voyage Forcé de Becafort Hypocondriaque. *Paris*, 1709, *in-12, v. b.*

1404. Voyage Sentimental, par Sterne. *Strasbourg*, 1796, *in-8°. br.* } 3 1

1405. Les Voyages de Cyrus, par de Ramfay. *Londres*, 1730, *in-4°. v. éc.* — — — — 3 19

1406. Hiftoire de Don Quichotte de la Manche, trad. de l'efp. de Cervantes. *Lyon*, 1781, 6 *vol. in-12, fig. br.* — — — — — — 3 ....

1407. Hiftoire de Gérard de Nevers , & de la belle Euriant fa Mie , par Treffan. *Paris* , 1792, *in*-18, *fig. en feuilles , Pap. Vél.*

1408. L'Hiftoire de Primaleon de Grèce , trad. par Franç. de Vernaffal. *Lyon* , 1618 , 4 *vol. in*-18 , *veau fauve.*

1409. Hiftoire du Petit Jehan de Saintré & de la Dame des belles Coufines. *Paris , Didot jeune,* 1791 , *in*-18 , *fig. m. verd , dent.*

1410. C'eft l'Hiftoire du Saint Greaal. *Paris , Ph. le Noir,* 1523 , *in-fol. goth. m. bl.*

1411. L'Hiftoire Palladienne , traitant des Geftes & Faits d'armes de Palladien , trad. par Cl. Colet. *Paris,* 1555 , *in-fol. m. r.*

1412. Hiftoire Pitoyable du Prince Eraftus , fils de Dioclétien. *Paris,* 1587 , *in*-18 , *m. cit.*

1413. La Plaifante & Amoureufe Hiftoire du Chevalier Doré , & de la Pucelle furnommée Cœur-d'Acier. 1542 , *in*-8°. *fig. m. r.*

1414. La Plaifante & Déleétable Hiftoire de Gérileon d'Angleterre , trad. par Eft. de Maifonneuve. *Lyon* , 1602 , *in*-18 , *m. viol.* ~~très mouillé~~

1415. Le Roman de Galien Rethoré. *Paris , Ant. Verard,* 1500 , *in-fol. goth. v. f.*

1416. Traduétion libre d'Amadis de Gaule , par M. de Treffan. *Paris,* 1779 , 2 *vol. in*-12 ; *v. m.*

1417. Contes des Fées, par Charles Perrault. *Paris,* 1781 , *in*-12 , *fig. v. f. Pap. d'Holl.*

1418. Fiammetta del Boccaccio. *In Fiorenza, Giunta,* 1533 , *in*-8°. *v. m.*

1419. Le Philocope de Boccace , contenant l'Hiftoire de Fleury & de Blanchefleur , trad. par Ad. Sevin. *Paris* , 1575 , 2 *vol. in*-18 , *v. f.*

1420. La Hypnerotomachia di Poliphilo , auét. Fr. Columna. *Venetiis , Aldus,* 1499 , *in-fol. fig. v. m.*

1407. M. Caillard

1412. hist. pitoyable. B.

1414. Gosilean. B.

1417. M. caillard
1418. fiametta. M. caillard

1424. macrobius. m.n.

2° 1425. Macrobius variorum. M. aud.

1427. clavis asiatica. B.

1429 Menckenius. B.
1430. de la clef latine, B. D. p^# 10 s^
1431. le clef d'œuvre. B.
1432. Charius. B.

1421. La Philena di M. Nicolo Franco, Hiftoria Amorofa. *In Mantoua*, 1547, *in*-8°. *v. b.* _ _ _ 6 ....

CRITIQUES.

1422. Banquet des Savans, par Athenée, trad. par Lefebvre de Villebrune. *Paris*, 1789, 5 *tom.* *br. en* 11 *vol. in*-4°. *Gr. Pap. Vél.* _ _ _ _ 59 ... 19

1423. Auli Gellii Noctes Atticæ, cum notis variorum. *Lugd. Bat.* 1666, 2 *vol. in*-8°. *v. f.* _ _ _ 14 ... 19

1424. Aur. Theod. Macrobii Opera, cum notis variorum. *Lugd. Bat.* 1670, *in*-8°. *m. r. dent.* _ 16 ... 19 2

1425. Aur. Th. Macrobii Opera, cum notis variorum. *Londini*, 1694, *in*-8°., *v. f.* _ _ _ _ 7 ....

1426. Alexandri ab Alexandro Genialium dierum libri fex, cum not. var. *Lugd. Bat.* 1673, 2 *vol.* *in*-8°. *vél.* _ _ _ _ 18 ... 3 ..

1427. J. Clerici Ars critica. *Lugd. Bat.* 1778, 3 *vol.* *in*-12, *v. éc.* _ _ _ _ 4 ... 10 ..

1428. Pet. Poiret de eruditione triplici folida, fuperficiaria, & falfa, libri tres. *Amft.* 1707, 2 *vol. in*-4°. *mout. v.* _ _ _ 2 ....

1429. J. Burch. Menckenii de Charlataneria Erudiditorum Declamationes duæ. *Amftelodami*, 1747, *in*-8°. *v. f.* _ _ _ _ 3 ...

1430. De la Charlatanerie des Savans, par Mencken. *La Haye*, 1721, *in*-12, *v. f.* _ _ _ 6 ...

1431. Le Chef-d'Œuvre d'un Inconnu, par Chrifoft. Matanafius, (Themifeul de Saint-Hiacynthe). *Laufanne*, 1758, 2 *vol. in*-8°. *fig. v. f.* _ _ 2 ....

1432. Th. Crenii de furibus librariis Differtatio. *Lugd. Bat.* 1716, *in*-12, *vél. dent.* _ _ _ 6 ... 4 ..

1433. Factum pour Antoine Furetiere, contre quelques-uns de l'Academie Françoife. *Amfterdam* 1685, *in*-12, *m. cit.* = Les Couches de l'Academie, poëme allegorique & burlefque, (par _ 4 ... 6 ..

H 3

1423. Double. v-6. _ _ _ 9 ... 1.

1424. Double. v-6. _ _ _ 10 ...

1432. Double _ _ 2 ..

le même). *Amfterdam*, 1688. == Furetieriana. *Bruxelles*, 1696, *in-12*, *m. cit.* == L'Enterrement du Diſtionnaire de l'Academie, par le même. 1697, *in-12*, *v. b.* == Le Diſtionnaire des Halles, ou extrait du Diſtionnaire de l'Academie Françoiſe, par le même. *Bruxelles*, 1696, *in-12*, *v. b.* == Nouvelle Allégorique, ou Hiſtoire des derniers troubles arrivés au Royaume d'Éloquence, avec la figure, par le même. *Paris*, 1658, *in-8°. v. b.*

1434. Nouvelle Allégorique, ou Hiſtoire des derniers troubles arrivés au Royaume d'Éloquence. *Paris*, 1659, *in-12*, *vél.*

1435. Le Conte du Tonneau, par Swift. *La Haye*, 1721, 2 *vol. in-12*, *fig. v. m. Gr. Pap.*

1436. Critique Hiſtorique, Politique, Morale & Comique ſur les Loteries, par Leti. *Amfterdam*, 1697, 2 *vol. in-12*, *v. b.*

Satyres, Inveſtives, Défenſes, Apologies, &c.

1437. Iſaaci Caſauboni de Satyricâ Græcorum Poeſi, & Romanorum Satyrâ lib. duo. *Pariſus*, 1605, *in-8°. v. f.*

1438. Poetæ Satyrici minores, de corrupto Reipublicæ ſtatu, Marcus Zubrius Boxhornius recenſuit, accedit ejuſd. Oratio de everſionibus Rerumpublicarum. *Lugd. Bat.* 1633, *in-8°. vél.*

1439. Elegantiores Præſtantium Virorum Satyræ. *Lugd. Bat.* 1655, 2 *vol. in-12*, *v. éc.*

1440. Jo. Mat. Geſneri Socrates Sanſtus Paederaſta, accedit ejuſdem Corollarium de antiquâ aſinorum honeſtate. *Traj. ad Rhen.* 1769, *in-8°. broché.*

1441. Titi Petronii Arbitri Satyricon, cum notis variorum. *Amftelodami*, 1669, *in-8°. v. f.*

1436. critique dipt. C. atger. i.tt

Nᵒ 1438. Doct de patysici. ~~& Chm.~~ M. caill

1440. ~~Gfnari Societa~~

1446 faby la acumippea. B.

1448. comme. B.
1449. Memoires. B.
1450. les bottises. B.
1451. Defense. c. mam. h

Nº 1452. apologie pour focrate. ell. and. ———

1454. Doppy fui . B.

1455. fiftelliay. B.

1442. T. Petronii Arbitri Satyricon, ex recenf. Joan. Bofchii. *Amftelod.* 1677, *in*-32, *m. r.* — 3 .... 17.

1443. Titi Petronii Arbitri Satyricon, cum not. var. curante Pet. Burmanno. *Amftelod.* 1743, 2 *vol. in*-4°. *v. éc.* — — — — — — 29 .... 4 ..

1444. Traduction entiere de Petrone. *Cologne,* 1698, 2 *vol. in*-12, *v. m.* — — — — 2 .... 1 ..

1445. Larvina, Satyricon, in Choreorum Lafcivias & Perfonata Tripudia. *Parifiis,* 1619, *in*-8°. *v. m.* — — — — — — 2 ....

1446. P. Cunœi Satyra Menippea incaftrata. *Lugd. Bat.* 1632, *in*-18, *vél.* — — — — — 2 .... 14.

1447. C. Secundi Curionis Pafquillus Extaticus. *Genevæ,* 1667, *in*-12, *m. r.* — — — — 1 ..

1448. Comus, ou Banquet diffolu des Cimmériens, fonge, trad. d'Erycius Puteanus, par N. Pelloquin. *Paris,* 1613, *in*-12, *v. m.* — — — 3 19

1449. Mémoires Politiques, Amufans & Satyriques. *Veritopolie,* 1735, 3 *vol. in*-12, *dem. rel.* — 2 2

1450. Les Sottifes du temps. *La Haye,* 1754, 2 *tom. rel. en* 1 *vol. in*-12, *v. éc.* — — 2 .... 19.

1451. Défenfe du Paganifme par l'Empereur Julien, en grec & en franç. avec des notes, par le Marquis d'Argens. *Berlin,* 1769, *in*-12, *m. r.* — 5 ....

1452. Apologie pour Socrate, par J. Aug. Eberhard. *Amfterdam,* 1773, *in*-8°. *v. f.* — — 6 .... 10 ..

1453. Apologie pour Hérodote, par H. Eftienne, avec les notes de le Duchat. *La Haye,* 1735, 3 *vol. in*-8°. *v. f.* — — — — 4 .... 10 ..

1454. Poppyfmi Grammatici Dialogus contra Antiftrigilim Mart. Crufii & Moropolitorum Tubingæ Bacchantium, confcriptus a Nic. Frifchlino, poft auctoris obitum editus. 1596, *in*-8°. *m. r.* — 6 ....

1455. Nicod. Frifchlinus redivivus, per Jac. Frifchlinum, adverfus Mart. Crufii calumnias ; nugas, 6 ....

H 4

1451. Double. 2 vol. — — — 3 .... 12.

1453. Double. v. 6. — — — 2 ...

& pura puta mendacia , quibus iste irrequietus senex nititur totam familiam & nomen Frischlinum exosum & invisum reddere omnibus bonis viris. *Argentorati* , 1599 , *in-8°. m. r.*

Dissertations philologiques , critiques , allegoriques & enjouées.

1456. Admiranda Rerum admirabilium Encomia, *Noviomagi* , 1676 , *in-12* , *fig. v. f.*

1457. Def. Erasmi Stultitiæ Laudatio. *Parisiis* , *Barbou* , 1765 , *in-12* , *m. r.*

1458. L'Eloge de la Folie , trad. d'Erasme , par Gueudeville. 1751 , *in-4°. fig. v. m.*

1459. Les Louanges de la Folie , trad. de l'italien , par Jehan du Thier. *Paris* , 1566 , *in-8°. v. b.*

1460. Laus Asini. *Lugd. Bat. ex offic. Elzev.* 1623 , *in-4°. vélin.*

1461. Laus Asini. *Lugd. Bat. ex offic. Elzeviriana* , 1629 , *in-24* , *m. bl.*

1462. L'Eloge de la Goute , par Est. Coulet. *La Haye* , 1743. = L'Eloge de la Fièvre quarte , trad. de G. Menape , par Gueudeville. *La Haye* , 1743 , *in-12* , *v. m.*

1463. La Magnifique Doxologie du Festu , par S. Rouillard. *Paris* , 1610 , *in-8°. v. f.*

1464. Les Gymnopodes , ou de la Nudité des Pieds , par Seb. Rouillard. *Paris* , 1624 , *in-4°. m. cit.*

1465. La Fameuse Compagnie de la Lésine. *Paris* , 1618 , *in-12 , v. b.*

1466. De Tribus fugiendis , Ventre , Plumâ & Venere , libelli tres , auct. G. de Mara. *Parisiis* , *Ant. Bonnemere* , *in-4°. v. f.*

1467. De Generibus Ebriosorum , & Ebrietate vitandâ , Jocus. *In-4°. v. m.*

1462. Éloge de la goutte. B.

No 1470. M. Caillard

1473. godofedny. B.

1474. H. Dredo. B.

1475. Dalamatio. B.

1480. l'art de wawette. B.

1481. Dywny. B.

1468. Hippolitus redivivus, id eft Remedium contemnendi Sexum Muliebrem. 1644, *in*-12, *m. r.* . . . *5* . . . .

1469. Errotika Biblion. *Parifiis*, 1792, *in*-8°. *veau porph.* . . . . *3* . . . *1.*

1470. Petri Haedi de Amoris Generibus libri tres. *Tarvifii, per Gerardum de Flandriâ*, 1492, *in*-4°. *mar. rouge.* . . . . *18* . . . . *D*

1471. Equitis Franci & Adolefcentulæ Mulieris Italæ Practica Artis amandi. *Urfelis*, 1606, *in*-12, *m. verd.* . . . . *3* . . . *10.*

1472. Les fix Livres de Mario Equicola d'Alveto, de la Nature d'Amour, trad. par Chappuis. *Paris*, 1589, *in*-12, *m. r.* . . . . *4* . . . *12.*

1473. Petri Godofredi de Amoribus libri tres. *Lugd. Bat.* 1648, *in*-12, *v. b.* . . . . *2* . . . *1.*

1474. Hilarii Drudonis Practica Artis amandi. *Amft.* 1652, *in*-12, *v. b.* . . . . *1* . . . *11.*

1475. Declamatio de Arcanis in combinandis Nuptiis Artibus, quam in gratiam omnibus matrimonii Candidatis expertus fiftit Rupertus. *Franc. ad Viadrum*, 1732, *in*-8°. *rel. en cart.* . . . . *2* . . . *19.*

1476. Les Arrêts d'Amours, avec l'Amant rendu Cordelier à l'Obfervance d'Amours, par Martial d'Auvergne, dit de Paris. *Paris*, 1731, *2 vol. in*-12, *v. b.* . . . . *6* . . . *2.*

1477. Le Débat de deux Gentils-hommes Efpagnols fur le Fait d'Amour. *Paris*, 1541, *in*-12, *dem. rel.* . *3* . . . *12.*

1478. Contr'amours; l'Anteros, ou Contreamour de Baptifte Fulgofe. *Paris*, 1581, *in*-4°. *v.* . . . . *5* . . . *10.*

1479. Les Quinze Joies de Mariage. *La Haye*, 1726, *in*-12, *v. b.* . . . . *3* . . . *3.*

1480. L'Art de connoître les Femmes, avec une Differtation fur l'Adultère, par le Chevalier Plante-Amour. *La Haye*, 1730, *in*-8°. *v. f.* . . . *5* . . . *12.*

1481. Difcours ou Sermon Apologétique en faveur *3* . . . *4.*

1479. Double v. f. . . . . *3* . . . *12.*

des Femmes , Queſtion nouvelle & non jamais
ſoutenue, par L. Machon. *Paris,* 1541, *in-*8°. *v. m.*

1482. Les plus Secrets Myſtères des Hauts Grades
de la Maçonnerie dévoilés. *Jéruſalem ,* 1778. ⸗
L'Ordre des Francs-Maçons trahi & leur Secret
révélé. *Amſterdam ,* 1781 , *in-*12 , *fig. v. m.*

Sentences , Apophtegmes , Adages , Proverbes , &c.

1483. Plutarchi Apophtegmata , gr. & lat. *Londini ,*
1741 , *in-*4°. *m. r.*

1484. Apophtegmata , gr. & lat. Regum , Ducum ,
&c. ex Plutarcho. *Excud. H. Stephanus ,* 1568 ,
*in-*18 , *v. b.*

1485. Les Apophtegmes des Rois , Chefs d'armées,
Philoſophes , &c. trad. par Macault. *Paris,* 1551,
*in-*18 , *v. f.*

1486. Les Apophtegmes , ou Bons Mots des Anciens , trad. par Perrot d'Ablancourt. *Amſterdam ,*
1695 , *in-*12 , *v. b.*

487. Joannis Stobœi Sententiæ , tranſl. a Conr. Geſ-
nero. *Pariſiis ,* 1557 , 2 *vol. in-*18 , *m. r.*

1488. L. Annæi Senecæ & P. Syri Sententiæ , cum
notis variorum. *Lugd. Bat.* 1708 , *in-*8°. *v. porph.*

1489. Proverbiorum Liber , Pet. Godofredo auct.
Pariſiis , 1555 , *in-*8°. *m. bl.*

1490. Poggiana , ou la Vie , les Bons Mots , &c. de
Pogge, Florentin. *Amſterdam ,* 1720 , 2 *vol. in-*12,
veau marbré.

1491. Menagiana , ou les Bons Mots & Remarques
critiques , &c. de Ménage. *Paris ,* 1729 , 4 *vol.*
*in-*12 , *v. b.*

Emblêmes , Deviſes , Symboles , &c.

1492. Iconologie ou la Science des Emblêmes,

1482. les plus secrets. m. class. p^H

1484. apophtegmata. c. Barr. p^H

1485. apophtegms des soy. B.
1486 d'ablancourt. B.

1489. proverbia. B.

1491 menagiana. B

1500. en blanc. B.

1502. Lucianus. K. Detr. mo†✱

1505. poggii oratiomp. ✱ M. caillard

Devises, &c. trad. de César Ripa, par J. Baudouin. *Amsterdam*, 1698, 2 *vol. in-*12, *fig. v. f.*

1493. Proscenium Vitæ Humanæ, sive Emblemata Vitæ Humanæ. *Francofurti*, 1627, *in-*4°. *fig. v. b.* 4 ... 3

1494. Pauli Maccii Emblemata. *Bononiæ*, 1628, *in-*4°. *fig. v. f.* 2 ...

1495. Mundi Lapis Lydius, sive Vanitas per Veritatem falsi accusata & convicta, operâ D. Antonii a Burgundiâ. *Antverpiæ*, 1639, *in-*4°. *fig. rel. en peau.* 1 ... D

1496. La Morosophie de Guillaume de la Perriere, contenant cent Emblêmes moraux. *Lyon*, 1553, *in-*8°. *fig. m. r.* 4 ... 1

1497. La Lumière du Cloître, représentée par figures emblêmatiques, par Jacq. Callot. *Paris*, 1646. = Vie de la Mère de Dieu, représentée par le même. *In-*4°. *v. m.* 3 ...

1498. Le Paradis Terrestre, ou Emblêmes Sacrés de la Solitude. *Paris*, 1655, *in-*12, *fig. m. r.* = Poësies du P. Sanlecque. *Harlem*, 1726, *in-*12, *v. f.* 1 ...

1499. Théâtre d'Amour. *In-*4°. *fig. m. bl.* 2 ...

1500. Recueil d'Emblêmes, Devises, Médailles & Figures hyéroglyphiques, par Verrien. *Paris*, 1696, *in-*8°. *fig. v. b.* 1 ... 15 .. D

1501. Scherzi Poetici e Pittorici. *Parma, Bodoni*, 1795, *in-*8°. *fig. br.* 11 ... D

Polygraphes Grecs, Latins, François, &c.

1502. Luciani Samosatensis Opera, gr. & lat. cum notis variorum. *Amstel.* 1687, 2 *vol. in-*8°. *v. f.* 21 ... D

1503. Lucien, de la trad. de N. Perrot d'Ablancourt. *Amst.* 1709, 2 *vol. in-*8°. *fig. vélin.* 9 ... 10

1504. Poggii Flor. Opera omnia. *Basileæ*, 1538, *in-fol. v. f.* 5 ... 19 ..

1505. Fr. Poggii Florent. Orationes, Invectivæ, &c. 18 ... D

1503 - Double - v. 6 7 ...

& Facetiarum liber. *Argentinæ,* 1510, *in-fol.* *maroquin bl.*

13^{lt} ... 2^s. 1506. Orationes Fr. Philelfi cum quibufdam aliis operibus. *Mediolani*, 1481, *in*-4°. *m. r.*

4 ... 19.. 1507. Mat. Boffi Recuperationes Fefulanæ. *Bononiæ, Plato de Benedictis*, 1493, *in-fol. v. f.*

6 ... 4. 1508. Rob. Gaguini Epiftolæ, Orationes, &c. *Parifiis, Durandus Gerlerus*, 1497, *in*-4°. *m. r.* goth.

11 ... 19. 1509. Jo. Ant. Campani Opera. *Romæ, Eucharius Silber, fub figno Campanæ*, 1495, *in-fol. v. b.*

9 ... .1510. Angeli Politiani Opera omnia, fcilicet: Epiftolæ, Mifcellaneorum liber, Epigrammata græca & latina, &c. *Venetiis, in Ædibus Aldi*, 1498, *in-fol. m. r.* Editio originalis, integra & Rara.

6 ... 10.. 1511. Auguftini Dati Senenfis Opera. *Senis*, 1503, *in-fol. rel. en bois.*

D 5^l ... 1512. Antonii Codri Urfei Orationes feu fermones, Epiftolæ, Sylvæ, Satyræ, Eglogæ, Epigrammata, &c. ex recenfione Phil. Beroaldi junioris. *Bononiæ, per J. Ant. Platonidem*, 1502, *in-fol.* *maroquin rouge.*

Editio originalis, integra & Rara. Cet Exemplaire eft plus complet que celui qui eft décrit dans la Bibliographie inftructive, N°. 4052. Il contient une Vie de Codrus faite par Bartholomée Blanchinus, & différentes pièces de Vers fur cette Édition des Œuvres de Codrus, des Épitaphes, &c. Le tout eft contenu dans 11 feuillets, dont 7 pour la Vie & 4 pour les Vers.

6 ... 1513. And. Naugerii Orationes duæ, carminaque nonnulla. *Venetiis*, 1530, *in-fol. m. r.*

10 ... 1514. H. Perboni Oviliarum Opus. *Mediolani*, 1533, *in-fol. m. bl.*

2 ... 1515. Hieron. Fracaftorii Opera omnia. *Venetiis*, 1584, *in*-4°. *v. b.*

6 ... 1516. Epiftolia, Dialogi breves, Oratiunculæ,

4 ... 10.. 1512. Double dit. du 1506. fol.

No 1512. M. caieland

1520 collectio dyperd. B.

1523. Recueil &c. B.

1526. le cabinet de Minerve. B.

Poematia, gr. & lat. ſtud. H. Stephani. *Excudebat H. Stephanus*, 1577, *in-8°. m. verd.*

1517. Guilielmi de Mara Epiſtolæ & Orationes. *Pariſiis*, 1514, *in-4°. v. f.* - - - - - - - - 6...

1518. Bl. Caryophili Diſſertationes Miſcellaneæ. *Romæ*, 1718, *in-4°. vél.* - - - - - - - 4... 7..

1519. Nobil. Virginis Annæ Mariæ a Schurman Opuſcula hebræa, græca, latina, &c. proſaica & metrica. *Lugd. Bat.* 1648, *in-8°. v. m.* - - - 1.... 1.

1520. Collectio Diſſertationum Rariſſimarum Hiſtorico-philologicarum, ex muſæo Jo. Georg. Grævii. *Trajecti Batav.* 1716, *in-4°. fig. v. m.* - 6... 13..

1521. Buchanani Opera omnia, cur. Thoma Ruddimanno. *Lugd. Bat.* 1725, 2 vol. *in-4°. v. b.* - - 6...

1522. Recueil de Pièces intéreſſantes concernant les Antiquités, les Beaux-Arts, &c. trad. de différentes langues. *Paris*, 1796, 6 vol. *in-8°. fig. br.* 9 ... 12..

1523. Recueil de quelques Pièces nouvelles & galantes, tant en proſe qu'en vers. *Cologne*, 1664, *in-12, m. cit.* = Diſſertations mêlées ſur divers ſujets importans & curieux. *Amſter.* 1740, 2 vol. *in-12, v. f.* - - - - - - - 2.... 10.

1524. Recueil de quelques Pièces nouvelles & galantes tant en proſe qu'en vers. *Cologne*, 1684, 2 vol. *in-12, m. r.* - - - - - - 1.... 18..

1525. Les Œuvres de Maître Alain Chartier, édition donnée par André Ducheſne. *Paris*, 1617, *in-4°. v. m.* - - - - - - - 4 ... 3..

1526. Le Cabinet de Minerve, auquel ſont pluſieurs ſingularités, Figures, Tableaux, Antiquités, &c. par Beroalde de Verville. *Tours*, 1596, *in-12, v. f.* - - - - - - 2 ... 14...

1527. Les diverſes Leçons de P. Meſſie, trad. par Cl. Gruget. *Rouen*, 1626, *in-8°. v. f.* = Les 6... 6..

diverſes Leçons de Louis Guyon. *Lyon*, 1625, 3 *vol. in*-8°. *v. f.*

12 ℔ — 1528. Les Eſſais de Michel, ſeigneur de Montaigne, avec des remarques, par P. Coſte. *Londres*, 1724, 3 *in*-4°. *baſ. éc.*

16 — 1529. Les Œuvres de Scarron. *Amſt.* 1697, 11 *vol. pet. in*-12, *m. r.*

15 — 16 — 1530. Œuvres de Blaiſe Paſcal. *La Haye*, 1779, 5 *vol. in*-8°. *v. éc.*

9 — 1531. Œuvres meſlées de M. de Saint Evremond. *Londres*, 1709, 3 *vol. in*-4°. *v. éc.*

8 — 1532. Œuvres de Saint Evremond, pub. par des Maizeaux. 1753, 12 *vol. in*-12, *v. éc.*

7 — 1533. Œuvres diverſes de la Fontaine. *Anvers*, 1726, 3 *vol. in*-4°. *v. b.*

22 — 10 — 1534. Œuvres de Saint Real. *Amſt.* 1740, 6 *vol. in*-12, *m. r.*

3 — 1535. Œuvres de Bernard de la Monnoye. *Paris*, 1770, 2 *vol. in*-4°. *v. m.*

2 — 1536. Œuvres diverſes de M. Roy. *Paris*, 1727, 2 *vol. in*-8°. *v. f.*

23 — 19 1537. Œuvres diverſes de Fontenelle, avec les Figures de Bern. Picart. *La Haye*, 1728, 3 *vol. in*-4°. *v. éc.*

12 — 1538. Œuvres de M. de Fontenelle. *Paris*, 1766, 11 *vol. in*-12, *v. éc.* manque le tome 1er

9 — 19 " 1539. Œuvres de Houdar de la Motte. *Paris*, 1754, 11 *vol. in*-12, *v. f.*

22 — 4 1540. Œuvres de la Motte. *Paris*, 1754, 11 *vol. in*-12, *v. m. Gr. Papier.*

50 — 1541. Œuvres complettes de Marivaux. *Paris*, 1781, 12 *vol. in*-8°. *v. f.*

12 — 10 1542. Œuvres de Mad. de Tencin. *Paris*, 1786, 7 *vol. in*-12, *m. verd.*

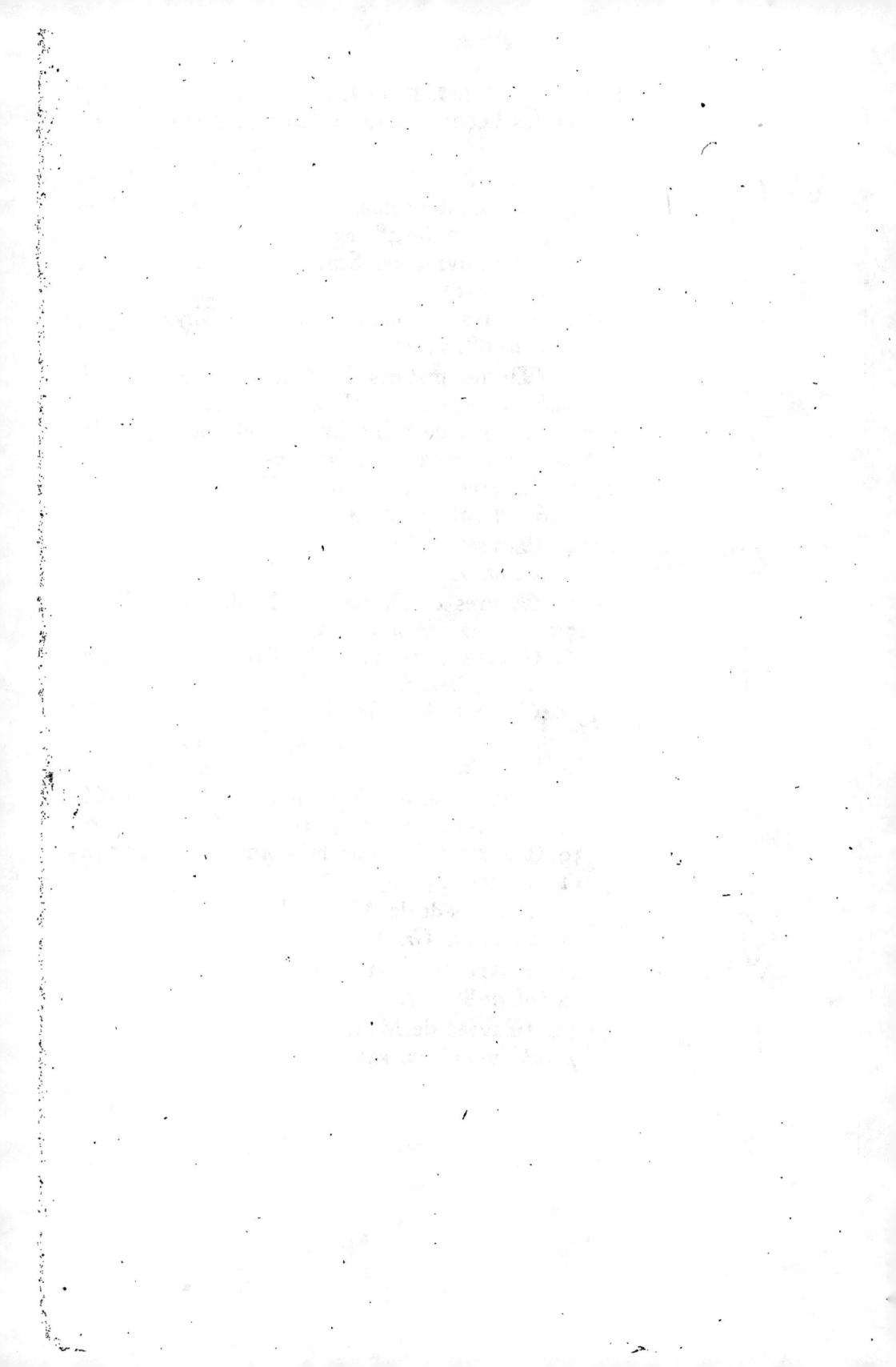

1543. M. caillard

1549. M. caillard

1543. Œuvres complettes de Fréret. *Londres*, 1775, 3 *tom. rel. en* 1 *vol. in-8°. v. f.* — — — — 2 .. 9

1544. Œuvres de Montefquieu. *Amft.* 1758, 3 *vol. in-4°. v. f.* — — — — — 10 — 12

1545. Œuvres pofthumes de Montefquieu. *Paris,* 1798, *in-8°. br. Pap. Vél.* = Ouvrages pofthumes de Chabanon. *Paris,* 1795, *in-8°. br.* — 4 — 1

1546. Œuvres de le Sage. *Paris,* 1783, 15 *vol. in-8°. fig. br. Papier d'Hollande.* = Œuvres de l'abbé Prévoft. *Paris,* 1783, 39 *vol. in-8°. fig. br. Papier d'Hollande.* — — — 292 ..

1547. Œuvres de Maupertuis. *Lyon,* 1768, 4 *vol. in-8°. v. m.* — — — — 4 .. 1

1548. Œuvres complettes de M. de Saint-Foix. *Paris,* 1778, 6 *vol. in-8°. br. en cart. Pap. d'Hollande.* 36 ..

1549. Œuvres Badines complettes du Comte de Caylus. *Paris,* 1787, 12 *vol. in-8°. fig. br.* 24 — 2

1550. Œuvres complettes de l'Abbé de Voifenon. *Paris,* 1781, 5 *vol. in-8°. m. r.* — — 39 — 19

1551. Œuvres complettes de Crébillon fils. *Maeftricht,* 1779, 11 *vol. in-12, v. m.* — — 16 — 5

1552. Œuvres complettes d'Alexis Piron, publiées par Rigoley de Juvigny. *Paris,* 1776, 7 *vol. in-8°. v. éc. Pap. d'Hollande.* — — 51 ..

1553. Œuvres complettes de de Belloy. *Paris,* 1779, 6 *vol. in-8°. v. éc.* — — 9 — 12

1554. Œuvres de Colardeau. *Paris,* 1779, 2 *vol. in-8°. v. éc. fig.* — — 9 ..

1555. Mélanges de Littérature, d'Hiftoire & de Philofophie, par d'Alembert. *Amfterdam,* 1759, 5 *vol. in-12, v. m.* — — 7 .. 11

1556. Œuvres pofthumes de l'Abbé de Mably. *Paris,* 1798, 3 *vol. in-8°. br.* — — 1 ..

1557. Œuvres de Boulanger. *En Suiffe,* 1791, 10 *vol. in-12, baf.* — — 6 — 17

1558. Œuvres du Marquis de Villette. *Londres*, 1786, *in-18, m. r.*

Exemplaire imprimé fur du papier fait avec différentes écorces d'arbres.

1559. Œuvres de Chamfort. *Paris*, *l'an* 3, 4 *vol. in-8°. br.*

1560. Œuvres de Saint-Marc. *Paris*, 1775, *in-8°. fig. v. f.*

1561. Œuvres de d'Arnaud. *Paris*, 1772, 25 *part. in-8°. fig. br.*

1562. Œuvres de Paliffot. *Liège*, 1777, 6 *vol. in-8°. fig. v. m.*

1563. Fragmens de Politique & d'Hiftoire, par Mercier. *Paris*, 1792, 3 *vol. in-8°. br.*

1564. Œuvres de Machiavel. *La Haye*, 1743, 6 *vol. in-12, v. f.*

1565. Opere fcelte di Ferrante Pallavicino. *In Villafranca*, 1673, 2 *vol. in-12 v. f.*

1566. Œuvres de Salomon Geffner. *Paris*, 3 *vol. in-4°. fig. br.*

1567. Recueil de Pièces fur la philofophie, la religion naturelle, &c. trad. de Leibnitz, Clarke & Newton. *Amfterdam*, 1740, 2 *vol. in-12, v. m.*

1568. Le Jardin Anglois, ou Variétés tant originales que traduites par le Tourneur. *Paris*, 1788, 2 *vol. in-8°. fig. br.*

1569. Les Œuvres de Mylord Comte de Shaftsbury. *Genève*, 1769, 3 *vol. in-8°. br.*

1570. Œuvres complettes d'Alexandre Pope, trad. de l'anglois. *Paris*, 1779, 8 *vol. in-8°. fig. br. en carton*, *Papier d'Hollande.*

1571. Mélanges de Littérature & de Philofophie, trad. de Pope. *Londres*, 1742, 2 *vol. in-12, v. f.*
Dialogues

1559. M. caillard

1560. M. caillard i'c

1565 opera faitte. C. atger. i.*

1566. oeuvry du Geffner. B.

1567. ~~recueil du pieux~~. B.

1571. melanges. B.

1572. erasmus. B. x^a a b^t

1574. Huttenus. B.

1577. il raverta. B.
1578. Dialoghi. csarr. h^t

1579. Dialogo della scauza. M. caillard

1580. Dialogo de Ginocchi. B.

1582. apud diverf. B.
1583. entretiens. melhs monnier.

Dialogues & Entretiens.

1572. Def. Erafmi Colloquia , cum notis variorum. Lugd. Bat. 1664 , in-8°. m.r.   6 .... 19° 𝔇

1573. Les Colloques d'Erafme , trad. par Gueude-ville. Leide , 1720 , 6 tom. rel. en 4 vol. in-12 , fig. v. m.   5 .... 17....

1574. Huld. Hutteni Dialogi; Fortuna; Febris Pri-ma, &c. Moguntiæ, Jo. Scheffer, 1520, in-4°. v. m.   11....

1575. Jonæ Philologi Dialogi aliquot lepidi ac fef-tivi. Accedit Adulationis & Paupertatis Dialogus. Parifiis , 1540 , in-8°. v. f.   1 .... 16..

1576. Sermonum Convivialium libri X , auct. D. G. Pictorio Villingano , med. ⹀ De pharmacandi comprobatâ ratione , per Th. Ulfenium , med. ⹀ Q. Serenus Samonicus de omnium Morborum Curâ. Bafileæ , 1559 , in-8°. v.f.   4 .... 11.

1577. Il Raverta , Dialogo di Giufeppe Betuffi , nel quale fi raggiona d'Amore. In Venetia , Gab. Gio-lito de Ferrari , 1544 , in-8°. m. r.   4 .... 1.

1578. Dialoghi di Amore , compofti per Leone medico hebreo. In Vinegia , 1549 , in-8°. v. f.   4 5

1579. Dialogo dove fi raggiona della bella Creanza delle Donne. In Venetia , 1574 , in-12 , m. r.   4 .... 14 ... 𝔖

1580. Dialogo de Giuochi che nelle vegghie fanefi fi ufano di fare. In Venetia , 1575 , in-8°. v. b.   4 .... 13..

1581. Les Dialogues de Jacq. Tahureau. Paris , 1566 , in-8°. v.f.   4 ...

1582. Après-Dîners & Propos de Table contre l'excès au boire & au manger , par Ant. de Balin-ghem. Lille , 1615 , in-8°. m. verd.   5 .... 1.

1583. Les Entretiens d'Arifte & d'Eugène. Paris , 1691 , in-12 , v. b.   1..

1584. Les Entretiens des Voyageurs fur la Mer. Cologne , 1715 , 4 tom. en 2 vol. in-12 , fig. vél.   3 .... 19..

I

1576. Double . en . v.d   6 .... 10..

1576. Triple .   4 .... 2..

3 .... 19 .ͨ

1585. Nouveaux Dialogues des Morts, par M. de Fenelon. *Amſterdam*, 1719, *in-12*, *v. f.* = Dialogues Critiques & Philoſophiques, par de Charte Livry. *Amſterdam*, 1730, *in-12*, *v. f.*

2 .... 2 ..

1586. Hexameron, ou Six Journées contenant pluſieurs doctes diſcours ſur aucuns poincts difficiles en diverſes ſciences, trad. de l'eſpagnol par Chappuys. *Rouen*, 1610, *in-12*, *m. bl.* = Hexameron Ruſtique (par la Mothe le Vayer). *Amſterdam*, 1671, *in-12*, *m. r.*

Épiſtolaires Grecs, Latins, François, &c.

1 - - - -

1587. Ariſtæneti Epiſtolæ, gr. & lat. *Pariſiis*, 1595, *in-8°. v. b.*

2 .... 18 ..

1588. Ariſtæneti Epiſtolæ, gr. & lat., cum notis Joſ. Merceri, curante Jo. Corn. de Paw. *Traj. ad Rhen.* 1737, *in-12*, *br.*

2 - - ..

1589. Phalaridis Agrigent. tyranni Epiſtolæ, græcè, Th. Naogeorgo interprete. *Baſileæ*, 1558, *in-8°. m. r. dent.*

1 - - - -

1590. Principum & illuſtrium Virorum Epiſtolæ. *Amſterodami, Lud. Elzevirius*, 1644, *in-12*, *vél.*

8 .... 19 ..

1591. Clarorum Virorum Theod. Prodromi, Dantis Alighieri, Fr. Petrarchæ, & Jac. Sadoleti Epiſtolæ. *Romæ*, 1754, *in-8°. v. f.*

6 .... 13 ..

1592. Martini Ruari, aliorumque Virorum doctorum Epiſtolarum ſelectarum Centuriæ duæ, cum not. G. Zeltneri. *in-4°. m. verd.*

8 - - - - -

1593. Epiſtolæ obſcurorum Virorum. *Londini*, *in-12*, *v. m.* = Opus Poeticum de admirabili fallaciâ & aſtutiâ Vulpeculæ Reinikes. *Francofurti*, 1567, *in-12*, *fig. parch.*

3 .... 1 ..

1594. Epiſtolæ obſcurorum Virorum. *Londini*, 1710, *in-12*, *v. f.*

2 .... 1 ..

1594. Double v-f

2 .....

1594. Triple. 1742. in 12

1591. clararum virarum . B.

1592. M. Quarin̄. B.

1599. abalarduy. X Deter. X* * M. caillard

1595. L. Annæi Senecæ Epiftolæ. *Parifiis*, (*Pet. Cæfaris & Johan. Stol*), 1475, *in-4°. vél.* - -

    M. De Bure le jeune, dans fa Bibliographie inftructive, N°. 4113, annonce que cette Édition a été imprimée par Gering. Il n'a pas fait attention que le caractère de cette Édition n'a aucun rapport avec celui de Gering, & qu'il eft abfolument conforme à celui de P. Cæfaris & de Jean Stol, imprimeurs de Paris. Il manquoit à l'Exemplaire, dont il a donné la defcription, la Table alphabétique des Épîtres qui contient quatre feuillets. Le 1er. commence par ces mots : De commendacione paupertatis Epiftola ; & le 4e. finit au bas du verfo du 4e. par ces mots : B locū fecūdi, &c. Cette Édition eft fort Rare.

1596. C. Plinii Secundi Epiftolæ & Panegyricus. *Lugd. Bat. ex officinâ Elzeviriana*, 1640, *in-12*, *v. b.*

1597. Plinii Secundi Epiftolæ, cum notis variorum. *Lugd. Bat.* 1669, *in-8°. m. r. l. r. doub.* de *m. r.* Exemplaire du comte d'Hoym.

1598. C. Plinii Sec. Epiftolæ & Panegyricus. *Oxonii, e Th. Sheldon.* 1703, *in-8°. v. b.*

1599. Petri Abælardi & Heloiflæ Epiftolæ, ftud. Ric. Rawlinfon. *Londini*, 1718, *in-8° v. b.*

1600. Lettres d'Abailard & Heloife, en lat. & en franç. par J. Fr. Baftien. *Paris*, 1782, 2 *vol. in-8°. br. en cart.* Papier d'Hollande.

1601. Æneæ Sylvii poftea Pii Secundi Pont. Max. familiares Epiftolæ. *Nurembergæ, Koburger*, 1481, *in-fol. mout. bl.*

1602. Franc. Philelfi Epiftolarum familiarium libri XXXVII. *Venetiis, Gregorius de Gregoriis*, 1502, *in-fol. m. bl.*

1603. Fr. Joan. Raulin Epiftolæ. *Lut. Parif.* 1521, *in-4°. m. viol.*

1604. Coriolani Martirani Cofentini Epiftolæ familiares. *Neapoli*, 1556, *in-8°. m. viol.*

2 — 4

1605. Epiſtola Magiſtri Benedicti Paſſavantii, reſ-ponſiva ad commiſſionem ſibi datam a Pet. Lyſeto. *Florentiæ*, 1554, *in-12*, *m. r.*

7 — 9

1606. Jacobi Tollii Epiſtolæ itinerariæ. *Amſtel.* 1700, *in-4°. fig. vél.*

4 — 19

1607. Commercii epiſtolaris Uffenbachiani ſelecta, edid. Jo. Ge. Schelhornius. *Ulmæ*, 1753, 3 *tom.* en 1 *vol. in-8°. br.*

3 — 10

1608. L'Argute e Facete Lettere di Meſſer Ceſare Rao. *In Pavia*, 1576, *in-8°. v. f. l. r.*

1 —

1609. Les Lettres de Maître Franc. Rabelais. *Bruxelles*, 1710, *in-12*, *v. f.*

12 — 16

1610. Recueil des Lettres de Mme de Sevigné. *Paris*, 1774, 8 *vol. in-12*, *v. m.*

2 — 1

1611. Lettres choiſies de Bayle. *Rotterdam*, 1714, 3 *vol. in-12*, *v. b.*

1 — 4

1612. Lettres choiſies de M. Simon. *Rotterdam*, 1702, 2 *vol. in-12*, *m. r.*

4 —

1613. Lettres de Critique, d'Hiſtoire & de Litté-rature de Gisbert Cuper. *Amſterdam*, 1742, *in-4°. v. m.*

12 — 4

1614. Lettres Juives, par le Marquis d'Argens. *La Haye*, 1742, 6 *vol. in-12*, *v. f.*

6 — 19

1615. Lettres Perſannes, par Monteſquieu. *Paris*, *Didot l'aîné* 1795, 2 *vol. in-12*, *br. Pap. Vél.*

I — 12

1616. Lettres écrites de la Montagne, par J. J. Rouſſeau. *Amſterdam*, 1764, *in-8°. v. f.* = Seconde partie des Confeſſions & nouvelles Let-tres du même. *Paris*, 1789, 3 *vol. in-8°. br.*

11 —

1617. Lettres d'une Peruvienne, par Mme de Graf-figny, en franç. & en italien. *Paris*, 1797, *in-8°. br. Gr. Pap. Vél. fig. avant la lettre.*

7 — 3

1618. Les Soirées Provençales, ou Lettres de M. Beranger, écrites pendant ſes Voyages dans ſa Patrie. *Paris*, 1786, 2 *vol. in-12*, *fig. v. f.*

1605. M. caillard
1606. Epistalæ itinerariæ.

1610. Sevigné. cæsarr. æ

1613. Cuper. c. ssarr. x

1619. Lettres de Mylady Wortlay Montagute. *Paris*, 1764, 2 tom. rel. en 1 vol. in-12, v. éc. — 3 — 2

1620. Lettres de Junius, trad. de l'anglois. *Paris*, 1791, 2 vol. in-8°. br. — 4

HISTOIRE.

Géographie.

1621. Strabonis de Situ Orbis libri XVII, latinè redditi. *Amstelodami*, 1652, 3 tom. rel. en 2 vol. in-12, v. f. — 6

1622. Pomponii Melæ de Situ Orbis libri tres, cum notis variorum. *Lugd. Bat.* 1722, in-8°. vél. — 6 — 19

1623. Vetera Romanorum itineraria, curante Petro Wesselingio. *Amstel.* 1735, in-4°. v. f. — 16 — 16

1624. Cosmographiæ Disciplinæ Compendium, G. Postello authore. *Basileæ*, 1561, in-4°. m. r. l. r. — 2 — 14

1625. Géographie Universelle, trad. de Busching. *Strasbourg*, 1789, 16 vol. in-8°. br. en cart. — 46

1626. Cours des principaux Fleuves & Rivières de l'Europe, composé & imprimé par Louis XV. *Paris, de l'imprimerie du cabinet de S. M.* 1718, in-8°. m. r. — 24

Voyages.

1627. Relation des Voyages entrepris pour faire des découvertes dans l'Hémisphère Méridional, par Byron, Cook, &c. redigée par J. Hawkesworth, trad. de l'anglois. *Paris*, 1774, 4 vol. in-4°. veau marb. fig. — 60

1628. Voyage dans l'Hémisphère Austral & autour du Monde, par J. Cook, trad. de l'anglois. *Paris*, 1778, 5 vol. in-4°. v. m. fig.

1629. Voyage au Pole Boreal, en 1773, par Const. J. Phipps. *Paris*, 1775, in-4°. v. m. fig. — 5 — 15

40 ͭ …

1630. Voyages de Corneille le Brun par la Moſco-
vie en Perſe & aux Indes Orientales. *Amſterdam*,
1718, 2 *tom. en* 1 *vol. in-fol. fig. v. b.*

1631. Voyage au Levant, par Corneille le Brun.
Paris, 1724, *in-fol. fig. v. b. Gr. Pap.*

8 … 2 ..

1632. Voyage à l'Iſle de France, de Bourbon, au
Cap de Bonne-Eſpérance, &c. par Bernardin de
Saint-Pierre. *Paris*, 1773, 2 *vol. in-8°. fig. v. j.*

30 … 11 ..

1633. Voyage Pittoreſque de la Syrie, de la Phœ-
nicie, de la Paleſtine, & de la Baſſe-Egypte, par
Caſſas. *Paris, an 7, les 5 premières livraiſons, in-fol.
fig. avant la lettre.*

4 … …

1634. Journal du Voyage de Michel de Montaigne en Italie. *Paris*, 1774, *in-4°. v. m. Papier
d'Hollande.*

1635. Nouveau Voyage d'Italie, par Miſſon. *La
Haye*, 1702, 3 *vol. in-12, fig. v. m.*

25 … 1 ..

1636. Voyage en Italie, par de la Lande, & Atlas
in-4°. Paris, 1786, 9 *vol. in-12, v. m.*

11 … …

1637. Voyage de H. Swinburne dans les Deux Si-
ciles, trad. par la Borde. *Paris, Didot l'aîné,*
1785, 2 *vol. in-8°. m. r. Pap. d'Holl.*

6 … …

1638. Relation nouvelle d'un Voyage de Conſtantinople (par Grelot). *Paris*, 1680, *in-4°. fig. v. b.*

6 … 14 ..

1639. Voyages en France, avec des gravures &
des notes, par la Meſſangere. *Paris, l'an IV*, 2
vol. in-18, br. Pap. Vél. = Voyage à la Chine,
par Huttner. *Paris, an 7, in-12, br.*

2 … ..

1640. Voyage en Hollande & ſur les frontières de
l'Allemagne, par A. Radcliffe. *Paris, l'an V*, 2
vol. in-8°. br.

2 … 11 ..

1641. Mémoires & Obſervations faites par un
Voyageur en Angleterre. *La Haye*, 1698, *in-12,
fig. v. b.*

4 … …

1642. Voyage en différentes parties de l'Angleterre,

No 1638. Relation. C. Caillard

1639. voyages en france. B.

1640. voyage de Radcliffe. B.

No 1641. memoires. M.

No 1646. Bernier - M. Caillard

No 1651. voyage de le vaillant. M. Caillard

trad. de l'angl. de Will. Gilpin. *Paris*, 1789, 2 vol. *in-8°. br.*

1643. Relation d'un Voyage du Levant, par Pitton Tournefort. *Paris*, *de l'Imp. Roy.* 1717, 2 *vol. in-4°. fig. v. f. Pap. Fin.* — 36..... ..

1644. Voyage & Description de l'Arabie, par Niebuhr, avec le Recueil de Questions de Michaelis. *Amsterdam*, 1776, 4 vol. *in-4°. fig. m. r.* 100....

1645. Jerosolymitana Peregrinatio illust. Principis Nic. Christ. Radzivilii. *Antverpiæ*, 1614, *in-fol. fig. v. rac. dent.* 16.... 4.

1646. Voyages de Franç. Bernier, contenant la description des États du Grand Mogol. *Amsterdam*, 1699, 2 *vol. in-12*, *fig. v. f.* 5 ... 6 ...

1647. Anciennes Relations des Indes & de la Chine, de deux Voyageurs mahométans, trad. de l'Arabe. *Paris*, 1718, *in-8°. v. b.* 5....

1648. Voyage dans l'intérieur de la Chine, & en Tartarie, par Lord Macartney. *Paris*, 1798, 6 vol. *in-8°. fig. br.* — 24.... 11..

1649. Voyage en Sibérie, fait par ordre du Roi, en 1761, par Chappe d'Auteroche. *Paris*, 1768, 3 *vol. gr. in-4°. fig. v. éc.* == Atlas pour le Voyage en Sibérie. *In-fol. max. vélin.* 73....

1650. Voyages de M. Shaw dans plusieurs provinces de la Barbarie & du Levant. *La Haye*, 1743, 2 vol. *in-4°. fig. v. f.* 16..

1651. Premier Voyage de M. le Vaillant dans l'intérieur de l'Afrique par le Cap de Bonne-Espérance. *Paris*, 1790, 2 *tom. en 1 vol. in-4°. Pap. Vél. fig. col. br.* Il n'y a eu que 12 exempl. tirés sur ce Papier. — 52....

1652. Vera Historia admirandæ Navigationis, quam Huld. Schmidel ab anno 1534 — 1554, in Americam confecit. *Norimbergæ*, 1590; *in-4°. fig. v. m.* 6..

I 4

1647. Double. 3...

1653. Aventures du S^r. le Beau, ou Voyage curieux parmi les Sauvages de l'Amérique Septen-
trionale. *Amsterd.* 1738, 2 *vol. in-12, fig. v. f.*

1654. Nic. Klimii Iter subterraneum. *Hafniæ,*
1741, *in-8°. fig. v. m.*

Chronologie & Histoire Universelle.

1655. Tablettes Chronologiques de l'Histoire Uni-
verselle sacrée & profane, depuis la création du
Monde jusqu'à l'an 1775, par Lenglet Dufresnoy.
Paris, 1778, 2 *vol. in-8°. v. éc.*

1656. Exercitationes duæ de ætate Phalaridis & Pythagoræ, ab H. Dodwello. *Lond.* 1704, *in-8°. v. m.*

1657. De Calendariis in genere, & speciatim de
Calendario ecclesiastico Dissertatio, auct. Frid.
Althano. *Venetiis,* 1753, *in-8°. v. porph. dent.*

1658. Thad. Duni de Arte numerandi dies Men-
sium per Nonas, Idus & Calendas, liber.
Tiguri, 1610, *in-12, m. r.*

1659. Discours sur l'Histoire Universelle, par
Bossuet. *Paris,* 1681, *in-4°. v. m.*

1660. Les Ruines, ou Méditations sur les revolutions des Empires, par Volney. *Paris,* 1791, *in-8°.
br.* == Motifs des Guerres & des traités de Paix de
la France, par Anquetil. *Paris, l'an VI, in-8°. br.*

1661. Histoire des Choses les plus mémorables
advenues en Europe depuis l'an 1130 — 1610,
par P. Colins. *Tournay,* 1643, *in-4°. m. r.*

1662. La Chronique scandaleuse, ou Mémoires
pour servir à l'Histoire de la génération présente.
Paris, 1791, 5 *vol. in-12, br.*

HISTOIRE ECCLÉSIASTIQUE.

1663. Annales veteris & novi Testamenti, Aut.
Jac. Usserio. *Genevæ,* 1722, *in-fol. v. b.*

No 1656. Excercitationes. Lit. Cam.
1657. de Calendariis. B.

1663 usserius. c. sac. amta aitt

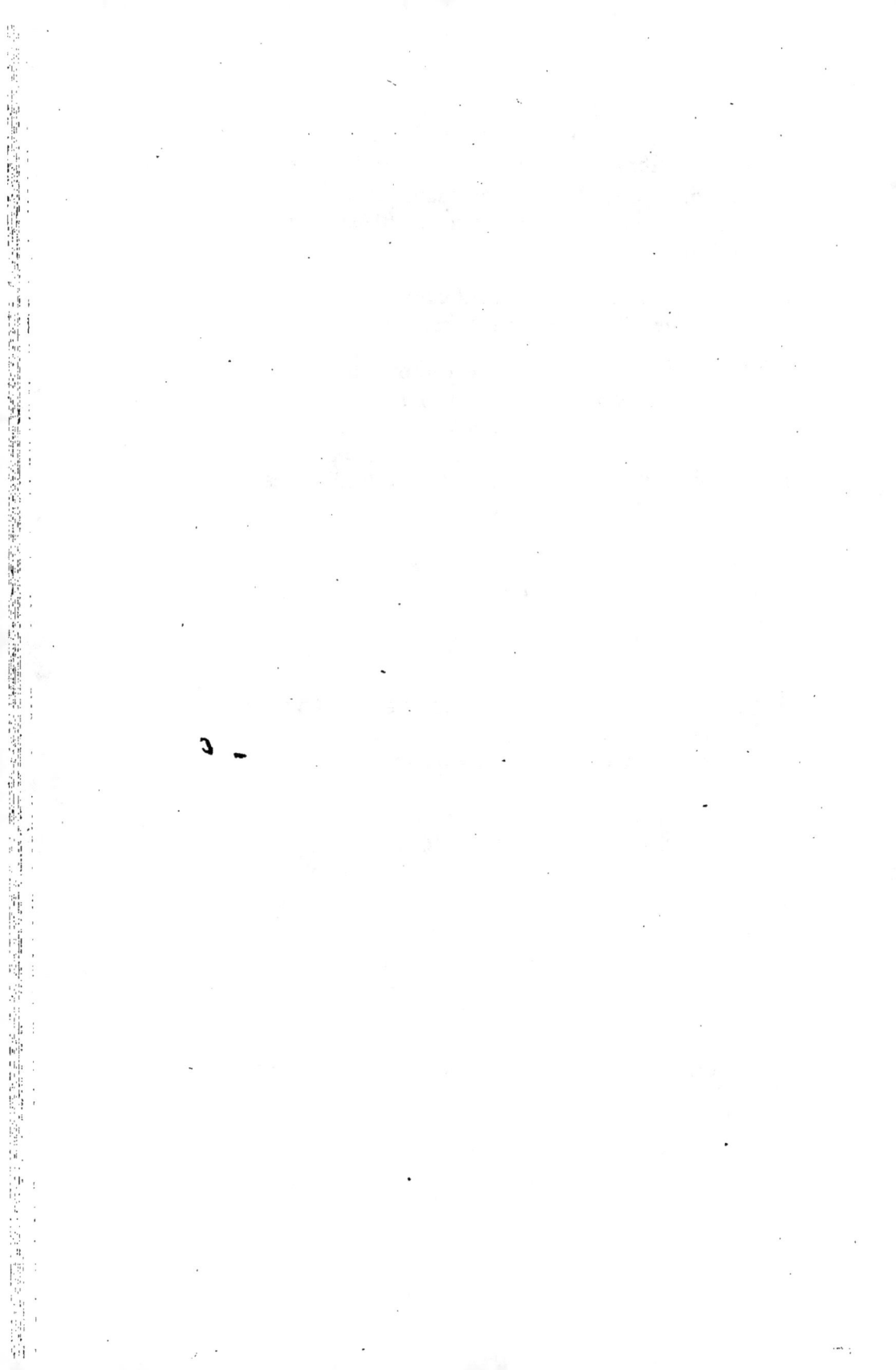

1664. Eufebii Pamphili Hiftoria Ecclefiaftica, interprete Rufino. *Mantuæ*, 1479, *in-fol. m. r.* — 16 — 2

1665. Abregé de l'Hiftoire Eccléfiaftique de Fleury, par le Roi de Pruffe Frederic II. *Berne*, 1766, 2 *vol. in-12, dem rel.* — 1 — 16

Hiftoires des Papes, des Cardinaux, des Ordres Monaftiques & Militaires, &c.

1666. Jo. Bapt. Platinæ Vitæ fummorum Pontificum. *Nurembergæ*, 1481, *in-fol. m. r. goth.* — 7

1667. Erreur Populaire de la Papeffe Jane, par Florimond de Raemound. *Lyon*, 1595, *in-8°. vél.* — 3 — 12

1668. Hiftoire de la Papeffe Jeanne, trad. du lat. de Spanheim. *La Haye*, 1736, 2 *vol. in-8°. fig. v. j.* — 4

1669. Analeɛta Hiftorica de Hadriano Sexto, Papa Romano; edidit Cafp. Burmannus. *Traj. ad Rhen.* 1727, *in-4°. fig. v. f.* — 3 — 4

1670. Le Syndicat du Pape Alexandre fept. 1669, *in-12, m. r.* — 2

1671. Jof. Stevani de Adoratione Pedum Romani Pontificis liber. *Venetiis*, 1578, *in-8°. parch.* = De Coronis & Tonfuris Paganorum, Judæorum, Chriftianorum libri tres, auɛt. Profp. Stellartio. *Duaci*, 1625, *in-12, v. b.* — 1

1672. Hiftoire des Conclaves. *Cologne*, 1703, 2 *vol. in-8°. fig. v. m.* — 3

1673. De Rebus geftis a Francifco Ximenio, Cifnerio, Archiepifc. Tolet. libri oɛto, Alv. Gomecio authore. *Compluti*, 1569, *in-fol. m. v. dent.* — 7

1674. Brieve Hiftoire de l'Inftitution des Ordres Religieux, par Fialetti. *Paris*, 1658, *in-4°. fig. v. b.* — 2 — 10

1675. Liber qui intitulatur Arbor Vitæ Crucifixæ 50

N° 1671. Double — v. f. — 2

Jesu, auct. Ubertino de Casali. *Venetiis, per Andream de Bonettis de Papia*, 1485, *infol. m. cit.* Rarissimus.

5 1676. L'Alcoran des Cordeliers, trad. en françois. *Geneve*, 1560, *in-8°. m. verd.* = La Legende Dorée des Frères Mandians. *Leyde*, 1608, *in-8°. v. f.*

18 1677. L'Alcoran des Cordeliers, avec la Legende Dorée. *Amsterdam*, 1734, 3 *vol. in-12, fig. m. r.*

6...17. 1678. Les Aventures de La Madona & de François d'Assise, par Renoult. *Amsterdam*, 1745, *in-12, fig. baf.*

4...1.. 1679. De verâ causâ Secessus S. Brunonis in eremum, Dissert. Joan. de Launoy. *Argentorati*, 1656, *in-12, m. r.*

3...19.. 1680. Beati Ambrosii abbatis Camaldulensis Hodoeporicon, auct. Nicol. Bartholini. *Florentiæ*, *in-4°. m. r.*

3....6.. 1681. Mémoires d'une Société célèbre, considerée comme Corps littéraire & académique, depuis le commencement de ce siècle, par Grosier. *Paris*, 1792, 3 *vol. in-8°. br.*

15.... 1682. Histoires des Chevaliers Hospitaliers de Saint-Jean de Jerusalem, aujourd'hui Chevaliers de Malte, par de Vertot. *Paris*, 1726, 4 *vol. in-4°. fig. v. éc. Gr. Pap.*

2... 1683. Histoire de l'Ordre des Templiers, par P. Du-Puy. *Bruxelles*, 1751, *in-4°. v. m.*

HISTOIRE SAINTE.

Actes des Martyrs, &c.

D. 6...2 1684. De SS. Martyrum Cruciatibus, Ant. Gallonii liber. *Romæ*, 1594, *in-4°. fig. m. cit.*

2... 1685. Historia Persecutionum, quas in Africâ

No 1684. Galloway. C. Caill.

1695. Dissertatio. B.

olim circa D. Auguſtini tempora, Chriſtiani perpeſſi ſunt. *Coloniæ*, 1537, *in-8°. m. r.*

1686. Hiſtoria delle Sante Virgini Romane, opera di Ant. Gallonio. *In Roma*, 1591, *2 vol. in-4°. fig. v. f.* - - - - - - - - - - - *9 ··· 10⸴*

Hiſtoire des Religions, des Héreſies, des Héretiques, & des Inquiſitions.

1687. Origine de tous les Cultes, par Dupuis. *Paris, l'an III*, 12 *vol. in-8°.* & 1 *vol. in-4°.* d'*Atlas, br.* - - - - - - - - - *10 ···· 5··*

1688. Les Religions du Monde, trad. d'Alexandre Roſſ, par la Grue. *Amſt.* 1669, *in-12, fig. v. br.* *1 ··· 10··*

1689. Hiſtoire générale des cérémonies & coutumes religieuſes de tous les Peuples du monde, avec des explications, par Banier & le Maſcrier. *Paris*, 1741, 7 *vol. in-fol. v. m. fig. de B. Picard.* *80 ·· 1.*

1690. Ant. Van Dale Diſſertationes de origine & progreſſu Idololatriæ. *Amſtel.* 1696, *in-4°. v. f.* *3 ···· 15⸴*

1691. De Religione Gentilium, auth. Edoardo Barone Herbert de Cherbury. *Amſtelodami*, 1700, *in-8°. v. b.* - - - - - - - - - - *2 ···· 19⸴*

1692. Hiſtoire de la Créance & des Coutumes des nations du Lévant, par de Moni. *Francfort*, 1684, *in-12, v. m.* - - - - - - - - - *4 ···· 3·*

1693. Diſſertatio de Origine, Nomine ac Religione Maronitarum, auct. F. Nairono, ſyriacè & lat. *Romæ*, 1679, *in-8°. vél.* - - - - *2 ····*

1694. La Religion ancienne & moderne des Moſcovites. *Cologne*, 1698, *in-8°. fig. v. f.* - - - *2 ····*

1695. Diſſertatio Hiſtorico-philoſophica de Atheiſmo, ſive Hiſtoria Atheiſmi, auct. J. Th. Philipps. *Londini*, 1716, *in-8°. v. f.* - - - - *4 ··· 13··*

1696. Jac. Frid. Reinmanni Hiſtoria univerſalis Atheiſmi & Atheorum. *Hildeſiæ*, 1725, *in-8°. vél.* *4 ···· 19··*

1694. Double - - - - - - - - - *2 ··*

7 ---- 12 · 1697. Histoire générale des Dogmes & Opinions philosophiques. *Londres*, 1769, *3 vol. in-8°. baf.*

2 ---- 1698. De Tribus Impostoribus magnis liber, curâ Christ. Kortholti. *Hamburgi*, 1700, *in-4°. br.*

8 ---- 1699. Traité des trois Imposteurs, trad. du latin. *in-8°. v. f.* Manufcrit fur papier.

18 ---- 1. 1700. Histoire critique de Manichée & du Manichéisme, par de Beausobre. *Amsterdam*, 1734, *2 vol. in-4°. v. f.*

4 ---- 1701. Histoire des Anabaptistes. *Paris*, 1695, *in-12, fig. v. f.*

12 ---- 1702. Theatrum crudelitatum Hæreticorum nostri temporis. *Antverpiæ*, 1587, *in-4°. fig. m. r.*

3 ---- 9 · 1703. Théâtre des cruautés des Hérétiques de notre temps. *Anvers*, 1588, *in-4°. fig. v. b.*

6 --- 19 · 1704. Exposition de l'Origine, de la Doctrine, des Ufages, &c. de l'unité des Frères connus fous le nom de Frères de Bohême & de Moravie. 1758, *in-8°, fig. v. m.*

3 --- 11 · 1705. The History of the Evangelical Churches of the Valleys of Piemont, by S. Morland. *London*, 1658, *in-fol. fig. v. b.*

3 --- 19 · 1706. Gerardi Croesii Historia Quakeriana. *Amst.* 1695, *in-8°. vélin.*

5 -- 12 · 1707. Histoire de la naissance & du progrès du Kouakerisme. *Cologne*, 1692. = Traité de l'origine des romans, par Huet. *Paris*, 1693, *in-12, maroquin rouge.*

5 ---- 16 · 1708. Christ. Schoettgenii de Sectâ Flagellantium Commentatio. *Lipsiæ*, 1711, *in-8°. vél. dent.*

2 --- 1 · 1709. Histoire des Flagellans, par l'abbé Boileau. *Amst.* 1701, *in-12, v. f.*

8 ---- 1710. De Origine & Progressu Officii Sanctæ Inquisitionis libri tres, auct. Ludovico a Paramo. *Matriti*, 1588, *in-fol. parch.*

3 -- 19 -- 1708. Double, v. f.

1697. Hist. of Dogmes. B.

1704. exposition. c. varr.

1712. procedure. B.

1713. ~~Archidiaconatie~~. B.

1711. Philippi a Limborch Historia Inquisitionis. *Amstel.* 1692, *in-fol. fig. vél.* — — — — 7 .. 6

1712. Procédures curieuses de l'Inquisition de Portugal contre les Francs-Maçons. *In-12, v. m.* — 3 10

1713. Abrégé de l'Histoire de la Franche-Maçonnerie. *Lausanne,* 1779, *in-8°. v. m.* — — 2 7

1714. L'Ordre des Francs-Maçons trahi & le Secret des Mopses revélé. *Amsterdam,* 1756, *in-12, veau marbré.* — — — — — — — 5 15

HISTOIRE PROPHANE.

Histoire des Juifs, &c.

1715. Histoire des Juifs, trad. de Joseph, par Arnauld d'Andilly. *Bruxelles,* 1701, 5 *vol. in-8°. fig. v. m.* — — — — — — 20 16

1716. L'Histoire d'Egesippe, contenant plusieurs guerres des Juifs & la ruine de Jérusalem, trad. par J. Millet. *Paris,* 1556, *in-4°. v. m.* — — — 20 1

1717. Histoire des Juifs & des Peuples voisins, par Prideaux. *Amsterd.* 1755, 2 *vol. in-4°. fig. v. m.*

1718. Cérémonies & Coutumes qui s'observent aujourd'hui parmi les Juifs, trad. de Leon de Modene, par de Simonville. *Paris,* 1710, *in-12, m. verd, dent.* — — — — — — 7 ....

1719. Jac. Perizonii Ægyptiarum originum & temporum antiquissimorum Investigatio. *Traj. ad Rhen.* 1736, 2 *vol. in-8°. vél.* — — — 9 2

1720. Fragmenta vetustissimorum Authorum, summo studio recognita. *Basileæ,* 1530, *in-4°. vél. dent.* 7 16

1721. Dictys Cretensis & Dares Phrygius de Bello Trojano, cum notis variorum. *Amstelæd.* 1702, 2 *vol. in-8°. v. f.* — — — — — 8 19

1722. Histoire ancienne des Égyptiens, &c., par Rollin. *Paris,* 1740, 6 *vol. in-4°. v. m.* — — 34 3
5 ....

1711. Double — — — — —

Histoire Grecque & Romaine.

1723. Voyage du jeune Anacharfis en Grèce, par l'Abbé Barthelemy. *Paris*, 1789, 7 *vol. in-8°. & Atlas in-4°. br.*

1724. Pet. Weffelingii Differtatio Herodotea. *Traj. ad Rhen.* 1758, *in-8°; v.f.*

1725. Hiftoire Univerfelle de Diodore de Sicile, trad. du grec par Terraffon. *Paris*, 1737, 7 *vol. in-12, v. m.*

1726. Quinti Curtii Rufi de rebus geftis Alexandri magni libri fuperftites, curâ Henr. Snakenburg. *Delphis*, 1724, 2 *vol. in-4°. v. éc. fig. Ch. Mag.*

1727. Hiftoire de l'ancienne Grèce, de fes colonies & de fes conquêtes, trad. de l'ang. de Gillies, par Carra. *Paris*, 1787, 6 *vol. in-8°. br.*

1728. Petri Petiti de Amazonibus Differtatio. *Amft.* 1687, *in-12, fig. vél.*

1729. Les Antiquités Romaines de Denys d'Halicarnaffe, trad. par Bellanger. *Paris*, 1723, 2 *vol. in-4°. v. b.*

1730. Titi Livii Hiftoriarum quod extat, ex recenfione J. Fr. Gronovii. *Amftelodami, D. Elzevirius,* 1678, *in-12, m. r. dent. doubl. de tabis.*

1731. Titi Livii Pat. Hiftoriarum libri XXXV, recenf. J. B. L. Crevier. *Parif.* 1735, 6 *vol. in-4°. baf.*

1732. Les Concions & Harangues de Tite Live, trad. par J. de Amelin. *Paris, Vafcofan,* 1567, *in-8°. m. verd.*

1733. Réflexions de Machiavel fur la première décade de Tite Live, trad. par Menc. *Paris*, 1782, 2 *vol. in-8°. v. m. Pap. d'Holl.*

1734. L. An. Flori Epitome Rerum Romanarum, cum notis variorum. *Amftelodami*, 1702, 2 *vol. in-8°. veau marbré.*

1724. Disput. Herodotea. C. Deter. x^{te} *
1725. Diodore xxx. ax^{te} tos. C. caill. je

1735. florus. B.

1736. eutropius. B.

1737. eutropius D. aet

No 1)42. cæsar. Tonson. ell. Larch.

1747. tacitus. B.

1735. L. An. Florus cui subjungitur Luc. Ampelii Liber memorabilis. *Londini*, 1715, *in-8°. v. f. Ch. Mag.* _ . . . . 3. .. 6..

1736. Eutropii Breviarium Historiæ Romanæ, cum notis variorum. *Lugd. Bat.* 1729, *in-8°. vél.* . . . 11 . . . .

1737. Eutropii Breviarium Historiæ Romanæ, cum notis variorum. *Lugd. Bat.* 1762, *in-8°. vél. dent.* . 15 . . . . 8 D

1738. S. Aurelii Victoris Historiæ Romanæ Breviarium, cum not. var. *Traj. ad Rhen.* 1696, *in-8°. vél.* . 11 . . . .

1739. Appiani Alexandrini Romanarum Historiarum libri, gr. & lat. cum notis var. *Amst.* 1670, 2 *vol. in-8°. v. b.* _ _ _ _ _ _ . 12 . . . D

1740. Appianus Alexandrinus de civilibus Romanorum Bellis, ex translatione Pet. Candidi. *Venetiis, per Bernardinum Pictorem*, 1477, *in-fol. m. r.* . 24 ..

1741. C. Crispus Sallustius & L. An. Florus. *Birminghamiæ, Baskerville*, 1774, *in-12, v. éc.* . . 2 . . . . 12.

1742. C. Jul. Cæsaris Opera omnia. *Londini, Tonson*, 1716, *in-8°. v. f. Ch. Mag.* _ _ _ . . 6 . . . 12 D

1743. C. Julii Cæsaris Commentarii, cum notis var. curante Fr. Oudendorpio. *Lugd. Bat.* 1737, *in-4°. v. m.* _ _ _ _ _ . 19 . . .

1744. La Guerre des Suisses, trad. des Commentaires de César, par Louis XIV. *Paris, Imp. Roy.* 1651, *in fol. fig. v. b.* _ _ _ _ . 8 . . . 19..

1745. Observations upon Cæsar's Commentaries, by Cl. Edmundes. *London*, 1609, *in-fol. fig. v. f.* . 2 . . . . 8..

1746. C. Corn. Taciti Opera, cum notis variorum, curâ Jac. Gronovii. *Amstel. apud Dan. Elzevirium*, 1672, 4 *vol. in-8°. v. b.* _ . . . . . 19 . . . .

1747. C. Corn. Taciti Opera, cum notis Th. Ryckii. *Lugd. Bat.* 1687, 2 *vol. in-8°. m. verd, Ch. Mag.* _ _ _ . . . 27 . . . 19.

1748. C. Corn. Taciti quæ extant Opera, rec. J. \ 10 . . . . 12 ..

1744. Double _ . . . . . 6 . . . .

1747. Double pret pras . _ _ _ . . . 9 . . .

N. Lallemand. *Parifiis , Barbou* , 1760 , 3 *vol.*
in-12 , v.f.

5 4 ^{tt} .... 19 ^o 1749. C. Corn. Taciti Opera , ex recenf. & cum
notis Gab. Brotier. *Parifiis* , 1771 , 4 *vol. in-4°.*
veau écaille.

6 ... 11 .. 1750. Jani Thaddæi de Germanorum veterum avi-
ditate bibendi , ad C. Corn. Taciti de Germaniâ
cap. IV, 22 & 23 Excurfus. *Lipfiæ* , 1751 ,
in-8°. m. r.

4 .... 16.. 1751. Tibere , ou les fix premiers Livres des Annales de Tacite , trad. par la Bleterie. *Paris,*
Imp. Royale , 1768 , 3 *vol. in-12 , fig. v. m.*

7 - ... 1752. Morceaux choifis de Tacite , trad. par d'A-
lembert. *Paris* , 1784 , 2 *vol. in-12 , v. éc.*

8 ... 19. 1753. Difcours Hiftoriques & Politiques fur Tacite & fur Sallufte , par Gordon. *Amfterdam,*
1751 , 5 *vol. in-12 , v. m.*

1 - .. . 1754. C. Suetonius Tranquillus. *Parifiis , e Typ.*
Reg. 1644 , *in-12 , fig. v. b.*

9 ... 12 . 1755. Les douze Cefars , trad. de Suetone , avec
des notes , par de la Harpe. *Paris* , 1770 , 2 *vol.*
in-8°. v. m.

10 - ... 1756. Hiftoire des douze Cefars de Suetone , trad.
par Ophellot de la Paufe. *Paris* , 1771 , 4 *vol.*
in-8°. v. m.

8 ... 3 .. 1757. Zofimi Hiftoriæ , gr. & lat. *Oxonii , e Th.*
Sheldon. 1679 , *in-8°. vél.*

12 - ... 1758. Hiftoriæ Auguftæ Scriptores fex , cum not.
var. *Lugd. Bat.* 1671 , 2 *vol. in-8°. v. b.*

22 ... 5 .. 1759. Hiftoire Romaine depuis la fondation de
Rome jufqu'a la tranflation de l'Empire , par
Conftantin , trad. de l'angl. de Laurent Echard.
Paris , 1728 , 16 *vol. in-12 , v. m.*

4 ... 10 . 1760. Œuvres pofthumes d'Athanafe Auger , contenant de la Conftitution des Romains fous les
Rois

D 3 .... 2　1750 Double. *baf*

7 .. ...　1757 Double. *v. b.*

1750. thaddoeus. B.

1753. gordon. c. atger. a p.t le volume.

1766. *Lumaeurf de getif . B.*

1769. *Bruté hipt . fiarentina . M . faill*

Rois & au temps de la République. *Paris*, 1792, 2 *vol. in-8°. br.*

1761. Hiftoire de Ciceron, trad. de l'anglois de Middleton, par l'abbé Prevoft, & lettres de Ciceron à Brutus, trad. par le même. *Paris*, 1749, 5 *vol. in-12*, *v. m.*   12 --- 19

1762. Hiftoire des deux Triumvirats, par Larrey. *Amfterdam*, 1720, 4 *vol. in-12*, *v. f.*   2

1763. Hiftoire des grands Chemins de l'Empire Romain, par Bergier. *Bruxelles*, 1728, 2 *vol. in-4°. fig. vél.*   22

Hiftoire d'Italie.

1764. Tableau de la Cour de Rome, (par Jean Aymon). *La Haye*, 1707, *in-12*, *m. r. l. r.*   2

1765. Hiftoire Civile du Royaume de Naples, trad. de l'italien, de P. Giannone. *La Haye*, 1742, 4 *vol. in-4°. v. éc.*   8 --- 1

1766. Jo. Alb. Lucani de Geftis Regum Neapolitanorum ab Arragonia qui extant libri IV. *Neapoli*, 1589, *in-4°. m. viol.*   6

1767. Barth. Facii de Rebus Geftis ab Alphonfo Primo Neapolitanorum Rege libri X. *Lugduni*, 1560, *in-4°. v. f.*   1 --- 16

1768. De Etruriæ regionis, quæ prima in orbe Europæo habitata eft, Originibus, Inftitutis, &c. Guill. Poftelli Commentatio. *Florentiæ*, 1551, *in-4°. m. cit.*   3 --- 19

1769. Jo. Mich. Bruti Florentinæ Hiftoriæ libri octo priores. *Lugduni*, 1562, *in-4°. v. f.*   3

1770. La Ville & la République de Venife, par de Saint Difdier. *Amfterdam*, *Daniel Elzevier*, 1680, *in-12*, *m. r.* ═ Thorn affligée, ou relation de ce qui s'eft paffé dans cette Ville, depuis le 16 Juillet 1724. *Amft.* 1726, *in-12 fig. v. f.*   6

K

1771. Histoire du Gouvernement de Venise, par Amelot de la Houssaye. *Amsterdam*, 1705, 3 *vol. in-*12, *fig. v. f.*

1772. Histoire de la Ligue faite à Cambray contre la République de Venise, par Dubos. *Paris*, 1728, 2 *vol. in-*12, *v. m.*

1773. Le Memorie Bressiane di Octavio Rossi. *In Brescia*, 1693, *in-*4°. *fig. v. f.*

1774. Historia di Cremona, da Antonio Campo. *In Cremona*, 1585, *in-fol. fig. v. b.* Rarus.

1775. Della Descrittione di Malta del Commendatore G. Fr. Abela. *In Malta*, 1647, *in-fol.* fig. *veau brun.*

Histoire de France.

1776. Antiquités de la Nation & de la Langue des Celtes, par D. P. Pezron. *Paris*, 1703, *in-*12, *v. b.*

1777. Histoire de l'État & République des Druides, Eubages, &c. par N. Talepied. *Paris*, 1583, *in-*8°. *v. m.*

1778. Histoire mémorable des expéditions depuis le Déluge, faites par les Gaulois ou François, par Guill. Postel. *Paris*, 1552, *in-*18, *m. r.*

1779. Histoire critique de l'établissement de la Monarchie Françoise dans les Gaules, par Dubos. *Paris*, 1742, 2 *vol. in-*4°. *v. f.*

1780. La République Françoise en 84 Départemens ; Dictionnaire Géographique & Méthodique. *Paris*, 1793, *in-*8°. *br.*

1781. Histoire de France avant Clovis, par Mezeray. *Amst.* 1700, *in-*12, *bas.*

1782. Abregé Chronologique de l'Histoire de France, par Mezeray, avec l'Avant Clovis. *Amst.* 1673, 7 *vol. in-*12, *m. r. & v. m.*

1783. Comparaison des deux Histoires de Mezeray

1776. Dezzav . Cit . Caill .

1779. lipt. critique. M. Barroy pu. ai.tt

1793. Diceptatio. B.

& du P. Daniel, par D. Lombard. *Amsterdam*, 1723, *in-4°. v. b.*

1784. Histoire de France, par Velly, Villaret & Garnier. *Paris*, 1770, 13 *vol. in-4°. & les* 2 1rs *vol. de portraits, v. éc.* . . . .   61 . . . . 1.

1785. Le Livre de la Toison-d'Or, traitant des hauts, vertueux & magnanimes Faits des Maisons de France, de Bourgogne, & de Flandres, & autres Princes, par Guillaume, évêque de Tournay. *Troyes*, 1530, *in-fol. v. b. goth.* . . .   7 . . . . 1.

1786. Les Œuvres d'Estienne Pasquier. *Amsterdam*, 1723, 2 *vol. in-fol. v. m. Gr. Pap.* . . . . 12 . . . 10.

1787. Notice des Diplômes, des Chartes & des actes relatifs à l'Histoire de France, par de Foy. *Paris, Imp. Roy.* 1765, *in-fol. v. m.* . . . . . .   1 . . . 2. . . .

1788. La Grand Monarchie de France, par Claude de Seyssel. *Paris, Galiot Dupré*, 1557, *in-8°. v. b.* .   1 . . . . 12. .

1789. Les Monumens de la Monarchie Françoise, par Dom B. de Montfaucon. *Paris*, 1729, 5 *vol. in-fol. v. m. fig. Gr. Papier.* . . . . 179 . . . 19 . .

1790. Aurelianensis Puellæ Historia, auct. J. Hordal. *Ponti-Mussi*, 1612, *in-4°. vél.* . . . .   1 . . . 5. .

1791. Histoire de Jeanne d'Arc, Vierge, Héroïne & Martyre d'état, tirée des procès & autres pièces originales du temps, par Lenglet du Fresnoy. *Par.* 1753, 3 *tom. rel. en* 1 *vol. in-12, v. f.* . .   3 . . . . 19 . .

1792. Les Mémoires de Philippe de Commines. *Leide, les Elzeviers*, 1648, *in-12, v. b.* . . . . . .   2 . . . . 13 . . .

1793. Disceptatio Oratorum duorum Regum, Romani scilicet & Franci super raptu illust. Ducissæ Britannicæ. *In-4°. m. viol. goth.* 3 2

1794. La Sciomachie & Festins faits à Rome, au Palais de M. le cardinal du Bellay, pour la naissance de M. d'Orléans. *Lyon*, 1549, *in-8°. v. f.* . .   2 . . . 4. .

1795. De Furoribus Gallicis, horrendâ & indignâ .   5 . . . .

amirallii Caftillionei, & nobilium Virorum cæde, &c. Ern. Varamundo auct. *Edimburgi*, 1573, *in*-4°. *m. r.*

2^{lt} --- 10^s. 1796. Casp. Colinii Caftellonii, magni quondam Franciæ amiralii, Vita. 1575, *in*-8°. *m. r.*

16. . . . . . 1797. La Vie & les Mémoires de Gafpard de Coligny, amiral de France. *Leyde, Ab. & Bon. Elzevier,* 1643, *in*-12, *m. cit.*

21 --- 1.. 1798. La Légende de Maître Jean Poifle, contenant quelques Difcours de fa vie, déportemens, &c. 1576, *in*-8°. *m. r.*

7 --- 3 ... 1799. Le Cabinet du Roi de France, dans lequel il y a trois Perles précieufes d'ineftimable valeur, par Nic. Fromenteau. 1581, *in*-8°. *m. r.*

2 --- 5.. 1800. La Légende de Domp Claude de Guife, abbé de Cluny. 1581, *in*-8°. *m. r.*

2 . . . . . . 1801. Le Miroir des François, contenant l'eftat & maniement des affaires de France, avec le Réglement requis par les trois États pour la pacification des troubles, abolition des exceffives tailles & gabelles, dons gratuits & charitatifs, &c. &c. par Nic. de Montaud. 1582, *in*-8°. *v. m.*

4 --- 19 .. 1802. Le Martyre des deux Frères de Guife. 1589, *in*-8°. *m. r.*

2 . -. . 4 .... 1803. Les Mœurs, Humeurs & Comportemens de Henry de Valois. *Paris,* 1589, *in*-8°. *v. éc.*

8 - . . . . . . 1804. Deux Devis, d'un catholique & d'un politique pour jurer l'union des catholiques, par J. le Boffu. *Nantes,* 1589, *in*-8°. *m. r. dent.*

2 . . . . - 1805. Les Aventures du Baron de Fœnefte, par d'Aubigné. *Cologne,* 1729, 2 *vol. in*-8°. *v. br.*

3 . . . . . . 1806. Satyre menippée de la vertu du catholicon d'Efpagne, &c. *Ratisbonne,* 1664, *in*-12, *fig. maroquin rouge.*

9 . --- 8.. 1807. Satyre menippée de la vertu du catholicon

1 . . — 12 1806. Double. *v. b.*

4 . . . . . . 1797. Double. *v. f.*

7 --- . 1 .... 1799. Double. *m. R.*

1797. Vie de Coligny. ~~[crossed out]~~ M. Caill

1799. Double M. caillard

d'Espagne, &c. *Ratisbonne*, 1709, 3 *vol. in-8°.*
veau écaille.

1808. La même Satyre menippée. *Ratisbonne*, 1711, 3 *vol. in-8°. v. f.* — 9 ...

1809. Le Banquet & Après-dînée du comte d'Arete, où il fe traite de la diffimulation du Roi de Navarre, &c. par Dorléans. 1594, *in-8°. v. f.* — 2 ...

1810. Journal des Règnes de Henri III & Henri IV, par P. de l'Eftoile. *La Haye*, 1744, 9 *vol. in-8°. v. m.* — 22 ... 12

1811. L'Affaffinat du Roi, ou Maximes du vieux de la Montagne Vaticane, & de fes affaffins. 1615, *in-8°. m. r.* — 3 ... 5

1812. Procédure faite contre Jean Chaftel, pour le parricide par lui intenté contre Henry IV. *Paris*, 1595. ═ Arrêt du Parlement, contre François Ravaillac. *Paris*, 1610, *in-12, parch.* — 4 ... 1

1813. Apologie pour Jean Chaftel, par Franç. de Verone, (Jean Boucher). 1595, *in-8°. peau de truie.* — 3 ... 10

1814. Recueil de Pièces fur l'Hiftoire de Henry IV, dont la Chemife fanglante de Henry le Grand. *In-8°. m. verd.* — 18 ... 12

1815. Duæ Pyramydes, una nova, altera vetus, de attentato Parricidio Ignatianæ Sectæ in Henrico IV Rege Chrift. *Lutetiæ Parifiorum, in-4°. veau marbré.* — } 8 ...

1816. Hiftoire du Roi Henri le Grand, par de Perefixe. *Amfterdam, Louis Elzevier*, 1661, *in-12, m. r.*

1817. Mémoires de la Reine Marguerite. *Bruxelles*, 1658, *in-12, m. bl.* — 8 ...

1818. La Vie de François de la Noüe, dit Bras-defer, par M. Amirault. *Leide*, *J. Elzevier*, 1661, *in-4°. v. b.* — 1 ... 10

1819. Les Mémoires du Duc de Rohan. 1644, — 5 ... 4

K 3

1813. Double. m. R. dent ... 4 ... 16

1817. Double. v. f. — 3 ...

in-12, *m. bl.* ═ Mémoires de M. de Lionne au Roi. 1668, *in-12, m. r.*

1820. La Conjuration de Conchine. *Paris*, 1619, *in-8°. v. m.*

1821. Codicilles de Louis XIII à son très-cher fils aîné & successeur. *In-24, v. f.* Très-Rare.

1822. Mémoires d'un favori du Duc d'Orléans. *Leyde*, 1668, *in-12, v. b.* ═ Mémoires du Duc d'Orléans. *Amsterdam*, 1685, *in-12, v. b.*

1823. Histoire de l'exécution de Cabrières & de Merindol, & d'autres lieux de Provence. *Paris*, 1645, *in-4°. v. b.*

1824. Mémoires de Montresor. *Leyde*, 1665, 2 *vol. in-12, vélin.*

1825. Histoire des Diables de Loudun, ou de la Possession des Religieuses Ursulines. *Amsterdam*, 1694, *in-12, baf.*

1826. Mémoires de la minorité de Louis XIV, par le Duc de la Rochefoucauld. *Trevoux*, 1754, 2 *vol. in-12, m. r.*

1827. Mémoires du Cardinal de Retz, de Joly & de Nemours. *Amsterdam*, 1731, 7 *vol. in-12, m. r. dent.*

1828. Jugement de tout ce qui a été imprimé contre le Cardinal Mazarin, par Naudé. *In-4°. parch.* 718 *pages.*

1829. Bouclier d'État & de Justice contre le dessein manifestement découvert de la monarchie univer-selle. 1667, *in-12, m. bl.*

1830. Histoire du Vicomte de Turenne, par de Ramsay. *Paris*, 1735, 2 *vol. in-4°. fig. v. m.*

1831. Relation des violences exercées par les Fran-çois au Palatinat, en 1673 & 1674. *Cologne*, 1674, *in-12, m. r.*

1832. Apologie de Louis XIV & de son Conseil sur

854. portraits. D.

la révocation de l'édit de Nantes. 1758 , *in-8°.*
veau marb.

1833. Les Soupirs de la France efclave qui afpire
après fa liberté , en XV mémoires. *Amfterdam ,*
1690, *in-4°. v. b.* Rare. . _ _ . _ . . .   16 .... 15.

1834. Divers Portraits, (par Mlle de Montpenfier).
1659 , *in-4°. v.f.* _ . _ . _ . _ . . .   3 . _ . 2

1835. Caractères de la Famille Royale , des Miniftres
d'État , & des principales Perfonnes de la Cour
de France. *Villefranche ,* 1704 , *in-12 , v. éc.* _ . _ .   2 .... 6.

1836. Mémoires du Duc de Saint Simon , avec le
Supplément. *Paris ,* 1788 , 7 *vol. in-8°. br.* _ . _ _   7 ....

1837. Scarron apparu à Mme de Maintenon , & les
reproches qu'il lui fait fur fes amours avec Louis
le Grand. *Cologne ,* 1694, *in-12 , m. verd.* _ _ _ _ .   4 .... 12.

1838. L'Alcoran de Louis XIV , ou le Teftament
Politique du Cardinal Mazarin. *Rouen ,* 1695,
in-12 , m. verd. _ _ . _ _ . _ . . .   6 ....

1839. La France ruinée fous le règne de Louis XIV,
par qui & comment. *Cologne,* 1696, *in-12, m. verd.* . . 6 .... 1.

1840. La Pefte du Genre Humain , ou la Vie de Julien l'apoftat , mife en parallele avec celle de
Louis XIV. *Cologne,* 1696 , *in-12 , m. viol.* . . .   8 ....

1841. Luxembourg apparu à Louis XIV , fur le
rapport du P. Lachaife. *Cologne ,* 1718 , *in-12 ,*
mar. rouge.   3 ....12.

1842. Le Véritable Homme dit au Mafque de fer.
Paris , 1791 , *in-8°. br.* = Lettres de P. Manuel
fur la Révolution. *Paris, l'an* 3 , *in-8°. br.* = Cor-
refpondance des Émigrés. *Paris ,* 1793 , *in-8°. br.* ~   3 . _ _

1843. Hiftoire du règne de Louis XIV , par Re-
boulet. *Avignon ,* 1744, 3 *vol. in-4°. v. m.* Avec
les Portraits. _ _ . _ . _ . . .   7 .... 19 2

1844. Le Siècle de Louis XIV , par Voltaire. *Leip-*
fick, 1752, 4 *vol. in-12 , v. m.* _ _ . _ .   2 . . . 2

1835 Double. in 12. v. m. . . . .   3 ---- 10.

2 ...... 1845. Le Siècle de Louis XIV, par Voltaire. *Genève,* 1769, 2 *vol. in-*4°. *m. r.*

3 ...... 1846. Mémoires secrets sur les règnes de Louis XIV & de Louis XV, par Duclos. *Paris,* 1791, 2 *vol. in-*8°. *br.* = Voyage en Italie par le même. *Paris,* 1791, *in-*8°. *br.*

3 ...... 1847. Mémoires de la minorité de Louis XV, par Massillon. *Paris,* 1792, *in-*8°. *br.* = Vie de Catherine II, Impératrice de Russie. *Paris,* 1797, 2 *vol. in-*8°. *fig. br.*

3 .... 2 .. 1848. Mémoires de Mme de Staal. *Londres,* 1755, 4 *tom. rel. en* 2 *vol. in-*12, *v. m. Gr. Pap.*

2 .... 12 .. 1849. Mémoires de M. du Guay-Trouin. 1740, *in-*4°. *fig. v. m. Gr. Pap.*

5 .... 4 .. 1850. Mémoires secrets pour servir à l'Histoire de Perse (de la France). *Amsterdam,* 1745, *in-*12, *mar. verd.*

2 ...... 1851. Lettres, Mémoires & Négociations particulières du Chevalier d'Eon. *Londres,* 1764, *in-*4°. *veau marb.*

3 .... 1. 1852. Mémoire servant à établir la souveraineté du Roi sur la ville d'Avignon, & le comté Venaissin. 1769, 2 *vol. in-*8°. *m. r.*

3 .... 19. 1853. Vie Privée de Louis XV. *Londres,* 1781, 4 *tom. rel. en* 2 *vol. in-*12, *v. m.*

2 ...... 1854. L'Ami des François. 1771, *in-*8°. *m. r. doub. de tabis.*

5 .... 2 .. 1855. Mémoires du Maréchal Duc de Richelieu, pour servir à l'histoire des cours de Louis XIV, Louis XV & Louis XVI. *Paris,* 1790, 4 *vol. in-*8°. *br.*

15 .... 8 1856. Collection complette des travaux de Mirabeau l'aîné à l'Assemblée Nationale. *Paris,* 1791, 5 *vol. in-*8°. *br.* = Lettres originales du même.

1851. ch. weill. j...

1856. mirabeau. inclassen. ae...

1857. Molleville. inclassen xtt

1863. police. D.

1865. Limagne. c. Barr. xtt

Paris, 1792, 4 *vol. in-8°. br.* = Lettres du même
à ses commettans. *Paris*, 1791, *in-8°. br.*

1857. Mémoires secrets pour servir à l'histoire de
la dernière année du règne de Louis XVI, par
Bertrand de Molleville. *Paris*, 1797, *3 volumes
in-8°. br.* . . . . 6ˡˡ ... 19ˢ

1858. Correspondance trouvée dans les fourgons
du général Klinglin. *Paris*, *l'an VI*, *2 vol. in-8°.
br.* = Correspondance de l'armée françoise en
Egypte. *Paris*, *an 7*, *in-8°. br.* . . . . . 3 ... 14.

1859. Revolutions de France & de Brabant. *4 vol.
in-8°. baſ.* . . . . 1 ... 10.

1860. Limes Franciæ ab Oceano ad Rhenum, auct.
Christ. Hub. Pfeffel. *Argentorati*, 1785, *in-4°. br.* . 1 ...

1861. Histoire de la Bastille, par Constantin de
Renneville. *Amst.* 1715, *5 vol. in-12, m. r.* ... 13 ... 1.

1862. Tableau de Paris, par Mercier. *Amst.* 1788,
les tom. 9, 10, 11 & 12, *in-8°. br.* . . . . 5 ... 9.

1863. La Police de Paris dévoilée, par P. Manuel.
Paris, *l'an II*, *2 vol. in-8°. fig. br.* . . . . 2 ... 4. 2

1864. Recherches de l'Antiquité de la Ville &
Bailliage de Chasteau-Landon. *Paris*, 1662,
in-8°. parch. . . . . 4 ...

1865. Description de la Limagne d'Auvergne, en
forme de Dialogue, avec plusieurs Médailles,
Statues, Oracles, &c. trad. de l'italien de Gab.
Siméon, par Ant. Chappuys. *Lyon*, 1561, *in-4°.
fig. vélin.* . . . . 6 ... 10.

1866. Histoire de la ville de Montpellier, par d'Ai-
grefeuille. *Montpellier*, 1737, *2 vol. in-fol. m. r.
dent. & v. b.* . . . . 5 ... 19.

1867. Les Portraits des plus belles Dames de la
ville de Montpellier, & d'une vieille Demoiselle.
Paris, 1660, *in-4°. m. r.* . . . . 20 ...

1868. Discours Historial de l'antique & illustre - 2 ... 10.

1868. Double . baſ 2

Cité de Nismes, par Jean Poldo d'Albenas. *Lyon,* 1560, *in-fol. fig. baf.*

9 ---- 1869. Histoire de la ville de Marseille, par de Ruffi. *Marseille,* 1696, 2 *tom. en* 1 *vol. in-fol. v. b. Grand Papier.*

2 ------ 1870. De Sacra Ampullâ Remensi Tractatus, auct. Jac. Al. Tenneurio. *Parisiis,* 1652, *in-*4°. *m. r.*

1 ----- 1871. De Mirabili Strumas sanandi vi solis Galliæ Regibus divinitùs conceffâ liber, auct. And. Laurentio. *Parisiis,* 1609, *in-*8°. *v. f.*

14 --- 19 1872. Traité Historique des Monnoïes de France, avec la Differtation, par le Blanc. *Paris,* 1690, *in-*4°. *fig. v. f.*

Histoire d'Allemagne, des Pays-Bas & de Suiffe.

4 --- 5 1873. Nouvel Abregé Chronologique de l'Histoire, & du Droit public d'Allemagne, par Pfeffel. *Paris,* 1777, 2 *vol. in-*8°. *dem. rel.*

3 ---- 1874. Abregé du Droit public d'Allemagne, par Schmettow. *Amst.* 1778, *in-*8°. *dem. rel.* = Droit public d'Allemagne, par Jacquet. *Strasbourg,* 1782, 6 *vol. in-*12, *br.*

8 -- 19 1875. Histoire du Regne de Charles-Quint, trad. de l'anglois de Robertfon. *Paris,* 1771, 2 *vol. in-*4°. *v. j.*

2 ---- 1876. Les Actions Héroïques & Plaisantes de l'Empereur Charles V. *Cologne,* 1683, *in-*12, *fig. v. b.* = Relation Historique de l'Amour de l'Empereur de Maroc pour Mme la Princeffe de Conty. *Cologne,* 1707, *in-*12, *v. m.*

4 ---- 1877. Vienna Auftriæ, Rerum Viennenfium Commentarii, &c. auct. Lazio. *Basileæ,* 1546, *in-fol. m. r.*

2 --- 18 1878. Ziska le redoutable Aveugle, capitaine-général des Bohémiens Évangeliques. *Leide,* 1685, *in-*12, *fig. v. b.*

1874. Droit public. B.

1874. Žiška. B.

1886. abrégé de l'hist. d'anglet. M. atget ai[tt]

1889. metamorphosy. R.

1879. Mémoires pour servir à l'Histoire de la Maison de Brandebourg. *Berlin*, 1751, 2 tom. rel. en 1 vol. *in-4°. v. f. Gr. Pap.* _ _ _ _ _ _   2 tr ....

1880. La Joyeuse & Magnifique Entrée de François, Fils de France, Duc de Brabant, d'Anjou, &c. en sa très renommée ville d'Anvers. *Anvers*, 1582, *in-fol. fig. m. r. dent.* _ _ _   17 ....

1881. Avis Fidèle aux véritables Hollandois, touchant ce qui s'est passé dans les Villages de Bodegrave, &c. 1673, *in-4°. fig. v. f.* _ _ _ _ _   4 .... 16 ..

1882. Les Delices de la Suisse. *Leide*, 1714, 4 *vol. in-12*, *fig. vel.* _ _ _ _ _   9 ....

1883. Histoire de Genève, par Spon. *Genève*, 1730, 2 vol. *in-4°. fig. v. m.* _ _ _   6 .... 2.

Histoire d'Angleterre, d'Écosse, &c.

1884. Histoire d'Angleterre, trad. de l'anglois de David Hume. *Amst.* 1765, 6 vol. *in-4°. v. j.* _ _   31 ....

1885. Histoire d'Angleterre, depuis l'avénement de Jacques Ier, jusqu'à la Revolution, par Cath. Macaulay. *Paris*, 1791, 2 vol. *in-8°. br.* _ _ _   1 .... 17 ..

1886. Abregé Chronologique de l'Histoire d'Angleterre, par Salmon. *Paris*, 1751, 2 *vol. in-8°. v. f.*   6 .... 10 ..

1887. Histoire des Révolutions d'Angleterre, par le Père d'Orléans. *La Haye*, 1739, 2 tom. rel. en 1 vol. *in-4°. v. f. Gr. Pap.* _ _ _   6 ....

1888. Histoire des Guerres civiles d'Angleterre, par de Rosemont. *Amsterdam*, 1690, *in-12*, *m. r.* = Les Conspirations d'Angleterre. *Cologne*, 1680, *in-12*, *m. bl.* _ _ _ _ _   9 .... 10 ..

1889. Metamorphosis Anglorum, sive Mutationes variæ Regum, Regni, Rerumque Angliæ. 1653, *in-12*, *m. r.* _ _ _ _ _   3 ..

1890. Histoire d'Henry sept, Roi d'Angleterre, par de Marsollier. *Paris*, 1697, 2 *vol. in-12*, *m. r.*   2 ..

4.. 4..3. 1891. Histoire entière & véritable du Procès de Charles Stuart, Roi d'Angleterre. *Londres*, 1650, *in-8°. v. b.*

1...6.. 1892. Tragicum Theatrum Actorum & Casuum Tragicorum Londini publicè celebratorum. *Amst.* 1649, *in-8°. fig. vélin.*

4... 1893. Casp. Ziegleri circa Regicidium Anglorum Exercitationes. *Lugd. Bat.* 1653, *in-12, m. r.*

8....8.. 1894. La Vie d'Olivier Cromwel. *La Haye*, 1738, 2 *vol. in-8°. v. éc.*

1 - 18..1895. Constitution de l'Angleterre, par de Lolme. *Genève*, 1790, 2 *vol. in-8°. br.*

𝒟 1....19 1896. Oratio Philippica, ad excitandos contra Galliam Britannos, ne de pace cum victis præmaturè agatur, auct. Jo. Tolando. *Amstelodami*, 1709, *in-8°. v. f.*

2 ..——— 1897. Discussions importantes débatues au Parlement d'Angleterre, par les plus célèbres Orateurs, depuis 30 ans. *Paris*, 1790, 4 *vol. in-8°. broché.*

5...-12. 1898. Henr. Cannegieteri de Brittenburgo, Britannica Herba Britannorumque antiquissimis per Galliam & Germaniam sedibus, Dissertatio. *Hagæ Com.* 1734, *in-4°. fig. vél. dent.*

10...-11. 1899. Histoire de Marie Reine d'Écosse, touchant la conjuration faite contre le Roi, l'adultère commis avec le comte de Bothwel, &c. *Édimbourg*, 1572, *in-8°. parch.* = L'Innocense de Marie Reine d'Écosse. 1572, *in-8°. parch.*

5...-12. 1900. Martyre de la Reine d'Écosse, Douariere de France. *Edimbourg*, 1587, *in-8°. parch.*

𝒟 4...19 1901. Lettre à M. Visconti, sur la revolution arrivée en Suède, le 19 août 1772. *Stockholm*, 1773, *in-8°. m. r. dent. Pap. d'Holl.*

3 ..... 1902. Les Droits des trois Puissances alliées sur

2...2.. 1891. Double. vel.

2...10.. 1899 Double. v. m.

1896 oratio philippica. B.

1901. Lettio. B.
1902. ſ. dſoits. B.

1903. Disquisitions. B.

1904. groenland. m. clasf. i ##

1907 Moempoef Jwer. m. Barsöy jn ax #

1910. Sandsbeg. B.

1912. guyf. B.

plusieurs Provinces de la Pologne. *Londres*, 1774, 2 *vol. in-8°. v. m.

1903. Disquisitiones duæ Historico-antiquariæ, prior de vet. septentrionalium imprimis Islandorum Peregrinationibus, posterior de Philippia, sive Amoris equini apud priscos Boreales Causis, per Joh. Erici. *Lipsiæ*, 1755, *in-12*, *rel. en cart.* 4th ... 19º?

1904. Relation du Groenland, par la Peyrere. *Paris*, 1647, *in-8°. v. f.* 4 ... 10 D

HISTOIRE ORIENTALE.

Histoire des Turcs , &c.

1905. Bibliothèque Orientale, par d'Herbelot. *Paris*, 1697, *in-fol. v. br.* 3

1906. De la République des Turcs, par G. Postel. *Poitiers*, 1560, *in-4°. v. f.* 3 ...

1907. Mœurs & Usages des Turcs, leur Religion, leur Gouvernement civil, militaire & politique, par Guer. *Paris*, 1746, 2 *vol. in-4°. fig v. m.* 16 ... 12..

1908. Histoire de l'état présent de l'Empire Ottoman, trad. de Ricaut, par Briot. *Paris*, 1670, *in-4°. fig. v. f.* 4 ... 5.

1909. Histoire de l'état présent de l'Empire Ottoman, par Briot. *Amst.* 1670, *in-12*, *fig. m. r.* dentelle. 6 ...

1910. Scanderbeg. Commentaires d'aucunes choses des Turcs & du Seigneur G. Scanderbeg, Prince d'Épire, contenant sa Vie, &c. trad. par G. Gaulteron. *Paris*, 1544, *in-8°. v. f.* 2 ... D

Histoire de l'Asie, de l'Afrique & de l'Amérique, &c.

1911. Lettres sur la Grèce, par Savary. *Paris*, 1788, *in-8. br.* 1 ... 12..

1912. Voyage littéraire de la Grèce, ou Lettres 17 ... 9..

1903. Double 5 ...

fur les Grecs anciens & modernes, par Guys. *Paris* , 1783 , 2 *vol. in-4°. fig. br.*

11 ....   1913. Defcription des Ifles de l'Archipel , trad. du flamand d'O Dapper. *Amft.* 1703 , *in-fol. fig. v. m.*

3 ——   1914. Defcription Géographique & Hiftorique de la Morée, par Coronelli. *Paris,* 1686, *in-8°. fig. v. br.*

6 ....   1915. M. G. Wernfdorffii de Republicâ Galatarum liber. *Norimbergæ*, 1743 , *in-4°. dem. rel.*

6 ....   1916. Regni Sinenfis a Tartaris tyrannicè evaftati depopulatique concinna Enarratio , auĉt. Mart. Martinii. *Amftelædami* , 1661 , *in-12* , *fig. v. f.*

4 .... *12.*   1917. Lettres au P. Parennin fur la Chine, par de Mairan. *Paris , Imp. Roy.* 1770 , *in-8°. v. m.*

3 ....—11.   1918. De Cultu Confucii philofophi , & Progenitorum apud Sinas. *Dilingæ* , 1700 , *in-12* , *m. r.*

2 ....   1919. Mémoires concernant les Chinois, contenant la vie de Confucius. *Tome 12, in-4°. en feuilles.*

5 ....*13*..   1920. At. Kircheri China monumentis illuftrata. *Amftel.* 1667 , *in-fol. fig. vélin.*

28 ....   1921. Hiftoire Naturelle, Civile & Eccléfiaftique de l'Empire du Japon, trad. de Kœmpfer. *La Haye,* 1729 , 2 *vol. in-fol. fig. v. f.*

2 ....   1922. Recherches Philofophiques fur les Égyptiens & les Chinois, par de Paw. *Berlin,* 1773 , 2 *vol. in-12* , *baf.*

9 ....*10.*   1923. Defcription de l'Égypte, par le Mafcrier. *Paris,* 1735 , *in-4°. fig. v. f.*

4 .... *3*..   1924. L'Égypte de Murtadi , où il eft traité des Pyramides , du débordement du Nil , &c. trad. par P. Vattier. *Paris* , 1666 , *in-12* , *v. b.* = Rélation de l'Iflande. *Paris*, 1663 , *in-8°. v. b.*

6 ....*17*..   1925. Defcription du Cap de Bonne - Efperance, par Kolbe. *Amft.* 1741 , 3 *vol. in-12* , *fig. v. f.*

12 ....   1926. Relation Hiftorique d'Abiffinie, par le P.

1915. de republica. B.

1916. Regis sinenses. B.

1917. lettres au D. Paravain. B. ———— ell. Barroy ju

1918. du cultus confucii. B.

1923. Description de l'Egypte. B. c. marr. ad

N° 1924. l'Egypte de Mustapha. C. fac.

1926. abissinie. ca. caill.

1930. hist. of insolvency. B.

1931. Lafitau. c. barr. n#

1936. folis. v. class. e#

Jer. Lobo, trad. par le Grand. *Paris*, 1728, *in-4°. v. f. Gr. Pap.*

1927. Récherches Philofophiques fur les Améri-
cains, par de Paw. *Londres*, 1770, 3 *vol. in-8°. v. éc.* — 3 12

1928. Hiftoire Philof. & Politique des Établiffemens
& du Commerce des Européens dans les deux
Indes, par G. T. Raynal. *Genève*, 1780, 4 *vol.
in-4°. br.* .... 12 ...

1929. Hiftoire de l'Amérique, trad. de l'angl. de
Robertfon. *Paris*, 1778, 2 *vol. in-4°. v. m.* — 6 .... 2 ..

1930. Hiftoire admirable des horribles Infolences,
Cruautés & Tyrannies exercées par les Efpagnols *gaté*
es Indes Occidentales, par B. de las Cafas. 1582,
in-12, v. b. 2 ....

1931. Hiftoire des Découvertes & Conqueftes des
Portugais dans le nouveau Monde, par Lafitau.
Paris, 1733, 2 *vol. in-4°. fig. v. m.* 7 ....

1932. Effais Hiftoriques & Politiques fur les Anglo-
Américains, par Hilliard d'Auberteuil. *Bruxelles*,
1782, 3 *vol. in-4°. fig. v. éc.* 6 .... 12 ..

1933. Le Fédéralifte, ou Colleétion de quelques
écrits en faveur de la Conftitution propofée aux
États-Unis de l'Amérique, &c. *Paris*, 1792,
2 *vol. in-8°. br.* = Traité de l'Efprit public.
Paris, l'an VI, in-8°. br. 1 ....

1934. Hiftoire de la Virginie. *Amfterdam*, 1707,
in-12, fig. m. v. l. r. 5 19

1935. Hiftoire du Paraguay, par Charlevoix. *Paris*,
1756, 3 *vol. in-4°. fig. v. m.* 6 ....

1936. Hiftoria de la Conquifta de Mexico, por
Don Ant. de Solis. *En Bruffelas*, 1704, *in-fol.
fig. baf.* 8 .... 10 ..

1937. Hiftoire de la Découverte & de la Conquête
du Pérou, trad. de Zarate. *Amfterdam*, 1700,
2 *vol. in-12, fig. v. f.* 2 ....

1930. Double. v. f. 3

1938. Recueil de Pièces fur les Colonies. 3 *vol. in-8°. dem. rel.*

1939. Tables Généalogiques des Maifons Souvé-raines de l'Europe, par de Koch. *Strasbourg,* 1782, *in-4°. br. en cart.*

ANTIQUITÉS.

Rites, Ufages & Coutumes des Anciens & des Modernes.

1940. De l'utilité des Voyages & de l'avantage que la recherche des Antiquités procure aux Savans, par Baudelot de Dairval. *Paris,* 1686, 2 *vol. in-12, fig. v. m.*

1941. Hiftoire de l'Art de l'Antiquité, par Winkel-mann, trad. de l'all. par Huber. *Leipzig,* 1781, 3 *vol. in-4°. fig. v. f.*

1942. Mœurs, Coutumes & Ufages des anciens Peuples, par Sabbathier. *Paris,* 1770, *in-4°. v. m.*

1943. Explication de divers Monumens finguliers qui ont rapport à la religion des plus anciens Peuples, (par Dom Jacq. Martin). *Paris,* 1739, *in-4°. fig. v. b.*

1944. Mat. Broüerii de Niedek, de Populorum ve-terum ac recentium Adorationibus Differtatio. *Amftelodami,* 1713, *in-8°. fig. rel. Étrufque.*

1945. Joan. Sauberti de Sacrificiis veterum Collec-tanea. *Lugd. Bat.* 1699, *in-8°. fig. v. f.*

1946. De Sacrificiis Judæorum & Gentium pro-phanarum, auct. G. Outramo. *Londini,* 1677, *in-4°. v. b.*

1947. Joan. Lomeieri de veterum Gentilium Luftra-tionibus Syntagma. *Zutphaniæ,* 1700, *in-4°. fig. v. f.*

1948. Tractatus de Phyllobolâ, feu Florum & Ra-morum fparfione in facris & civil. rebus ufitatâ, operâ

1940 utilisé, c. mauv. i#

1944. Breviar. B. D. 6#
1945. Saubertas. R.

1949. Cuperus. c. Barr. i #

1951. Dieu feti clup. B.
1952. Vandale deoraulii. c. Barr. x #

operâ Joh. Nicolai. *Francof.* 1698. ══ Ejusdem
Nicolai Tractatus de Græcorum luctu lugentiumque Ritibus variis. *Marburgi Cattorum*, 1696,
in-12, vélin.

1949. Gisb. Cuperi Harpocrates, & monumenta
antiqua inedita. *Traj. ad Rhen.* 1687, *in-4°. fig.*
veau fauve.   5 .... 11.

1950. G. Feltmanni de Deâ Podagrâ Liber singularis.
Bremæ, 1693, *in-12, vél.*   3 .... 1.

1951. Du culte des Dieux Fétiches. 1760, *in-12,*
veau fauve.   5 .... 2.

1952. Ant. Van Dale de Oraculis veterum Ethni-
corum Differtationes duæ. *Amstelodami*, 1700,
in-4°. fig. v. f.   5 ...

1953. Servatii Gallæi Differtationes de Sibyllis,
earumque Oraculis. *Amstel.* 1688, 2 *vol. in-4°.*
fig. vél.   9 19

1954. Des Sibylles célébrées tant par l'antiquité
payenne que par les Saincts Peres, par David
Blondel. *Charenton*, 1649, *in-4°. v. f.*   9 ....

1955. Jac. Phil. Tomasini de Donariis & Tabellis
votivis Liber singularis. *Patavii*, 1654, *in-4°.*
fig. vél. dent.   3 ....

1956. Differtationes de Asylis Hebræorum, Gentilium, Christianorum editæ a Jo. Ad. Osiandro.
Tubingæ, 1673, *in-12, vél. dent.*   2 ....

1957. Barn. Brissonius & Ant. & Franc. Hotmanus
de veteri ritu Nuptiarum & jure Connubiorum.
Lugd. Bat. 1641, *in-12, v. m.*   1 .... 11.

1958. Cérémonies Nuptiales de toutes les nations,
par de Gaya. *Paris*, 1680, *in-12, v. f.*   5 ....

1959. Th. Bartholini Antiquitatum veteris Puer-
perii Synopsis. *Lugd. Bat.* 1657, *in-12, v. b.* ══
Casp. Bartholini de Tibiis veterum libri tres.
Amstel. 1679, *in-12, fig. v. b.* ══ Thomasini de .. 2 .... 2.

L

1955. Double ~ vél. ... 1 .—

Tefferis Hofpitalitatis liber. *Amftel.* 1670, *in*-12, veau fauve.

1960. C. Bartholini Expofitio veteris in Puerperio ritus, &c. *Romæ*, 1677, *in*-8°. *fig. parch.* = Juft. Lipfius de Cruce. *Amftelodami*, 1670, *in*-12, *fig. v. b.*

1961. Joan. Alftorphii de Lectis & Lecticis veterum Differtatio. *Amftel.* 1704, *in*-12, *fig. v. b.* = Solerius de Pileo. *Amftel.* 1672, *in*-12, *fig. v. f.*

1962. Traité des Feftins, par Muret. *Paris*, 1682, *in*-12, *v. m.*

1963. Jo. Fred. Matenefi libri II de Ritu bibendi fuper fanitate Pontificum, Cæfarum, &c. *Coloniæ*, 1611, *in*-12, *fig. m. r.*

1964. Caroli Pafchalii Coronæ. *Lugd. Bat.* 1671, *in*-8°. *vél.*

1965. Commentatio hift. de Coronis, tam antiquis, quam modernis iisque regiis, auct. M. Schmeitzel. *Jenæ*, 1712, *in*-4°. *fig. br. en cart.*

1966. Ofculologia, five de variis variorum Ofculis Commentariolus, a Jac. Herrenfchmidt. *Witte-bergæ*, 1630, *in*-18, *vélin.*

1967. Opus Polyhiftoricum de Ofculis, a Mart. Kempio. *Francofurti*, 1680, *in*-4°. *v. b.*

1968. De Campanis Commentarius, a Fr. Angelo Roccha. *Romæ*, 1612, *in*-4°. *fig. vél.*

1969. Hier. Magii de Tintinnabulis & de Equuleo libri. *Amftel.* 1664, *in*-12, *fig. vél.*

1970. De Re Veftiariâ Libellus ex Bayfio excerptus. *Lugduni*, 1536. = De Re Hortenfi Libellus & de Vafculis. *Lugduni*, 1536, *in*-8°. *v. m.*

1971. Anf. Solerius de Pileo, & Cafp. Bartholinus de Tibiis veterum. *Amftel.* 1671, *in*-18, *vélin, fig.*

1972. Th. Bartholinus de Armillis veterum. *Amft.* 1676, *in*-12, *rel. en cart.*

1964. Parchofing. C. Deter. 6th

1995. Batduini Cateuy. A.

1973. De Anulis antiquis Liber singularis , auct. Fortunio Liceto. *Utini* , 1645 , *in*-4°. *vél. dent.* — 7 ... 12?

1974. Joh. Kirchmanni , G. Longi & Gorlæi de Annulis libri. *Lugd. Bat.* 1672 , *in*-12 , *vélin.* — 1 ...

1975. B. Balduini Calceus antiquus & mysticus , & J. Nigronius de Caligâ veterum. *Lugd. Bat.* 1722, *in*-8°. *fig. v. m.* — 2 ...

1976. Agonisticon Petri Fabri, sive de Re Athleticâ Ludisque veterum gymnicis, musicis, &c. *Lugduni*, 1592 , *in*-4°. *vel. dent.* — 6 ...

1977. Nic. Calliachii de Ludis scenicis Mimorum & Pantomimorum Syntagma. *Patavii*, 1713 , *in*-4°. *baf.* — }

1978. Commentatio de Personis vulgo Larvis seu Mascheris, auct. de Berger. *Francof. in*-4°. *fig. v. m.* } 4 ... 17..

1979. Le Maschere sceniche e le Figure comiche d'antichi Romani , descritte da Fr. de Ficoroni. *In Roma*, 1736, *in*-4°. *fig. baf.* — 8 ...

1980. Fr. Ficoronii Dissertatio de Larvis scenicis & Figuris comicis antiq. Romanorum. *Romæ*, 1750 , *in*-4°. *fig. v. m.* — 6 ... 19..

1981. Pascasii Justi de Aleâ libri duo. *Amst. L. Elzevirius*, 1642 , *in*-18 , *vélin.* — 2 ...

1982. Casp. Sagittarii de Januis veterum Liber. *Jenæ*, 1694 , *in*-12 , *vél. dent.* — 2 ... 19..

1983. L. Pignorii de Servis, & eorum apud veteres Ministeriis, Commentarius. *Aug. Vindelicorum*, 1613 , *in*-4°. *fig. vél.* — 2 ...

1984. M. Henrici Kippingii Liber de Cruce & Cruciariis. *Bremæ*, 1671 , *in*-12 , *baf.* = Jo. Linder de Venenis Exercitatio. *Lugd. Bat.* 1708 , *in*-12 , *veau marb.* — 1 ... 10..

1985. Dissertation sur l'usage de se faire porter la Queue, par le P. Menestrier. *Paris*, 1704, *in*-12, *v. f.* — 4 ... 19..

2 ... D

1975. Double —

15.ᵃ .... 10.ᵗ 1986. Fr. Junii de Picturâ veterum libri tres. *Roterodami*, 1694, *in-fol. v. f. Ch. Mag.*

5 .... 19 .. 1987. Ev. Ottonis de Tutelâ Viarum publicarum liber. *Traj. ad Rhen.* 1731, *in-8°. v. f.*

2 .—. . 1988. Jo. Schefferi de Re Vehiculari veterum libri duo. *Francofurti*, 1671, *in-4°. v. b.*

1 . .... 1989. De Re Navali Libellus ex Bayfio excerptus. *Parifiis*, *Fr. Stephanus*, 1537. = Vinetum. *Parifiis*, 1537. = Arbuftum. Fonticulus. Spinetum. *Parifiis*, 1538. = Sylva. Frutetum. Collis. *Parifiis*, 1538, *in-8°. v. f.*

6.. .—4. 1990. Steph. Doleti de Re Navali Liber. *Lugduni*, 1537, *in-4°. m. r.*

6 . .— 13.. 1991. Funerali antichi di diverfi Popoli, & Nationi, defcritti da Thom Porcacchi. *In Venetia*, 1574, *in-4°. fig. v. m.*

5 . .—.' 1992. Funérailles & diverfes Manières d'enfevelir, des Romains, Grecs, & autres Nations, par Cl. Guichard. *Lyon*, 1581, *in-4°. fig. v. b.*

4 .... 12 .. 1993. Cérémonies Funèbres de toutes les Nations, par Muret. *Paris*, 1679, *in-12, v. f.*

6 . — — . 1994. Jof. Lanzoni Tractatus de Balfamatione Cadaverum. *Neapoli*, 1765, *in-12, m. r.*

6 . . — . 1995. Traité des Embaumemens felon les Anciens & les Modernes, par L. Penicher. *Paris*, 1699, *in-12, v. b.*

5 . .— 10.. 1996. Antiquitates facræ veterum Hebræorum breviter delineatæ ab Ad. Relando. *Traj. ad Rhen.* 1741, *in-4°. br.*

3 .... 16.. 1997. Jo. Nicolai de Sepulchris Hebræorum, libri IV. *Lugd. Bat.* 1706, *in-4°. fig. vél.*

3 .... 7.. 1998. Cippi Hebraici, five Hebræorum, Prophetarum, Patriarcharum, &c. Monumenta, auct. Jo. H. Hottingero. *Heidelbergæ*, 1662, *in-12, fig. m. viol.*

1987. de Tutela. B.

1994. tract. de Balsamation. B.
llo 1995. Traité des embaumement. M. aud.

1996. antiquitaty saude. M. Barois ju x^t

1999 · Agaceus ou calcaire · B.

2001 · hyeroglyphes · c · Marr · ● e[tt]:

2004 · Avr✗ouins · A.

2005 · conformités · c · Marr · p[tt]

2006 · conformité · ✗B.

2007 · de ludy avient · C · Deter · ai[tt]✱

1999. Ant. Bynæus de Calceis Hebræorum. *Dor-draci*, 1715, *in-4°. fig. vélin.* . — `  ` `  ` 2 .... 1⁰

2000. Hieroglyphica, five de facris Ægyptiorum Litteris Comment. J. Pierii Valeriani. *Basileæ*, 1556, *in-fol. fig. v. b. l. r.* — `  ` `  ` ` 3 .... D

2001. Essai fur les Hieroglyphes des Egyptiens, trad. de l'angl. de Warburton, par Léonard des Malpeines. *Paris*, 1744, 2 *vol. in-12, fig. v. m.* 15 ....

2002. Jo. Nicolaus de Synedrio Ægyptiorum. *Lugd. Bat.* 1706, *in-8°. v. m.* `  ` ` — ` ` 4 ... 16 ..

2003. Veterum Perfarum & Parthorum & Medo-rum Religionis Hiftoria, auct. Th. Hyde. *Oxonii*, 1760, *in-4°. fig. br.* — `  ` `  ` ` 18 ....

2004. Barnabæ Briffonii de Regio Perfarum Prin-cipatu, libri tres. *Argentorati*, 1710, *in-8°. v. m.* 5 ... 12 ..

2005. Conformité des Coutumes des Indiens Orien-taux, avec celles des Juifs & des autres Peuples de l'antiquité. *Bruxelles*, 1704, *in-12, fig. v. b.* 3 ... 11 ..

2006. Conformité des Cérémonies Modernes avec les Anciennes, où l'on prouve que les Cérémo-nies de l'Églife Romaine font empruntées des Payens, par Conyers Midleton. *Amfterd.* 1744, 2 *vol. in-12, v. m.* `  ` — `  ` `  ` 4 ... 8

2007. De Ludis Orientalibus, libri duo, auctore Th. Hyde. *Oxonii*, 1694, *in-8°. fig. v. f.* `  ` 12 .... 19 D

2008. Joh. Nicolai Tractatus de Græcorum Luctu Lugentiumque ritibus variis. *Thielæ*, 1697, *in-12, vélin.* `  ` — `  ` `  ` ` 1 .... 19 ..

2009. Greg. Placentinii de Siglis veterum Græ-corum Opus. *Romæ*, 1757, *in-4°. br.* `  ` ` 3 ... 19 .

2010. Differtation fur les Attributs de Vénus, par de la Chau. *Paris*, 1776, *in-4°. fig. v. f.* `  ` 9 ....

2011. De Romanâ Republicâ five de Re Militari & Civili Romanorum, auct. P. Jof. Cantelio. *Ul-trajecti*, 1696, *in-12, fig. vél.* `  ` — `  ` ` 3 13

2012. Justi Rycquii de Capitolio Romano Commentarius. *Lugd. Bat.* 1696, *in-12, fig. vél.*

2013. Lexicon Antiquitatum Romanarum, Aut. Sam. Pitisco. *Leovardiæ*, 1713, 2 *vol. in-fol. v. éc.*

2014. Henr. Kippingii Antiquitatum Romanarum, libri quatuor. *Lugd. Bat.* 1713, *in-8°. fig. vél.*

2015. Pet. Burmanni Vectigalia Populi Romani. *Leidæ*, 1734, *in-4°. v. m.*

2016. Pet. Ciacconius de Triclinio, sive de Modo convivandi apud veteres Romanos. *Amstelodami*, 1689, *in-12, fig. v. f.* == De l'Origine des Étrennes, par Spon. *Paris, Didot l'aîné*, 1781, *in-18, br. Pap. Vélin.*

2017. P. Ciacconius de Triclinio, sive de Modo convivandi apud Romanos. *Lipsiæ*, 1758, *in-12, fig. v. m.*

2018. Jo. Kirchmanni de Funeribus Romanorum, libri IV. *Lugd. Bat.* 1672, *in-12, fig. v. f.*

2019. Elias Schedius de Diis Germanis. *Amsterodami, Lud. Elzevirius*, 1648, *in-8°. v. b.*

2020. La Religion des Gaulois tirée des plus pures Sources de l'antiquité, par Dom J. Martin. *Paris*, 1727, 2 *vol. in-4°. fig. v. b.*

2021. Le Reveil de Chyndonax, Prince des Vacies, Druydes Celtiques, Dijonnois, par Guenebauld. *Dijon*, 1621, *in-4°. fig. v. f.*

Histoire Lapidaire, Métallique, &c.

2022. J. B. Donii Inscriptiones antiquæ, editæ a Fr. Gorio. *Florentiæ*, 1731, 2 *vol. in-fol. fig. br.*

2023. Explication de quelques Marbres antiques, dont les Originaux sont dans le cabinet de M. (Le Bret, premier président au Parlement d'Aix, par M. Bouhier). *Aix*, 1733, *in-4°. fig. v. m.*

2024. La Science des Médailles du P. Jobert, avec

2013. pitiscus. O ——

2014. Kippingius. B.

2017. Ciaconius. 1758. B. cédé nela ch. Caill

2018. ch. caillard

2021. chyndonax. c. ostrr. ## ch. caill.

2024. ch. caillard

2029. impp. numismata. B.

2030. M. caillard

No 2033. Klotzii biblt. numorum. M. and. ——

2034. Budæus. C. Detur. ao

les remarques du Baron de la Baſtie. *Paris*, 1739, 2 *vol. in-*12, *fig. m. r. Gr. Pap.*

2025. Diſcours ſur les Médailles & Gravures antiques, principalement Romaines, par Ant. le Pois. *Paris*, 1579, *in-*4°. *fig. parch.* ~ ~ · 10····1⁺

2026. Illuſtratione de gli Epitaffi & Medaglie anti- che, di Gab. Symeoni. *In Lione*, 1558, *in-*4°. *fig. m. r.* ~ ~ ‿ ‿ 4····‿

2027. Rariora maximi moduli Numiſmata ſelecta ex Bibliothecâ Cardinalis Caſp. Carpegnæ. *Amſt.* 1685, *in-*12, *fig. vélin.* ‿ ~ ~ ·· 1‿7····

2028. Imperatorum Romanorum Numiſmata ex ære mediæ & minimæ formæ, deſcripta per Car. Patinum. *Argentinæ*, 1671, *in-fol. fig. v. b.* ~ ‿ ‿ 3····

2029. Imperatorum Romanorum Numiſmata aurea, collecta a Carolo duce Aríchotano, ex recenſ. Sig. Havercampi. *Amſt.* 1738, *in-*4°. *fig. br.* ~ ‿ ‿ 6····

2030. Images des Héros & des Grands Hommes de l'Antiquité, deſſinées ſur des médailles, par J. Ange Canini, & gravées par Bernard Picart. *Amſt.* 1731, *in-*4°. *fig. m. r. Gr. Pap.* ~ ~ ‿ ‿ 24···· 10

2031. Le Imagini delle Donne auguſte intagliate in rame, con le vite & iſpoſitioni di Enea Vico. *In Vinegia*, 1557, *in-*4°. *v. m. l. r.* ~ ‿ ~ ‿ 3····

2032. Theſaurus Nummorum Sueo-gothicorum ve- tuſtus, ſtudio Eliæ Brenneri. *In-*4°. *fig. br. Ch. Mag.* ~ 3····

2033. C. Adolph. Klotzii Hiſtoria Nummorum con- tumelioſorum & Satyricorum. *Altenburgi*, 1765, *in-*8°. *fig. v. m.* ~ ~ ‿ ‿ 7····∅

2034. Guill. Budæi libri V de Aſſe & partibus ejus. *Venetiis*, *Aldus*, 1522, *in-*8°. *m. verd.* ‿ ~ ‿ 14····∅

2035. Les premières Monnoies & les Poids des an- ciens Romains; pour ſervir de préliminaire aux médailles antiques du cabinet du Roi. *In-*4°. *fig. m. r.* Manuſcrit ſur papier très-bien écrit. ~ ‿ 15····∅

2036. Jo. Marianæ de Ponderibus &Menſuris Liber. *Toleti*, 1599, *in-4°. m. r.*

2037. Ed. Bernardi de Menſuris & Ponderibus antiquis, libri tres. *Oxoniæ , e Th. Sheldon.* 1688, *in-8°. vél.*

2038. Jo. Caſp. Eiſenſchmidii de Ponderibus & Menſuris Liber. *Argentorati ,* 1708, *in-8°. v. f.*

Divers Monumens d'antiquités , Amphitéâtres , Sépulchres , Statues , &c.

2039. Spicilegium antiquitatis, ſive variarum ex antiquitate elegantiarum Faſciculi , exhibente L. Begero. *Coloniæ Brandenburgicæ ,* 1692 , *in-fol. fig. rel. en cart.*

2040. Recherches curieuſes d'Antiquités, par Spon. *Lyon ,* 1683 , *in-4°. fig. v. m.*

2041. Romanorum Imperatorum Pinacotheca, curâ Lud. Smids. *Amſtelodami ,* 1698 , *in-4°. fig. vél.*

2042. Gli antichi Sepolcri overo Mauſolei Romani & Etruſchi , diſegnate da Pietro Santi Bartoli. *In Roma ,* 1699 , *in-fol. fig. m. r.*

2043. Emundi Figrelii de Statuis illuſtrium Romanorum Liber. *Holmiæ ,* 1656 , *in-12 , mar. puce.*

2044. Elegantiores Statuæ antiquæ in variis Romanorum palatiis aſſervatæ. *Romæ ,* 1776 , *in-4°. fig. v. éc. dent.*

2045. Recherches ſur la nature & l'étendue d'un ancien ouvrage des Romains appellé Briquetage de Marſal, par de la Sauvagere. *Paris ,* 1740 , *in-8°. fig. v. f.*

2046. Monumenta Paderbornenſia. *Francofurti ,* 1713 , *in-4°. fig. baſ.*

2047. Gemmæ & Sculpturæ antiquæ depiſtæ a Leon. Auguſtino , cum enarratione a Jac. Gronovio. *Franæqueræ ,* 1694, *in-4°. fig. vél.*

No 2037. Bernardus de Marsuis. C. Sac.
.... Le Cit. Rouquis, rue galande Hotel de Lesseri...

2040 recherches curieuses. C. atger. Xtt.

2044. Statua. B.

No 2055. consspectus. C. Cam.

2058. recherches. lex.13mar. p^{tt} M. caill.

2048. Ab. Gorlæi Dactyliotheca, cum explicationibus Jac. Gronovii. *Lugd. Bat.* 1695, *in-4°. fig. v. f.* - - - - - - - - - 3....

2049. Recueil de Pierres gravées antiques, par de Gravelle. *Paris*, 1732, 2 *vol. in-4°. fig. v. f.* - - 11....

2050. Fr. Ficoronii Gemmæ antiquæ litteratæ, aliæque rariores. *Romæ*, 1757, *in-4°. fig. br.* - - 5.... 10?.

2051. I Piombi antichi, opera di Franc. de Ficoroni. *In Roma*, 1740, *in-4°. fig. v. f.* - - - 5.... 19.

2052. J. M. Heineccii de veteribus Germanorum aliarumque nationum Sigillis Syntagma. *Francofurti*, 1719, *in-fol. fig. vél.* - - - - 9.... 11..

2053. De Lucernis antiquorum reconditis, libri VI, auct. Fort. Liceto. *Utini*, 1653, *in-fol. fig. v. b.* 3 .... 19..

2054. Le antiche Lucerne sepolcrali figurate da Pietro Santi Bartoli. *In Roma*, 1691, *in-fol. fig. veau brun.* - - - - - - - .12 ....

HISTOIRE LITTÉRAIRE.

Histoire des Lettres, des Langues, &c.

2055. Conspectus Reipublicæ Litterariæ, auctore Heumanno. *Hanoveræ*, 1763, *in-8°. dem. rel.* . 6.... 1. D

2056. G. Paschii Inventa nova antiqua. *Lipsiæ*, 1700, *in-4°. vél.* - - - - - - 6.... 10.

2057. Le premier livre des Antiquités perdues & des choses nouvellement inventées & auparavant inconnues, trad. de Pancirolle, par P. de la Noue. *Lyon*, 1617, *in-12, v. f.* - - - - 2 .... 19..

2058. Recherches curieuses sur la diversité des Langues & des Religions, par Brerewood. *Paris*, 1640, *in-8°. v. f.* - - - - 4 ... 19 D

2059. De primâ scribendi origine & universâ Rei Litterariæ antiquitate, scribebat Herm. Hugo. *Antverpiæ, Plantin*, 1617, *in-8°. m. r.* - - - 2 .... 19.

2060. Palæographia græca , ſtudio D. Bern. de Montfaucon. *Pariſiis*, 1708 , *in-fol. m. r. Ch. Mag.*

2061. Origines Typographicæ, Gerardo Meerman auctore. *Hagæ Comit.* 1765 , 2 *vol. in-4°. v. m. Ch. Mag. l. r.*

2062. Origine e progreſſi della Stampa , da Pellegrino Ant. Orlandi. *in-4°. br.*

2063. Annus tertius ſecularis inventæ Artis Typographicæ , ſive brevis hiſt. Enarratio de inventione nobiliſſimæ Artis Typographicæ , auctore Jo. Chriſt. Seiz. *Harlemi* , 1742 , *in-8°. fig. v. m.*

2064. Annales Typographici ab Artis inventæ origine ad annum 1500 , operâ Georg. Panzer. *Norimbergæ* , 1793 , 6 *vol. in-4°. br.*

2065. Specimen hiſtoricum Typographiæ Romanæ XV ſæculi , operâ P. Fr. Xaver. Laire. *Romæ* , 1778 , *in-8°. br.*

2066. Catalogus Hiſtorico-criticus Romanarum Editionum ſæculi XV , in quo præter editiones a Maitterio , Orlandino , ac P. Laerio relatas , plurimæ aliæ recenſentur ac deſcribuntur , aut. Audifredi. *Romæ* , 1783 , *in-4°. br. en cart.*

2067. Serie dell' Edizioni Aldine. *In Piſa* , 1790 , *in-12 , br.* = Proſpetto di varie Edizioni degli Autori Claſſici Greci e Latini del Dr Arvood , corretto da Pinelli. *In Venezia* , 1780 , *in-12, br.*

2068. Hiſtoire de l'Imprimerie & de la Librairie , par de la Caille. *Paris* , 1689 , *in-4°. v. b.*

2069. Hiſtoire de l'origine & des premiers progrès de l'Imprimerie, par Proſper Marchand. *La Haye* , 1740 , *in-4°. v. m.*

Hiſtoire des Académies , &c.

2070. Hiſtoire de l'Académie des Inſcriptions &

2072. tableau. c. Barr. x

2076. Biblioth. litterar. Kc. B.

2077. vogksuf. B.

2078. apparatus. B.

2079. analecta. B.

2080. Vogt. B.

2081. florilegium. B.

Belles-Lettres, par de Boze. *Paris*, 1740, 3 *vol. in-8°. v. f.*

2071. Histoire & Mémoires de l'Académie Royale des Inscriptions & Belles-Lettres. *Paris, Imp. Roy.* 1736, 41 *vol. in-4°. v. m.* *avec le n.º 2073.* } *177.ᵗᵗ .... 1.*

2072. Tableau général raisonné des Ouvrages contenus dans les Mémoires de l'Académie des Inscriptions & Belles-Lettres, par M. de l'Averdi. *Paris*, 1791, *in-4°. br.* _ _ _ _ _ _ *12 ....*

2073. Notices & Extraits des Manuscrits de la Bibliothèque du Roi. *Paris*, 1787, 3 *vol. in-4°. br.* } *avec le n.º 2071.*

2074. Choix des Mémoires & Abrégé de l'Histoire de l'Académie de Berlin. *Paris*, 1767, 4 *vol. in-12, v. m.* _ _ _ _ _ _ _ _ _ *2 ..... 1.*

Bibliographie, ou Description de Livres, &c.

2075. Bibliotheca vetus & nova, a G. Matth. Konigio. *Altdorfii*, 1678, *in-fol. v. b.* _ _ _ _ *2 .... 6 ..*

2076. Bibliotheca Libros & Scriptores ferme cunctos ab initio mundi ad annum 1583, ord. alphab. complectens, auct. Alph. Ciaconio. *Amstel.* 1744, *in-fol. mout. v.* _ _ _ _ _ _ _ *7.ᵘ .... 𝒟*

2077. Val. H. Vogleri Introductio in notitiam cujuscumque generis bonorum Scriptorum, cum not. H. Meibomii. *Helmestadii*, 1700, *in-4°. rel. en cart.* _ *5 .... 2 ..*

2078. Adparatus Litterarius ubi libri partim antiqui partim rari recensentur, collectus a Frid. Gott. Freytag. *Lipsiæ*, 1752, 5 *vol. in-8°. br. en cart.* *12 .... 6 ..*

2079. Analecta Historica de Libris Rarioribus, edita a Frid. Got. Freytag. *Lipsiæ*, 1750, *in-8°. dem. rel.* _ *7 .... 12.*

2080. Joan. Vogt Catalogus Librorum Rariorum. *Francofurti*, 1793, *in-8°. br.* _ _ _ _ _ *7 .... 12.*

2081. Florilegium Historico - criticum Librorum Rariorum. *Groningæ*, 1763, *in-8°. m. r.* _ _ _ *6 .... 4.*

2078. Double . Dapur fin _ _ *15 ....*

2080 Double . 1753. in 8° - _ _ _ *2 ....*

2082. Bibliothèque curieuse, ou Catalogue raisonné des Livres difficiles à trouver, par David
Clement. *Gottingen*, 1750, 9 *vol. in-4°. v. m.*

2083. Musæum Typographicum a Guill. Fr. Rebude
(De Bure) juniore, Bibliopolâ. *Parif.* 1755,
in-12, m. r. Rare.

2084. Bibliographie Instructive, ou Traité de la
connoissance des Livres Rares, par G. Fr. De
Bure le jeune. *Paris, G. Fr. De Bure le jeune,*
1763, 8 *vol. in-8°. v. f.*

2085. Catalogue des Livres de M. Gaignat, par
G. Fr. De Bure le jeune. *Paris*, 1769, 2 *vol.*
in-8°. v. m. Avec les prix.

2086. Dictionnaire Typographique des Livres Rares, par Ofmont. *Paris*, 1768, 2 *vol. in-8°. v. m.*

2087. Dictionnaire Bibliographique des Livres Rares. *Paris, Cailleau*, 1790, 3 *vol. in-8°. v. m.*

2088. Notizia de Libri Rari nella Lingua Italiana.
In Londra, 1726, *in-8°. v. f.*

2089. Diarium Italicum, sive monumentorum vet.
Bibliothecarum, Musæorum Notitiæ, a Bern. de
Montfaucon. *Parif.* 1702, *in-4°. fig. v. b.*

2090. Bibliotheca Bibliothecarum Manuscriptorum
nova, aut. B. de Montfaucon. *Parifiis*, 1739,
2 *vol. in-fol. v. b.*

2091. Bibliotheca Orientalis Clementino-Vaticana,
recensuit Jof. Sim. Affemanus. *Romæ*, 1719,
4 *vol. in-fol. v. b.*

2092. Codices Manuscripti Bibliothecæ Regiæ Tau-
rinensis, recensuit Jof. Pasinus. *Taurini*, 1749,
2 *vol. in-fol. br. Ch. Mag.*

2093. Anecdotes Littéraires. *Paris*, 1750, 2 *vol.*
in-12, v. m.

2094. Mémoires de Littérature, par Sallengre. *La*
Haye, 1715, 4 *tom. en 2 vol. in-8°. v. f.*

2082. Bibliotheque curieuse. c. Barr. io^{tt}

2083. Musæum. C. Deter. ai^{tt} ———— B.

2084
2085) Bibliogr. c. Barr. hm^{tt}

2088. M. Caillard

2091. Bibliotheca. c. Barr. eh^{tt}

No 2092. cod. MSS. Bibl. .... C. Cam.

2093. anecdots. B.

N.º 2099. itinerary sui &c. ~~X. Exyr.~~ ═══ B. hem *

N.º 2103. Bibl. Britan. Hibern. C. Cam.
    2104. nat. aucturum. B.
    2105. jarjing. B.

2095. Nouveaux Mémoires d'Histoire, de Critique & de Littérature, par d'Artigny. *Paris*, 1749, 7 vol. *in-*12, *v. m.* *mal condition.* · · · · · 11 · · · 1.

2096. Joh. Lomeieri de Bibliothecis Liber sing. *Ultrajecti*, 1680, *in-*8°. *vélin.* · · · · · · 2 · · · ·

2097. Musei, sive Bibliothecæ tàm privatæ quàm publicæ Instructio, cura & usus, Aut. P. Cl. Clemente. *Lugduni*, 1635, *in-*4°. *br. en cart.* · · 7 · · · 19 · ·

2098. Traité des plus belles Bibliothèques, par le P. L. Jacob. *Paris*, 1644, *in-*8°. *v. b.* = Traité des plus belles Bibliothèques, par le Gallois. *Paris*, 1680, *in-*12, *v. b.* · · · · · · · 4 · · · · 10

2099. Itineris sui in Helvetiam facti Commentarius; in quo de incunabulis Artis Typographicæ, &c. de quibusdam Codd. MSS. de Bibliothecâ Norimbergensium publicâ, summatim ac breviter exhibet Christ. H. Muller. *Fridericostadii*, 1769, *in-*4°. *dem. rel.* · · · · · · · · · 5 · · · · 2

2100. Christ. Theoph. de Murr Memorabilia Bibliothecarum publicarum Norimbergensium, &c. *Norimbergæ*, 1786, 3 vol. *in-*8°. *fig. br. en cart.* · 10 · · · 19 · ·

2101. Notitia Historico-Litteraria de Libris ab Artis Typogr. inventione usque ad annum 1500 impressis in Bibliothecâ Monast. ad S. Udalricum extantibus. *Augustæ Vindelicorum*, 1788, 2 vol. *in-*4°. *br.* · · 11 · · · ·

2102. Bibliothecæ acad. Ingolstadiensis Incunabula Typographica, seu Libri ante annum 1500 impressi, auct. Seemiller. *Ingolstadii*, 1787, *in-*4°. *br.* · 9 · · · · ·

2103. Bibliotheca Britannico - Hibernica, auct. Thomâ Tannero. *Londini*, 1748, *in-fol. v. f.* · 18 · · · 19 2

2104. Notitia Auctorum antiqua & media, auct. Benjamin Hederiche. 1714, *in-*8°. *vél.* · · · · · 6 · · · ·

2105. Jo. Jonsii Holsati de Scriptoribus Historiæ Philosophiæ, libri IV. *Francof.* 1659, *in-*4°. *vél.* · 3 · · · ·

2106. Theatrum Fati, sive Notitia Scriptorum de · 1 · · · · 3 · ·

Providentiâ, Fortunâ & Fato, auct. P. Frid.
Arpe. *Roterodami*, 1712. = Apologia pro Julio
Cæfare Vanino. *Cofmopoli*, 1712, *in-8°. v. b.*

2107. Bibliotheca, five Acta & Scripta Magica,
germanicè, auct. Eb. Dav. Hauber.1738, *in-8°. vél.* 3 vol.

2108. Struvii Bibliotheca Hiftorica fecundum Mo-
narchias, regna, &c. *Jenæ*, 1705, *in-8°. vél.*

2109. Bibliotheca Hiftorica, inftructa a Burcardo
Struvio, & auct. a Joanne Georg. Meufelio.
Lipfiæ, 1791, 18 vol. *in-8°. v. porph.*

2110. Chrift. Gryphii Apparatus de Scriptoribus
Hiftoriam fæculi XVII illuftrantibus. *Lipfiæ*,
1710, *in-8°. m. verd. dent.*

2111. Jo. Alb. Fabricii Bibliotheca antiquaria.
Hamburgi, 1760, *in-4°. br. en cart.*

2112. Bibliotheca Hiftoriæ Litterariæ. *Hildefiæ*,
1743, *in-8°. dem. rel.*

2113. Jo. Klefekeri Bibliotheca eruditorum præ-
cocium. *Hamburgi*, 1717, *in-12, dem. rel.*

2114. Bibliotheca Bultelliana, a Gab. Martin di-
gefta. *Parifiis*, 1711, *in-12, v. f.*

2115. Bibliotheca Fayana, a Gab. Martin difpofita.
Parifiis, 1725, *in-8°. v. f. Cum pretiis.*

2116. Bibliotheca Uffenbachiana. *Francofurti ad
Mœnum*, 1729, 4 vol. *in-8°. vél.*

2117. Catalogus Librorum Comitis de Hoym, a
Gab. Martin. *Parifiis*, 1738, *in-8°. v. b. Cum
pretiis.*

2118. Catalogue des Livres de Bellanger, par G.
Martin. *Paris*, 1740, *in-8°. v. m. Avec les prix.*

2119. Catalogue des Livres de M. Barré. *Paris*,
1743, *in-8°. v. m. Avec les prix.*

2120. Bibliotheca felectiffima, feu Catalogus omnis
generis Librorum, in quavis facultate & in variis
linguis. *Amftelodami*, 1743, 2 vol. *in-8°. v. f.*

2107. scripta magica. B.

2112. Bib. ecf?- litteraria. B.

2121. cat. Ludewig. B.

2121. Catalogus Librorum & Manuscriptorum Joan. Pet. de Ludewig, digessit M. Jo. D. Michaelis. *Halæ Magdeburgicæ*, 1745, 5 *tom. rel. en* 3 *vol. in-8°. dem. rel.* — 7 10

2122. Catalogue des Livres de l'abbé d'Orléans de Rothelin, par Martin. *Paris*, 1746, *in-8°. dem. rel. Avec les prix.* — . . . . . .   6 — 2..

2123. Catalogue des Livres de M. de Boze. *Paris*, 1753, *in-8°. v. m. Avec les prix.* . . . . . .   5 ....

2124. Catalogue des Livres de M. Girardot de Prefond, par M. G. Franç. De Bure le jeune. *Paris*, 1757, *in-8°. v. f. Avec les prix.* . . . .   4 ....

2125. Bibliotheca Thomasiana. *Norimbergæ*, 1765, 5 *vol. in-8°. dem. rel.* . . . .   5 .... 12..

2126. Catalogues des Livres de M. de Lauraguais, de Sandras & autres. *Paris*, 1770, *in-8°. Avec les prix.*   4 .... .1..

2127. Catalogue des Livres de M. N. ***, distribué par ordre Alphabétique des noms d'Auteurs. 1770, *in-12, m. r.* . . . .   2 ....

2128. Catalogus Librorum Ant. Askew. *Londini*, 1775, *in-8°. baf.* . . . .   6 .... 1..

2129. Catalogue des Livres de M. le Marié, par G. De Bure l'aîné. *Paris*, 1776, *in-8°. v. f. Avec les prix.* . . . .   2 .... 12..

2130. Catalogue des Livres Rares & Singuliers de M. Filheul. *Paris*, 1779, *in-8°. br. Avec les prix.* . . . .   4 .... 8..

2131. Catalogue des Livres Rares de M. de Mackarthy, par G. De Bure l'aîné. *Paris*, 1779, *in-8°. br. Avec les prix.* . . . . . .   3 ....

2132. Catalogue des Livres de M. Paris de Meyzieu, par Moutard. *Paris*, 1779, *in-8°. v. f. Avec les prix.* . . . .   2 .... 11..

2133. Catalogue des Livres Rares de M. Gouttard, par G. De Bure l'aîné. *Paris*, 1780, *in-8°. br. Avec les prix.* . . . .   3 .... 12..

2130. Double . . . .   2 .... 10..

6 — 19. 2134. Catalogue des Livres provenans de la Bibliothèque (de M. le Duc de la Valliere) par G. Fr. De Bure le jeune. *Paris*, 1767, 2 *vol. in-8°. dem. rel. Avec les prix.*

13 — 8. 2135. Catalogue des Livres de feu M. le Duc de la Vallière, premiere partie contenant les Livres Rares, &c. par G. de Bure l'aîné. *Paris*, 1783, 3 *vol. in-8°. fig. v. m. Avec les prix.*

12 — 2. 2136. Catalogue des Livres du Duc de la Vallière, 2ᵈᵉ partie, disposée par J. L. Nyon aîné. *Paris*, 1788, 6 *vol. in-8°. br.*

4 — 2. 2137. Catalogue des Livres Rares de M. le Camus de Limare, par G. De Bure l'aîné. *Paris*, 1786, *in-8°. v. m. Avec les prix.*

11 — 2. 2138. Catalogue des Livres du Prince de Soubise, par Leclerc. *Paris*, 1788, 2 *vol. in-8°. v. m. Avec les prix.*

3 — 1. 2139. Catalogue des Livres choisis & bien conditionnés de M. (d'Hangard,) par Née. *Paris*, 1789, *in-8°. br. Gr. Pap. Avec les prix.*

4 — 19. 2140. Bibliotheca Pinelliana. *London*, 1789, *in-8°. br. en cart.*

8 — 2141. Index Librorum ab inventâ Typographiâ, ad annum 1500, five Catalogus Librorum Cardinalis de Lomenie, auct. Xav. Laire. *Senonis*, 1791, 3 *vol. in-8°. br. Cum pretiis.*

5 — 2. 2142. Catalogue des Livres de Mirabeau l'aîné, par Rozet. *Paris*, 1791, *in-8°. br. Avec les prix.*

3 — 2143. Catalogue des Livres de M. de Lamoignon. *Paris*, 1792, 3 *vol. in-8°. br.*

2 — 3. 2144. Christ. Aug. Heumannus de Libris Anonymis ac Pseudonymis. *Jenæ*, 1701, *in-12, dem. rel.*

5 — 2145. Index Librorum Prohibitorum. *Matriti*, 1667, *in-fol. v. f.*

Vies

6 — 12. 2135 Double manq. les prix.

2149. cornelius Nepos. M. Larch.

2151. horatius. B. x##

2152. de graiis illustribus. M. à arch.

Vies des Hommes illustres.

2146. Les Vies des plus illustres Philosophes de l'antiquité, trad. du grec de Diogène Laerce. *Amsterdam*, 1758, 3 vol. in-12, fig. v. f. _ _ _ _ _ _ . 9 _ _ _ 13.

2147. Histoire des Philosophes anciens & modernes, par Saverien. *Paris*, 1762, 13 vol. in-12, fig. veau marbré. _ _ _ _ _ _ _ _ _ _ . 24 _ _ _ 19.

2148. Corn. Nepotis Vitæ excellentium Imperatorum, cum notis variorum. *Lugd. Bat.* 1675, in-8°. v. b. _ _ _ _ _ _ _ _ 1 _ _ _ 10.

2149. Cornelii Nepotis Excellentium Imperatorum Vitæ. *Londini, Tonson*, 1715, in-8°. v. m. Ch. Magna. _ _ _ _ _ _ 6 _ _

2150. Cornelii Nepotis Vitæ excellentium Imperatorum, cum not. variorum, curante Aug. Van Staveren. *Lugd. Bat.* 1734, in-8°. v. m. _ _ _ _ 7 _ _ 16.

2151. Q. Horatii Flacci, Pub. Ovidii Nasonis, & C. Plinii Secundi junioris Vitæ, studio Joan. Masson. *Amstelodami*, 1708, 3 tom. rel. en 1 vol. in-8°. v. f. _ _ _ _ _ _ _ _ 6°. _ _ 19 ₂

2152. De Græcis illustribus, eorum Vitis, Scriptis, &c. libri duo, auct. H. Hodio. *Londini*, 1742, in-8°. v. m. Ch. Mag. _ _ _ _ _ _ 15 _ _

2153. Œuvres de Brantome. *La Haye*, 1740, 15 vol. in-12, v. m. _ _ _ _ _ _ _ . 17 _ _ 19.

2154. La Vie de César Borgia, par Thomas Thomasi. *A Monte Chiaro*, 1671, in-12, m. r. _ _ _ 1 _ _

2155. Histoire de Donna Olimpia Maldachini, trad. de Gualdi. *Leide*, 1666, in-12, m. verd. _ _ _ 1 _ _

2156. Les Hommes illustres qui ont paru en France, avec leurs portraits, par Perrault. *Paris*, 1696, 2 vol. in-fol. v. b. _ _ _ _ _ _ . 16 _ _ 1.

2157. Essai sur la Vie de Thomas Wentworth, comte de Strafford, principal ministre sous _ _ 2 _ _

Charles Ier. par le comte de Lally - Tolendal. *Leipsic*, 1796, *in-8°. br.*

2158. Mémoires pour la Vie de François Pétrarque, tirés de ses Œuvres. *Amst.* 1764, 3 *vol. in-4°. v. éc.*

2159. Les Vies des plus célèbres & anciens Poëtes Provençaux, par J. de Notredame. *Lyon*, 1575, *in-8°. v. m.*

2160. Historia Typographorum Parisiensium, aut. M. Maittaire. *Londini*, 1717, *in-8°. v. m.* == Ejusdem Stephanorum Historia. *Londini*, 1709, *in-8°. v. m.*

2161. La Vie, Mort & Doctrine de Jean Calvin, par H. H. Bolsec. *Lyon*, 1664, *in-8°. m. verd, dent.*

2162. Histoire de la Vie, Mœurs, Doctrine & Déportemens de Th. de Beze. *Paris*, 1582, *in-8°. v. f.* == La Vie de Spinosa. *Hambourg*, 1735, *in-12, v. m.*

2163. Vie d'Estienne Dolet, imprimeur à Lyon, par Née de la Rochelle. *Paris*, 1779, *in-4°. br. Gr. Papier.*

2164. Vie de Voltaire. *Paris*, 1797, *in-8°. br.*

2165. Essai sur la Vie de M. Thomas, par Deleyre. *Paris*, 1791, *in-8°. v. f.*

2166. Melchioris Adami Vitæ eruditorum Germanorum, exterorumque. *Francof. ad Mœnum*, 1705, 2 *vol. in-fol. v. f.*

2167. Histoires des Vies & Faits de Martin Luther, Jean Ecolampade, & H. Zuingle. 1562, *in-8°. m. verd, dent.*

2168. La Vie de Spinosa. *Hambourg*, 1735, *in-12, veau éc.*

2169. Historia Michaelis Serveti, auct. H. Ab. Allwoerden. *Helmstadii*, 1728, *in-4°. v. f.*

2170. Mémoires de Gibbon, recueillis par le lord Sheffield. *Paris, l'an V,* 2 *vol. in-8°. br.*

2164. vie de voltaire. C. atger. i^{re}

N^o

2171. M. caillard

172. vie des peintres. Cit. atgr. mi^th

2171. Abregé de la vie des plus fameux Peintres avec leurs Portraits gravés, par d'Argenville. *Paris*, 1762, 4 *vol. in-8°. fig. v. f.* - - - - - - *45* 19.ʳ.²

2172. La Vie des Peintres Flamands, Allemands & Hollandois, par Defcamps. *Paris*, 1753, 5 *vol. in-8°. fig. v. m.* - - - - - - *23* .... 1.

2173. Biographies des Suicides, par C. H. Spiéfs. *Paris*, 1798, 2 *vol. in-12, br.* = Rapport de la Commiffion chargée de l'examen des papiers de Robefpierre, par Courtois. *Paris, l'an III, in-8°. br.* - - - - - - - - *3* ...

2174. Joan. Boccaccius de Certaldo de Mulieribus Claris. *Ulmæ, per Joan. Zeiner de Reutlingen,* 1473, *in-fol. fig. v. f.* Prima Editio Rariffima. - *30* ...

2175. Opus de Claris Selectifque plurimis Mulieribus, a Fr. Jac. Philippo Bergomenfe. *Ferrariæ, L. de Rubeis de Valentia,* 1497, *in-fol. fig. m. r. goth.* - *6*

2176. La Galerie des Femmes fortes, par le P. le Moyne. *Leide, J. Elzevier,* 1660, *in-12, fig. m. r.* - *8* .... 1.

Extraits Hiftoriques.

2177. Cl. Æliani fophiftæ varia Hiftoria, gr. & lat. cum notis Abrah. Gronovii. *Lugd. Bat.* 1731, 2 *vol. in-4°. m. r.* - - - - - - - - *20* .... 1.

2178. Valerii Maximi libri IX Factorum Dictorumque memorabilium, cum not. varior. edente Ab. Torrenio. *Leidæ,* 1726, *in-4° v. b. Ch. Mag.* - *30* ...

2179. Jo. Wolfii Lectionum memorabilium & reconditarum Centenarii XVI. *Lavingæ,* 1600, 2 *vol. in-fol. fig. rel. en bois.* - - - - - - *3* ....

2180. De Cafibus Virorum illuftrium, auct. Ant. M. Gratiano. *Lut. Par.* 1680, *in-4°. v. b.* - - - *1* ....

2181. Traité des Méfadventures de Perfonnages fignalés, trad. de Boccace, par Cl. Witarr. *Paris,* 1578, *in-8°. v. f.* - - - - - - - - *3* .... *6*..

2182. Hiftoires prodigieufes les plus mémorables, extraites par P. Boiftuau. *Paris*, 1560, *in*-4°. *fig. v. f.*

2183. Hiftoires tragiques de notre temps, par de Saint Lazare. *Rouen*, 1641, *in*-8°. *vél.*

2184. Les Hiftoires tragiques de notre temps, par Fr. de Roffet. *Rouen*, 1700, *in*-8°. *v. f.*

2185. La Fortune marâtre de plufieurs Princes, de toutes les Nations, par de Rocoles. *Leide*, 1684, *in*-12, *fig. m. r.*

2186. Les Impofteurs infignes, par de Rocoles. *Bruxelles*, 1728, 2 *vol. in*-12, *fig. v. éc.*

2187. Dictionnaire Hift. & Critique, par P. Bayle. *Rotterdam*, 1720, 4 *vol. in-fol. v. m.*

2188. Nouveau Dictionnaire Hift. & Critique, par J. G. de Chaufepié. *Amfterdam*, 1750, 4 *vol. in-fol. m. r.*

2189. Dictionnaire Hiftorique, par Profper Marchand. *La Haye*, 1758, *in-fol. v. m.*

2190. Pièces intéreffantes & peu connues pour fervir à l'Hiftoire & à la Littérature, par de la Place. *Paris*, 1785, 8 *vol. in*-12, *br.*

F I N.

De l'Imprimerie de S T O U P E. An 8.

2185. M. caillard

Bi

J² parch. Blanc
fr rouge

www.ingramcontent.com/pod-product-compliance
Lightning Source LLC
Chambersburg PA
CBHW071625270326
41928CB00010B/1788